Land and Sea Suitability: Hainan Island in the Field

民族与社会丛书
MINZU YU SHEHUI CONGSHU

麻国庆 主编

海陆相宜：
田野中的海南岛

麻国庆 主编

社会科学文献出版社
SOCIAL SCIENCES ACADEMIC PRESS (CHINA)

《民族与社会丛书》总序

麻国庆

记得 20 世纪 80 年代我读大学时，常常在西北大学的文科阅览室看一些非考古专业的著作，偶然中读到费孝通先生的《民族与社会》，书很薄，但里面所涉及的关于民族及其发展的思考，引发了我这个来自内蒙古的青年学生的浓厚兴趣。接着我以此书为契机，开始接触人类学、民族学的相关研究和介绍，并决定考这一领域的研究生。通过在中山大学跟我的硕士导师容观琼先生以及人类学其他老师三年的学习，我算是初步进入了人类学、民族学的学科领域。

之后我又很荣幸地成为费先生的博士研究生。跟先生学习以后，我进一步理解了他的《民族与社会》的整体思考。我印象最深的是 1991 年我入北京大学一周后，先生带我和泽奇兄到武陵山区考察。一上火车，他说给我们上第一课，当时正好是美国出现了黑人和白人的冲突，他说民族和宗教的问题将会成为 20 世纪末到 21 世纪相当一段时间内，国际问题的焦点之一。人类学在这一背景下如何面对这些问题，需要做深入的调查和研究。通过近一个月的对土家族、苗族以及地方发展的考察，加上来自先生对田野的真知灼见，我对人类学的学科意识有了更加深刻的体验和领会。武陵山区的考察一直到今天仍是我的一个学术情结。

非常巧的是当出版社同人催我交这一序时，我正好从广西龙胜各族自治县的红瑶寨子里出来（1951 年，费先生曾代表中央到该县宣布成立中国第一个少数民族自治县），来到武陵山区的酉阳土家族苗族自治县做关于土家族的调查。两地虽然相隔千里，但都留下了费先生的调查足迹。此次来到酉阳，时隔 20 多年沿着当时先生的足迹调查之余，来撰写本丛书的序，坐在电脑旁，先生的音容笑貌不时地浮现在我的脑海里……好像先生在他的那个世界里告诉我辈，要不断地推动"民族与社会"的研究，进入更高的层次。由此我更加坚信该丛书以此命名，于情、于理、于学、于实都有其特殊的学术和社会意义。同时这也是把先生的"文化自觉"与"从实求知"思想延续、深化的阶段性成果。

费先生的学术遗产可以概括为"三篇文章"，即汉民族社会、少数民族社会、全球化与地方化。在费先生的研究和思考中，社会、民族与国家、全球被置于相互联系、互为因果、部分与整体的方法论框架中进行研究，超越了西方人类学固有的学科分类，形成了自己的人类学方法论，扩展了人类学的学术视野。他是一位非常智慧的把学术研究和国家的整体发展、多民族共同繁荣的理念有机地结合起来，达到对中国社会认识的学者。面对当前复杂的国际问题国内化、国内问题国际化的现状，费先生留下的学术遗产还需要我们不断地继承和发扬。而"民族与社会"可以涵盖先生的思想，我们以此来纪念费先生诞辰百年。

针对一套可以长久出版下去的丛书，我想从如下几方面来展开对"民族与社会"的理解和认识。

一 民族的国家话语

"民族"与"族群"最基本的含义都是指人们的共同体，是对不同人群的分类。但是，当学者将"民族"与"族群"这两个词纳入历史经验与社会现实中加以研究时，它们随着时空的变化而有不同的表述和意义。在学科史上，"民族"作为人类认识自我的关键概念之一见诸各门社会科学，被赋予了多重含义，尤其是"民族—国家"（nation-state）、"民族主义"（nationalism）这些概念，将民族学、历史学、人类学、政治学、社会学、社会心理学、语言学、国际关系学甚至文学等学科牵连在一起，形成了一个庞大的跨学科研究领域。

近代以来，随着西学东渐，当基于西方社会经验建构的"民族"概念及相关理论与中国的历史及现实发生冲突时，中国人对"民族"及其相关理论含义的理解、诠释与实践又形成了一套与国际背景、国内政治、社会文化的特点等相联系的社会思潮和历史事实。概括起来，"民族"概念的发展变化其实是一个历史过程，也是一适应的过程。

在现代人类学研究中，"民族"有着相对明确的定义，指具有相同文化属性的人们的共同体（ethnos），文化是界定"民族"的重要标准之一。人类学对人们的共同体本质及关系的理解是一个逐步深入的过程。古典人类学将非西方社会的整体作为"他者"，以"异文化"为研究旨趣，热衷于跨文化比较研究，并没有将某个具体的人群作为研究对象。现代人类学建立之后，虽然马林诺斯基式的科学民族志将某个具体的民族体作为描述对象，但是学术研究的问题意识在于探寻社会或文化的运行机制，而对"民族"本身的概念并没有加以讨论。

直到 20 世纪 50 年代，在美国诞生了"族群"（ethnic group）概念，人类学开始将不同群体的关系等问题作为研究专题进行讨论，并形成了人类学研究的一个新的理论范式。一般来说，族群指说同一语言，具有共同的风俗习惯，对于其他的人们具有称为"我们"意识的单位。不过，这个族群单位中的所有的人们并不都拥有共同的社会组织和政治组织。而"认同"是存在于个人与某特定族群间的一种关系，它属于某特定的族群，虽然族群中的成员可能散居在世界各地，但在认同上，他们却彼此分享着类似的文化与价值观。民族或族群认同是认同的典型表现。

中国的民族问题到今天为止变成了国际话语，可以从两个方面来解释国际话语。

一方面是纯粹从人类学学理层面解释民族的特殊属性，如林耀华先生提出的经济文化类型，虽然他受到苏联民族学的影响，强调经济决定意识，但是这套思想划分了中国的民族经济文化生态，这一点是有很大贡献的。另一方面是费先生提出的中华民族多元一体格局。面对西方民族国家的理论，中国这么多民族要放在国家框架下，用什么来解释它存在的合法性与合理性？多元一体就提供了解释框架。多元一体理论并非单纯是关于中华民族形成和发展的理论，也非单纯是费先生关于民族研究的理论总结，而是费先生对中国社会研究的集大成。正如费先生所说："我想利用这个机会，把一生中的一些学术成果提到国际上去讨论。这时又想到中华民族形成的问题。我自思年近 80，来日无几，如果错失时机，不能把这个课题向国际学术界提出来，对人对己都将造成不可补偿的遗憾。"[1] 因此，费先生事实上是从作为民族的社会来探讨它与国家整体的关系，这是他对社会和国家观的新的发展。中华民族的概念本身就是国家民族的概念，而 56 个民族及其所属的集团是社会构成的基本单位。这从另一个方面勾画出多元社会的结合和国家整合的关系，即多元和一体的关系。

这两大理论是中国民族研究的两大基础。

其实，费孝通先生对"民族"的理解随着其学术思想的变化有一个演变的过程。20 世纪 30 年代，费先生在清华研究院师从史禄国时主要接受欧洲大陆人类学研究传统的学科训练，首先研习体质人类学。因而费先生在这一时期对民族问题的讨论集中在对中国人体质特征的讨论上，发表于 1934 年的

---

[1] 费孝通主编《中华民族研究新探索》，中国社会科学出版社，1991，第 27 页。

《分析中华民族人种成分的方法和尝试》就是这一时期费先生讨论民族问题的代表作。在这篇文章中，费先生指出"中华民族，若是指现在版图之内的人民而言，是由各种体质上、文化上不同的成分所构成的"，而"要研究这巨流中各种成分的分合、盛衰、兴替、代谢、突变等作用，势必先明了各成分的情形"①。

20 世纪 50 年代，费先生参与了中国的民族识别工作，积累了大量的研究经验。费先生回顾 20 世纪 50 年代民族识别时曾说："民族这种人们共同体是历史的产物。虽然有它的稳定性，但也在历史过程中不断发展变化；有些互相融合了，有些又发生了分化。所以民族这张名单不可能永远固定不变，民族识别工作也将继续下去。"② 在此基础上，20 世纪 80 年代初期，费先生又提出了"民族走廊"说，将历史、区域、群体作为整体，对专门研究单一民族的中国民族研究传统具有极大的启发意义。中国民族识别工作完成后，中国 56 个民族的格局最终确立，费先生也以《中华民族多元一体格局》一文系统总结了自己的民族学思想。

国外对中国民族的研究有几种观点。

第一种观点需要回顾 1986 年底《美国人类学家》杂志发表的澳大利亚学者巴博德与费先生的对话，对话的核心是讨论受意识形态影响的中国民族识别。巴博德批判受意识形态影响的民族学忽视了当地的文化体系，民族识别的国家主义色彩非常浓厚。但费先生的回答非常有意思。费先生说他们在做民族识别的时候并不是完全死板地套用斯大林的概念，而是进行了修正，有自己的特色。③ 在民族识别时期形成了中国民族学研究在特殊时期的特殊取向，这个遗产就是我们的研究如何结合中国特点和学理特点，不完全受意识形态制约。

与此相关的第二种质问是很多国外学者的核心观点，他们认为中国的民族都是在国家意识形态中"被创造的民族"。实际上，中国所有民族的构成与中国的历史和文明过程是有机地结合在一起的，这些民族不是分离的，而是有互动的关系。简单地以"创造""虚构"或"建构"的概念来讨论中国的民族问题是非常危险的。这里就回应了关于实体论和建构论的讨论如何在民族研究中

① 费孝通：《分析中华民族人种成分的方法和尝试》，《费孝通全集》（第 1 卷），内蒙古人民出版社，2009，第 287 页。
② 费孝通：《关于我国民族的识别问题》，《费孝通文集》（第七卷），群言出版社，1999，第 202～203 页。
③ 费孝通：《经历见解反思——费孝通教授答客问》，《费孝通文集》（第十一卷），群言出版社，1999，第 143～205 页。

进行分类并处理理论思考的问题。这可能会构成中国民族研究在国际对话中一个很重要的基础。

到今天为止，针对族群边界也好，针对民族问题也好，建构论和实体论是两个主要的方向。在中国的民族研究中，实体论和建构论会找到它们的结合点：实体中的建构与建构中的实体，有很多关系可以结合起来思考。在民族研究中，国家人类学（national anthro-pology）与自身社会人类学（native anthropology）在国际话语中完全有对话点。

1982 年，吉尔赫穆（Gerholm）和汉纳兹（Hannerz）发表了一篇名为《国家人类学的形成》的文章。作者在文中直言不讳地指出国家的国际处境与本国人类学的发展有莫大关系。在"宗主与附属""中心与边缘"的格局下，附属国家或者说边缘地区的人类学研究只不过是殖民主义的产物。以强权为前提，中心地区的出版物、语言乃至文化生活方式都在世界格局里占据主导地位，并大力侵入边缘地区。在这样的形势下，边缘地区人类学学科的发展、机构的设置、学员的训练等，都会带有中心的色彩，从而抹杀了本土文化研究的本真性。[①]

不过，在中国的情况却有所不同。特别是关于多民族社会的研究，体现出了自身的研究特点，在某种意义上恰恰反映了国家人类学所扮演的角色。而国家人类学是和全球不同国家处理多民族社会问题连在一起的，包括由此带来的福利主义、定居化、民族文化的再构等问题，这构成了中国人类学的一大特点。针对目前出现的民族问题，人类学需要重新反思国家话语与全球体系的关系。相信本套丛书会为此提供有力的实证研究实例。

二　民族存在于社会中

我们知道，民族这个单位的存在尽管看上去很明显，然而，未必所有民族都拥有共同的社会组织和政治组织。而且，分散在不同地域上的族群甚至都不知道和自身同一的民族所居住的地理范围。另外，由于长期和相邻异民族的密切接触，某些民族中的一部分人采用了另一个民族的风俗习惯，甚至连语言也随之发生了变化，但其社会组织常常不会发生很大的变化。与社会组织相比，语言、风俗习惯的文化容易变化。因此，把文化作为研究单位，也未必是有效的手段。社会人类学之所以关注社会，是因为对于比较研究来说，希望以最难

---

① Tomas Gerholm and Ulf Hannerz, "Introduction: The Shaping of National Anthropologies," *Ethnos* 1–2 (1982).

变化的社会组织为研究对象。客观上，作为民族它是一个单位，然而作为社会它就未必是一个单位。因此，以民族为单位作为研究对象，如果离开对其所处社会的研究，并不能达到整体上的认识。

在多元一体格局中，汉族是一个凝聚的核心。在探讨汉族与少数民族的关系中，从历史、语言、文化等视角有了很多的研究积累。不过，以社会人类学的核心概念——社会结构为嵌入点来进行的研究，还不是很多。在中国多民族社会的研究中，正是由于这种多元一体格局的特点，作为多民族社会中的汉族社会的人类学研究，单单研究汉族是远远不够的，还必须要考虑汉族与周边的少数民族社会以及受汉文化影响的东亚社会之间的互动关系。已故社会人类学家王崧兴教授将其升华为中华文明的周边与中心的理论，即"你看我"与"我看你"的问题。他的一个主题就是如何从周边来看汉族的社会与文化，这一周边的概念并不限于中国的民族地区，它事实上涵盖了中国的台湾、香港以及日本、韩国、越南、冲绳等周边国家和地区。与此同时，少数民族的研究，离开汉族的参照体系，也很难达到研究的完整性。

在这一视角下，"中心"与"周边"在不同的历史和空间的背景下有着不同的含义。华南汉族聚居区相对于中原而言是周边，但却是华南这一区域内部的中心，特别是相对于周边山地少数民族时，又表现出华南区域内部的"中心"与"周边"的对应关系。此外，即使汉族内部，因为分属不同的民系，他们之间也存在"周边"和"中心"的对应。这一点可以非常有效地衍生出在不同时空背景下"中心"和"周边"的转化。华南及其周边区域的族群分布和文化特征与秦汉以来汉人的不断南迁有着密切的联系，在某种程度上甚至可以说，华南地区的族群分布和文化特征是汉人和其他各个族群互动而导致的结果。

华南在历史上即为多族群活动的地域，瑶族、畲族、苗族等少数民族及汉族的各大民系（广府人、客家人、潮州人、水上居民）都在此繁衍生息，加上近代以来遍布于东南亚以及世界各国的华侨大多来自这一地域，所以在对华南与东南亚社会及周边族群的研究中，应把从"中心"看"周边"的文化中心主义视角，依照上述个案中的表述那样，转为"你看我、我看你"的互动视角，同时强调从"周边"看"中心"的内在意义，即从汉人社会周边、与汉民族相接触和互动的"他者"观点，来审视汉民族的社会与文化。例如，我通过在华北、华南的汉族、瑶族和蒙古族的研究以及对日本的家与社会结构的讨论，揭示了从周边的视角重新认识汉人社会的结构和文化的意义。这一研究在经验研究基础上，将历时性与共时性有机地结合起来，在社会、文化、民族、国家与世界体系的概念背景下，讨论了社会结构比较研究的可能性及其方法论意义。

关于民族问题，大多数国外学者没有抓住国家人类学的本质与根本问题。中国多民族社会应回应什么问题？我觉得有几个方面的问题值得关注。第一，中国民族的丰富多样性，涵盖了不同类型社会，这是静态的；第二，从动态的角度看，在民族流动性方面可以和西方人类学进行有效的对话；第三，关于文化取向，学者们常用文化类型来讨论"小民族"，却从作为问题域的民族来讨论"大民族"，这存在一定的问题。

从这个角度来看，海外的中国研究里面对于中国民族研究有两种取向。一种是偏文化取向，如对西南民族的文化类型进行讨论。而另一种取向将藏族等大的民族放到作为问题域中的民族来讨论。这反映了人类学和民族学的两大取向：文化取向和政治取向。

但不论采取什么取向，我们首先要强调，任何民族研究应当是在民族历史认同的基础上来展开讨论，不能先入为主地认为某一个民族是作为政治的民族，而另一个民族则是作为文化的民族。相当多的研究者在讨论中国民族的时候，是站在一种疏离的倾向中来讨论问题，忽视了民族之间的互动性、有机联系性和共生性。也就是说，他们将每个民族作为单体来研究，而忘记了民族之间形成的关系体，即所有民族形成了互联网似的互动中的共生关系。这恰恰就是"多元一体"概念为什么重要的原因。多元不是强调分离，多元只是表述现象，其核心是强调多元中的有机联系体，是有机联系中的多元，是一种共生中的多元，而不是分离中的多元。

我以为，"多元一体"概念的核心事实上是同时强调民族文化的多元和共有的公民意识，这应当是多民族中国社会的主题。这也是本丛书着重强调"民族是在社会中"的道理所在。因此，本丛书的"民族"并不仅仅是少数民族的"民族"，而且是把汉族也纳入民族范畴来展开讨论。

三　民族的全球话语与世界单位

在全球化过程中，不同的文明之间如何共生，特别是作为世界体系中的中心和边缘，以及边缘中的中心与边缘的对话（如相对于世界体系西方中心的观点，中国这样的非西方社会处于边缘的位置。而在中国历史上就存在着"华夷秩序"，形成了超越现代国家意义上的"中心"和"边缘"），周边民族如何才能不成为"永远的边缘民族"的话题，越来越为人类学所关注。20 世纪可以说是文化自觉被传承、被发现、被创造的世纪。这一文化也是近代以来"民族—国家"认同的一个重要源泉。在中国这样一个多民族社会中，不同文化之间的共生显得非常重要，事实上，在我们的理念中，又存在着一种有形无形的超越单一民族认同的家观念——中华民族大家庭，这个家乃是民族之间和睦相处的一种文化认同。

我记得 2000 年夏北京召开"国际人类学与民族学联合会（IU-AES）"中期会议前，费先生把我叫到家里，说他要在会上发言，他来口述，我来整理。在他的书房里，我备好了录音机，先生用了一个多小时，讲了他的发言内容。我回去整理完后发现，需要润色的地方很少，思路非常清晰。我拿去让先生再看一遍，当时还没有题目。先生看过稿后，用笔加上了题目，即《创造"和而不同"的全球社会》。由于当时先生年事已高，不能读完他的主题演讲的长文，他开了头，让我代他发言。

先生在主题发言中所强调的，正是多民族之间和平共处、继续发展的问题。如果不能和平共处，就会出现很多问题，甚至出现纷争。实际上这个问题已经发生过了。他指出，过去占主要地位的西方文明即欧美文明没有解决好的问题，就在于人类文化寻求取得共识的同时，大量核武器出现、人口爆炸、粮食短缺、资源匮乏、民族纷争、地区冲突等一系列问题威胁着人类的生存。特别是冷战结束后，原有的但一直隐蔽起来的来自民族、宗教等文化的冲突愈演愈烈。从这个意义上说，人类社会正面临着一场社会的"危机"、文明的"危机"。这类全球性问题所隐含的危机，引起了人们的警觉。这个问题，原有的西方学术思想还不能解决，而中国的传统经验以及当代的民族政策，都符合和平共处的逻辑，可以为解决这一问题提供有益的思路。

费先生在那次发言中还进一步指出，不同国家、不同民族、不同宗教、不同文化的人们，如何才能和平相处，共创人类的未来，这是摆在我们面前的课题。对于中国人来说，追求"天人合一"为一种理想的境界，而在"天人"之间的社会规范就是"和"。这一"和"的观念成为中国社会内部结构各种社会关系的基本出发点。在与异民族相处时，中国人把这种"和"的理念置于具体的民族关系之中，出现了"和而不同"的理念。这一点与西方的民族观念很不相同，这是因为历史发展的过程不同，历史的经验不一样。所以中国历史上所讲的"和而不同"，也是费先生的多元一体理论的另一种思想源流。承认不同，但是要"和"，这是世界多元文化必走的一条道路，否则就要出现纷争。只强调"同"而不能"和"，那只能是毁灭。"和而不同"就是人类共同生存的基本条件。

费先生把"和而不同"这一来源于中国先秦思想中的文化精神，从人类学的视角，理解全球化过程中的文明之间的对话和多元文化的共生，可以说是在建立全球社会的共同的理念。这一"和而不同"的理念也可以成为"文明间对话"以及处理不同文化之间关系的一条原则。

与这相关的研究是日本京都大学东南亚研究中心在 20 世纪 90 年代初就提出的"世界单位"的概念。所谓世界单位，就是跨越国家、跨越民族、跨越地域所形成的新的共同的认识体系。比如中山大学毕业的马强博士，研究哲玛提——流动的精神社区。来自非洲、阿拉伯、东南亚和广州本地的伊斯兰信徒在广州如何进行他们的宗教活动？他通过田野调查得出不同民族、不同语言、不同国家的人在广州形成了新的共同体和精神社区的结论。[1] 在全球化背景下跨界（跨越国家边界、跨越民族边界和跨越文化边界）的群体，当他们相遇的时候在某些方面有了认同，就结合成世界单位。项飚最近讨论近代中国人对世界认识的变化以及中国普通人的世界观等，都涉及中国人的世界认识体系的变化，不仅仅是精英层面的变化，事实上连老百姓都发生了变化。[2] 这就需要人类学进行田野调查，讲出这个特点。

流动、移民和世界单位这几个概念将构成中国人类学走向世界的重要基础。这些年我一直在思考，到底中国人类学有什么东西可以出来？因为早期的人类学界，比方说非洲研究出了那么多大家，拉美研究有芮德菲尔德、列维-斯特劳斯，东南亚研究有格尔茨，印度研究有杜蒙，而中国研究在现代到底有何领域可进入国际人类学的叙述范畴？我们虽然说有很多中国研究的东西，但即使是弗里德曼的研究也还不能构成人类学的普适化理论。

我觉得这套理论有可能会出自中国研究与东南亚研究的过渡地带。在类似于云南这样的有跨界民族和民族交流的地带，很可能出经典。为什么？不要忽视社会主义意识形态。跨界民族在不同意识形态中的生存状态，回应了冷战结束后的人类学与意识形态的关联。许多人认为冷战结束后意识形态就会消失，但现实的结果却是意识形态反而会强化，这种强化的过程中造成同一个民族的

---

[1] 马强：《流动的精神社区——人类学视野下的广州穆斯林哲玛提研究》，中国社会科学出版社，2006。
[2] 项飚：《寻找一个新世界：中国近现代对"世界"的理解及其变化》，《开放时代》2009 年第 9 期。

分离，回应了二战后对全球体系的认知理论。同时，不同民族的接合地带，在中国国内也会成为人类学、民族学研究出新思想的地方。其实费孝通先生很早就注意到多民族接合地带的问题，倡导对民族走廊的研究。我们今天不仅仅要会用民族边界来讨论，也需要注意民族接合地带，如中国的蒙汉接合地带、汉藏接合地带，挖掘其特殊的历史文化内涵。

此外，与中国的崛起和经济发展紧密相连，本丛书还会关注中国人类学如何进入海外研究的问题。

第一，海外研究本身应该放到中国对世界的理解体系中，它是通过对世界现实的关心和第一手资料来认识世界的一种表述方式。第二，强调中国与世界整体的关系，这种关系是直接的。比如中国企业进入非洲，如何回应西方提出的中国在非洲的新殖民主义的问题？人类学如何来表达特殊的声音？第三，在对异文化的认识方面，如何从中国人的角度来认识世界？近代以来有这么多聪明的中国人，他们对世界的看法已经积累了一套经验。这套对海外的认知体系与我们今天人类学的海外社会研究如何来对接，也就是说，中国人固有的对海外的认知体系如何转化成人类学的学术话语体系。还有就是外交家的努力和判断如何转化成人类学的命题。第四，海外研究还要强调海外与中国的有机联系性，如"文化中国"的概念，如何从人类学的角度来理解？5000多万名华人在海外，华人世界的儒家传统落地生根之后的本地化过程，以及它与中国本土社会的联系，恰恰构成了中国经济腾飞的重要基础。我们可以设问，如果没有文化中国，中国经济能有今天吗？

在东南亚各国，华人通常借助各类组织从事经济活动。各国华人企业之间以及它们与华南社会、港台之间存在着一定的社会经济关系网络。共同的语言、共同的文化传统以及血缘、地缘关系的纽带，使得移居海外的人们很自然地与他们的同胞及中国本土保持联系。同时，他们在其社会内部保持和延续了祖居地的部分社会组织和文化传统。20世纪80年代后，人类学对于这一领域的研究兴趣聚焦于"传统的创造"。

对于"传统"的延续、复兴和创造以及文化生产的研究，是人类学以及相关社会科学的一个重要领域。这里的传统主要指与过去历史上静态的时间概念相比，更为关注动态的变化过程中所创造出来的"集团的记忆"。其他方面的研究还有海外华人的双重认同——既是中国人，也是东南亚人；城市中华人社区的资源、职业与经济活动、族群关系、华人社区结构与组织、领导与权威、学校与教育、宗教与巫术、家庭与亲属关系，进而提出关于社会与文化变迁的理论。

海外研究一定要重视跨界民族。这一部分研究的贡献在于与中国的互动性形成对接。此外，现在很大的问题就是中国人在海外，不同国家的新移民的问题，如贸易、市场体系的问题，新的海外移民在当地的生活状况亦值得关注。同时，不同国家的人在中国其实也是海外民族志研究的一部分。我觉得海外民族志应当是双向的。中国国内的朝鲜人、越南人、非洲人等，还有在中国的不具有公民身份的难民，也都应该构成海外民族志的一部分。这部分的研究一方面是海外的，另一方面又是国内的。海外是双向的，不局限于国家边界，海外民族志研究应该具有多样性。

四　民族的研究方法：社区调查与比较研究相结合

传统人类学的研究方法，是在一个村庄或一个社区通过参与观察，获得研究社区的详细材料，并对这一社区进行精致的雕琢，从中获得一个完整的社区报告。这样，人类学的发展本身为地方性的资料细节所困扰，忽视了一种整体的概览和思考。很多人类学者毕生的创造和智慧就在于描述一两个社区。这种研究招来了诸多的批判，但这些批判有的走得很远，甚至完全脱离人类学的田野来构筑自己的大厦。在我看来，人类学的研究并不仅仅是描述所调查对象的社会和文化生活，更应关注的是这一社区的社会和文化生活相关的思想，以及这一社会和文化在整体社会中的位置。同时，还要进入与不同社会文化的比较研究中去。因此，人类学者应该超越社区研究的界限，进入更广阔的视野。

我在研究方法上，是把汉族社会作为研究的一个参照系，从而认识受汉族文化影响的少数民族，从中也能窥得文化的分化和整合，这种研究方法最终是为了更好地反映包括少数民族在内的中国社会的结构特点。关于汉族的家观念与社会结构，可参看我的《家与中国社会结构》①一书，在此不赘述。

在中国这样一个统一的多民族国家体制下，人们生活在这一国土上的多民族社会中，相当多的民族都在不同程度上接受了汉族的儒学规范，那么，其社会结构与汉族社会相比表现出哪些异同？如我所调查的蒙古族，受到了汉族文化的强烈影响，这种影响导致他们的经济、社会、文化等发生了重大的变迁。因此，仅研究单一民族的问题，已显得远远不够，且不能反映社会的事实基础，需要我们从民族间关系、互动的角度来展开研究。

---

① 麻国庆：《家与中国社会结构》，文物出版社，1999。

我写《作为方法的华南》时，很多人觉得这个标题有点怪，其实我有我的说理方式。一是区域的研究要有所关照，比如弗里德曼对宗族的研究成为东南汉人社会研究的范式①，他在后记里提到一个很重要的命题，就是中国社会的研究如何能超越社区，进入区域研究。有很多不同国别的学者来研究华南社会，华南研究在某种程度上形成了中国社会研究的方法论的基础，是很重要的基础，我在这个意义上来讨论问题。并且，它又能把静态的、动态的不同范畴包含进来。在一定意义上，人类学传统的社区研究如何进入区域是一个方法论的扩展，用费先生的话来说就是扩展社会学的传统界限。人类学发展到一定程度后，如何来扩展研究视角，如何进入区域，是一个重要的问题。

与方法论相关的另一个问题是，作为民俗的概念如何转化成学术概念。在20世纪80年代，杨国枢和乔健先生就讨论过中国人类学、心理学、行为科学的本土化，而本土化命题在今天还有意义。当时只是讨论到"关系""面子""人情"等概念，但在中国社会里还有很多人们离不开的民间概念，如分家、娘家与婆家。还有像我们很常用的概念，说这人"懂礼"。那么，懂礼表现在哪些方面？背后的观念是什么？比如说这人很"仁义"，又"义"在何处？这些都是中国研究中很重要的方面。藏族的房名与亲属关系相关，还通过骨系来反映亲属关系的远近。这些民俗概念还应该不断发掘。再如日本社会强调"义理"，义理如何转换成学术概念？义理与我们的人情、关系、情面一样重要，但它体现了纵式社会的特点，本尼迪克特在她的书中也提到这一点。② 民俗概念和当地社会的概念完全可以上升为学理概念。

这也涉及跨文化研究的方法论的问题。就像费先生说的要"进得去"，还得"出得来"。一进一出如何理解？为什么跨文化研究和对他者的研究视角有它的道理，其实就是相当于井底之蛙的概念，在井里面就只能看到里面。还有"不识庐山真面目"的说法，都反映了这些问题。中国人这些传统智慧恰恰是和我们讨论的他者的眼光或跨文化研究是一体的，判断方式是一样的。

要达到对中国社会的认识，就要扩大田野。田野经验应该是多位的、多点的，这很重要。部分民族志之所以被人质疑，是因为民族志的个人色彩浓，无法被验证。但是如果回到刚才所讨论的人类学学理框架里面，回到人与问题域的关系的状态里面，这些问题比较好解决。

本丛书的意义，就是将民族研究在上述几个方面的取向以经验研究加以表

---

① Freedman Maurice, *Lineage Organization in Southeastern China*, The Athlone Press, 1958.

② 〔美〕鲁思·本尼迪克特：《菊与刀》，吕万和等译，商务印书馆，1990。

现。行文至此，恩师费孝通先生在 2000 年夏天接受日本《东京新闻》记者采访时提到的"知识分子历史使命"的话语，又回响在我耳畔。费先生强调，"知识分子的本钱就是有知识，他的特点长处就是有知识，有了知识就要用出来，知识是由社会造出来的，不是由自己想出来的。从社会中得到的知识要回报于社会，帮助社会进步，这就是'学以致用'，这是中国的传统"。这也正是先生所倡导的"阅读无字社会之书"、行行重行行、从实求知、和而不同与文化自觉的人类学的真谛所在。在这条路上，我们任重而道远。

序

麻国庆

在中国各民族的空间布局中，海南岛具有十分特殊的地位。海南岛背靠大陆，面向大海，与南中国海文化天然形成了一个有机整体；无论是地理上还是文化上，海南岛都属于中国大陆的边陲，在长期的历史演变过程中，逐渐形成一种"岛屿文化"形态。不管是在历史时期还是现代社会，海南岛都保留了很多大陆文化的印记，与大陆文化有千丝万缕的联系。因此，对海南岛的民族及其文化的研究和理解不应仅停留在海岛的狭隘空间概念中，还应梳理不同历史时期族群间的交往方式和互动往来，充分重视文化和社会网络的复杂性。海南岛以独特的人文地理环境，在区域研究的视角下具有巨大的讨论空间。作为一个文化发展起步较晚的岛屿，其文化的外源性十分突出，即在黎族本地文化的基础上，由汉、苗、回、疍家等民族或族群文化，以及近代华侨文化、农垦文化、西方文化等多种文化长期相互碰撞、整合生成的一种具有独特个性的文化类型。海南岛亦是中国联系东南亚社会的交通枢纽，因此海南岛的民族研究在中国人类学的学术版图中具有重要的地位。本书汇聚了多名学者近年来在海南岛调查研究的成果，涉及黎族、苗族、回族等少数民族研究，疍家渔民、华侨研究以及海南岛西部沿海古盐田的研究。这些研究成果均基于研究者在海南岛进行的田野调查得来，是关于海南岛族群不同视角的较为全面的呈现。

黎族研究发展到 21 世纪，对其进行研究的群体不断扩增，在学者的学术自觉意识不断增强的背景下，产生了固定的研究群体，同时也产生了大量的文献，这促使黎族研究发展为"黎学"，其重要性得以彰显。与此同时，黎族研究的内容和范式也发生了极大的变化，其研究的内容愈加丰富，涉及的领域和专题更广，并且每一领域都不断再细化，使人们对黎族的认识更为深刻。张峻的文章主要探讨黎族农民互助制度及其行动逻辑与现实基础，讨论了市场经济条件下农民的合作制度和能力问题。作者通过对海南黎村互助组织的调查发现，在市场经济条件下，农民间的合作不仅依靠血缘和地缘关系，也在工具理性和传统道德双重价值观的基础上形成了具有较强合作精神的合作关系，这是黎村人互助联合形成的基础。黎村人的总体性逻辑是在日常生产生活中逐渐形成的，它与村落社会的结构、传统文化、市场经济等都有关联，已成为黎村人处理日常事务的一种惯习。正是在这种惯习的影响下，自发的秩序和组织才得以形成，日常生产生活中的互助合作成为一件对黎村人来说习以为常的事情。查干姗登关注的是黎族的狩猎生计及其变化。她讲述了 20 世纪 90 年代末，海南省政府开始施行生态保护工程，对海南濒临灭绝的野生动物加以保护，开始实行禁猎政策，而后黎族的狩猎生计退出了历史的舞台。在农耕文化的影响下，农耕逐渐发展成为黎族主要的生计方式，狩猎则成为黎族重要的副业。农耕文化与狩猎文化的碰撞影响着黎族狩猎生计方式的变迁过程。

　　海南岛是从南岭走廊的族群进入南中国海的重要落脚点和中转站，其民族研究在华南乃至中国的人类学研究上一直有独特的地位。从明代起，苗族自广西等地陆续迁徙到海南岛，繁衍生息，苗族在海南岛的扎根与繁衍经过了长期的历史过程，也是大陆文化与岛屿文化交融的例证。如今苗族已是海南岛上的第三大民族。区缵关注跨海苗族在海岛上的发展，他认为，这为苗族文化与岛屿文化增添了一种多样性。他以海南岛南部山区那会苗村为个案，主要讲述了苗族人的迁村生活和种植橡胶的故事。历史上，那会苗族在不断迁徙漂泊。在 21 世纪初，地方政府推动水库建设征地导致大部分村民迁离原址，从而形成新旧村并存的格局。20 世纪 80 年代以来，橡胶销售成为那会苗族的主要收入来源，以家庭为单位，以夫妻为主要劳动力，每年都要面对台风天气灾害和市场价格波动的问题。那会苗族迁村后的生活和生计困境表明，应对岛屿山地苗族的发展给予更多的重视。

　　在海南岛的少数民族中，海南的回族有其特殊的地位。相对于中国的穆斯林主体而言，海南回族似乎身处于一片文化的孤岛，但实际上，海南回族在历史上和当代社会中始终保持着与东南亚地区的密切联系。由于地缘的关系，海南岛与东南亚的交通甚为便利，社会文化交流频繁。在民族志研究的层面，海南回族以其独特的语言文化历史在海南岛的民族研究中占据着不可或缺的地位，在人类学学科中具有巨大的讨论空间，不仅在民族志的层面上，还在理论上具备与国际学术界对话的条件。

　　当市场化的社会发展趋向逐步消解着不同地区的"地方色彩"时，张亮所关注的三亚回族却能够在更为广泛的社会体系中寻找到自己群体的集体定位。三亚回族渔业生产和蔬菜种植的集体经济瓦解后，三亚回族不得不直接参与到重新形成的市场社会中。不过,在经济伦理和经济互助网络等因素的作用下,三亚回族迅速找到了自己新的社会定位——生意人。起初,三亚回族除了局部的互助与合作外,在整体上以"个体户"的身份各自为战,但很快在市场各个行业竞争中自觉整合,形成了"全民经商"的集体意识。国家政策为三亚回族提供了运用少数民族身份制造社会情境的可能,市场经济规则促使三亚回族运用国家赋予自己的政治资源参与竞争。三亚回族主动选择"国家政策"和"市场经济"等外来力量中对群体发展有益的因素,规避不利因素。为了实现这一目的,三亚回族必须充分动员自己社会内部的社会文化资源。最终,三亚回族针对每一个具体的社会现象都形成了自己的文化解释。三亚回族在当下中国社会中面临的任何机遇和挑战、产生的各种不解和无奈,都可以回归到其文化根基和社会禀赋中寻求答案和获得支持。

海南岛沿海分布着众多港口,依赖海洋生存的渔民有各自的生存方式与文化逻辑。潘英海教授利用海南省三亚市的三亚疍家文化陈列馆所陈列的文物探讨疍家人与海洋生态之间的关系,以疍家人赖以为生的船与绳缆为重点,用文化生态学的理论说明三亚疍家人与周遭族群及其所生存的环境之间的关系。他认为,疍家人是个不折不扣的"海洋族群",其生计模式是一种"游捞"的生产模式。因此,疍家人迁徙式的渔捞生产模式与定居岸上的渔民不一样,所代表的海洋文化与渔民的海洋文化意义也不一样,而目前学术界对海洋文化的研究大多以陆地的观点看海洋文明,有待拓展以海洋文化、海洋族群为主位的研究视野,尤其对岛屿社会与海洋文化的研究,应予以足够的关注。

刘莉的研究对象是东南沿海的疍家人。文章以海南岛东南港口疍家人的食槟榔习俗来阐释疍家人移居海南岛后的族群互动和文化选择。为了获得更广阔范围内的认可,海南疍家人在海陆族群互动的过程中超越各种限制,融合了陆地元素。海上疍家人的"陆地印记"是其在新的时空环境下逐步"上岸"、走近直至走进陆地群体的过程中做出的适应性选择。

王利兵关注的是以远海航行作业为主要生计方式的海南潭门渔民。他从斯图尔德的"文化生态学"观点和方法出发,考察潭门渔民的海洋适应与文化发展。潭门渔民作为一个以远海航行作业为主要生计方式的海洋族群,其生产生活的方方面面皆与海洋密切相关。潭门渔民联帮出海和潜水作业的历史传统是适应南海海洋环境以及远海渔业生产的产物,尤其是西沙群岛、南沙群岛独特的珊瑚礁海洋环境决定了潭门渔民只能采取潜水捕捞的作业方式,反过来又影响了潭门渔民的行为模式,从潭门渔民采用的父子或兄弟结对模式中可见一斑。此外，远海航行作业对社会结构及文化层面产生重要影响，如亲属关系网络和海神兄弟公信仰。

海南岛地处热带，全岛遍及各种规模及不同类型的晒盐场，自唐代开始，百姓煮海为盐。在运销方面，清代之前，海南所产海盐任由百姓自由买卖，海南岛盐业划入国家专营的时期较晚。坐落在海南省西部洋浦经济开发区的"千年古盐田"正是自产自销延续下来的盐业生产所在地，近年来随着旅游开发逐渐引起诸多关注。

谷宇以家族为切入点，通过考察家庭、家族的构成与运作，分析家庭再生产过程中的盐田经营状况以及不同历史时期盐田经营中所展现出的家族关系，以具体的个案描述了家族与盐田经营之间的关系。从经济与社会关系角度，关注海盐流通与亲属关系的扩展，指出盐田妇女在依托亲属关系拓展海盐市场的同时通过海盐的流通扩大了通婚范围，推动了盐田村亲属关系的扩展与延伸。这种经济嵌入社会的过程，正是岛屿社会中的盐田人进行盐田经营的文化逻辑。此外，作者还从历时性角度考察了古盐田的发展历程，继而揭示出在城市化建设中盐田村的各家族如何发挥重要作用，守护古盐田。

同样是对古盐田进行研究，周开媛采用人类学方法，从盐田的形成及构造、海盐制作中的工具知识、海盐制作的工艺流程、海盐制作和使用中的传统知识等四个方面，对传统日晒制盐技艺展开了细致的民族志记录与描述。

海南岛位居南中国海要冲，是中国联系东南亚社会的交通枢纽。作为著名的侨乡，华侨研究是海南岛研究的重要内容。陈杰和黎相宜在列斐伏尔的空间理论基础上，从空间呈现、空间实践以及呈现性空间这三个维度讨论海南冠南侨乡的公共文化空间变迁，并讨论其与侨乡范式的关联。文章指出，一方面，伴随着有关"侨"的一套知识体系、价值观念与社会关系趋于弱化，依靠海外华侨的文化馈赠来支撑公共文化空间发展的"侨乡范式"逐渐式微。侨乡作为特殊的乡村类型，其公共文化空间的发展也面临与其他乡村同样的挑战；另一方面，由亲缘、地缘、宗族、民间信仰、乡规民约等构成的生活传统和社会关系网络还呈现延续的状态。因此，传统的侨乡范式虽已式微，但并不能马上做出"侨乡范式"终结的判断。比如，作者考察的对象有冠南嫁到海外的新娘，这些女性新移民成为支撑侨乡公共文化空间发展的重要主体之一。又比如，近些年新型的侨区发展模式在兴起，各级侨办积极推进"侨之家——全国社区侨务工作示范点"创建活动，动员社会力量构建社区的为侨服务网络及公共文化空间。可见"侨乡范式"作为侨乡研究的重要命题，值得在以后的研究中不断反思。此外，马潇骁描述了一位印尼归侨在海南几十年的风雨人生。

海南岛多元文化族群的构成有其内在体系，海南岛研究的意义不仅在于文化的多元共存与共融，更在于其文化主体区域性乃至世界性的社会网络建构实践。因此，不能把海南岛的人类学研究孤立地放在海南这个岛屿里面来看，应将这个岛屿的文化纳入中国整体的文化体系。当下，海南岛研究更是要与热点问题联系起来。在全球化浪潮席卷海岛社会之际，开展人类学田野研究，重新确定海南岛的学术地位，对于我们认识整个环南中国海的区域与文化有着重要意义。本书研究者的实践和探索，为促进相关问题研究提供了更进一步的思考和启发。

海南岛：中国人类学研究的实验室[*]

麻国庆[**]

摘　要： 海南岛处于大陆体系和海洋体系相互推动发展起来的一个特殊的岛屿文化体系中，海南岛的社会和文化问题促使学界从方法论上重新思考"多元一体"这一概念，在海南岛的理论和实践的基础上重新审视多元化的族群构成与地域文化。笔者通过梳理海南岛的人类学研究脉络，旨在探寻海南岛研究的方法论意涵，即基于山、江、海的这种复杂关系，把海南岛的研究作为环南中国海区域研究的重中之重，将民族走廊地区、少数民族社会、跨越国界华人社会、东南亚与中国华南交往体系的研究放在一个整体中考虑，指出海南岛作为开放的人类学研究实验室的意义所在。

关键词： 海南岛；人类学；实验室

一　引言：从区域看民族

30 多年前，费孝通先生在探索中国内发型发展道路时，就对海南岛存有过很高的期待。"天涯仅咫尺，海角非极边"[①]，这是费先生到三亚考察后的直观感受。天涯海角已成过去的历史事实，从"鸟飞犹用半年程"变为"飞机只用半日程"，费先生感慨于时间与空间概念的难解难分，对海南岛的区域发展之落后感到特别困惑和忧心。他觉得，海南岛自然条件之好、资源之丰富举

---

[*]　本文原载《广西民族大学学报》（哲学社会科学版）2014 年第 5 期。收入本书时做了修改。

[**]　麻国庆，中央民族大学民族学与社会学学院教授。

[①]　费孝通：《海南曲》，《费孝通文集》（第 10 卷），群言出版社，1999。

国难寻，而岛上少数民族之穷困却是全国之最，该地区没有得到很好的开发，潜力很大。费先生提出了建设海南岛的设想。他认为，历史上成谪的陋规正是中原文化向边区传播的渠道，海南的文化就是靠不断送上门来的文人学士所培育起来的。① 1950 年后，国家因战略需要发展橡胶生产，没有给少数民族留足够的土地发展农业，没有综合考虑海南岛的经济发展情况，导致岛上的经济长期以来以单一作物为主，留下了不少历史问题。综合来看，费先生建议，要对海南岛人的问题多考虑，地区发展要以当地人为主体，要注意到岛屿发展的不平衡，原则是民族地区的发展必须是民族本身的发展，达到各民族的共同繁荣。② 30 多年过去了，海南岛的发展今非昔比，但费先生当年提出的问题言犹在耳，远没有达到解决的地步。费先生当年发动知识分子研究海南岛的愿望也还没有实现，关于海南岛，尚有很多没有了解的方面。特别是当今"国际旅游岛"提法一出，海南岛更处于一个开放、流动的空间，对它的研究尤其是人类学的研究更有待深入拓展。

台湾地区陈绍馨教授早在 20 世纪 60 年代就曾提出，台湾是"中国社会文化研究的实验室"③。在这里，"实验室"不但蕴含着深刻的"从周边到中心"的视角转换的方法论意义，更旗帜鲜明地提出台湾研究对学科理论建构的意义。事实上，台湾人类学民族学界从"浊大计划"开始，由继承日本民族学关于台湾少数民族的研究，向汉人社会研究积极转型，建构出诸如关于移民社会、祭祀空间等颇具原创性的理论模型，使台湾岛成为名副其实的"人类学研究实验室"。

台湾地区研究经验对于当下中国人类学的启发意义，在于如何把流域的概念和山地的概念结合在一起，纳入宏观区域乃至全球社会讨论，在中国广阔的疆域里面，如何来重新反思山地、流域和海洋这些核心的地标式概念。这三者本身交叉的各种平原-山地、农业-牧业的关系，使中国各少数民族社会与汉族社会连在一起。

任何民族的存在离不开它所处的空间。在中国讨论民族与区域的问题，要特别强调"民族走廊"。"民族走廊"的概念是费孝通先生在 20 世纪 80 年代提出来的，强调多民族中国社会的构成里面有很多的民族通道。中国的民族研究不能以单一的民族概念来讨论，一定要讨论它与周围的族群之关系。民族研

① 费孝通：《海南曲》，《费孝通文集》（第 10 卷），群言出版社，1999。
② 费孝通：《海南曲》，《费孝通文集》（第 10 卷），群言出版社，1999。
③ 陈绍馨：《中国社会文化研究的实验室》，《中研院民族学研究所集刊》（第 22 辑），1966。

究不能简单地从民族内部来进行，而是要把民族内部的研究纳入空间来讨论问题。

在中国各民族的空间布局中，海南岛具有极其特殊的地位。海南岛无论是在地理层面还是在文化层面都属于中国大陆文化的边陲，在长期的历史演变过程中，其逐渐形成一种"岛屿文化"的形态。然而，在海南研究领域中，关于海南岛的文化属性存在很大的争论和分歧。实际上，对海南岛的各民族及其文化的理解不应仅停留在海岛的狭隘空间概念中，还应梳理不同历史时期族群间的交往方式，充分重视文化和社会网络的复杂性。海南岛因其独特的人文地理环境，在区域研究的视角下具有巨大的讨论空间。与当年被作为"实验室"的台湾相比，如今的海南是一个更为开放和更具潜力的"实验室"。

二 陆与海间：大陆文化与海洋文化在海南岛的混合

简单总结海南岛的区位特点：背靠大陆，面向大海。一方面，海南岛与南中国海文化天然形成了一个有机整体；另一方面，不管历史时期还是现代社会，海南岛都保留了很多大陆文化的印记。

日本学者牧野巽在《广东原住民族考》第六章"海南岛的南越殖民痕迹"中指出，海南岛，特别是隋唐时期的海南岛受到了当时位于广东本土的南越民族的极大影响。牧野通过分析《太平寰宇记》《元丰九域志》《诸蕃志》等记载论述，尽管福建人最早登陆海南岛东部，但是东部的汉化程度却始终不如西部。例如，琼州在北宋时就已经是海南岛的中心城市，到了唐代时，其开发程度大幅提升，但是其民风依然"人性彪悍、椎髻卉裳、刻木标记、力强朴野、父子别业，以服众者为长老。铜铸大鼓，击鼓呼伴，每每众人云集。黏土为锅、瓟匏为器，以花酿酒。上衣已与中土无异，只下衫男女有别，男子缠布，女子着裙。虽无富民，崇尚节俭，故无孤独之人，凶年亦无亡者"。而与此相对，其西边的儋州则"烟瘴水汽全无，群花一早盛开，尚节俭，妇人不着绫罗、不施粉黛，婚丧嫁娶皆遵循典制，无饥寒交迫之民，有学府立东南，后迁至西侧"。宋代，海南岛开始出现进士，明代达到极盛，这一基础其实是直到中唐才打下，而且一直到晚近，仍带有浓厚的南越色彩。[①]

在讨论海南岛文化体系的时候，很重要的一点是要考虑华南的特殊性，比如南岭走廊，很多族群和海南岛、东南亚都有关系。笔者论述过华南在中心和

---

① 牧野巽《中国の移住伝説．広東原住民族考》，《牧野巽著作集》第五卷，御茶水书房，1985。

周边的时空转换之间的重要地位。① 应该把海南岛和大陆体系、东南亚体系以及海洋体系有机地结合在一起，因为海南岛本身不一定仅属于海洋文化，它还包含很多大陆文化的因素。海南岛遍地都流传着苏东坡的传说，把苏东坡神化了，比如儋州的东坡书院。一个流官被当地人所神化，说明他本身具有中国文化的政治性。苏东坡被神化是因为在海南岛这一区域，社会由黎族、汉族、苗族以及水上居民还有少数的回族构成，这些族群在受到汉文化影响的同时，要寻求正统性，而苏东坡可以作为正统性的代表，于是大家赋予了他很多文化标签。

在当下，海南岛研究更与热点问题联系在一起。我们在研究时逐渐往上推，实际会讨论到一个问题，即如何用人类学的方法来研究国家利益、地方利益和群体利益问题。像广东、海南和环南中国海区域的生态链，包括渔业资源的海港，历史上就有共生的概念，早就形成了一种"协调互助、和谐关系"，传统上"你好我好大家都好"。但现在在一个国家的管理架构中，发生了很多冲突。比如海疆族群的管辖问题、不同国家的渔业管理政策问题、南海休渔期的问题、现代化的捕鱼手段引进和海防等问题。讨论这些问题，应深入其背后隐含的文化逻辑，即从南岭走廊的概念拓展到环南中国海。海南岛恰恰处于区域中一个中转站的位置，要在这里分析一个族群和文化的互动。

苗族从西南山地到南部海疆的迁徙历史体现了海南岛作为中转站的特殊地位。道光《琼州府志》和《崖州直隶志》、民国《感恩县志》等地方志记载，大约从明代起海南苗族陆续从广西等地迁居海南。

最早对海南苗族进行科学记录的是德国学者史图博。1931 年和 1932 年，史图博先后两次到海南岛进行民族调查，第二次调查时间为 1932 年 7 月 17 日至 9 月 19 日，其中，对南朴苗族的考察仅有两天。1937 年，他在柏林出版了德文著作《海南岛的黎族——为华南民族学研究而作》（中译本《海南岛民族志》）。该书的附录记录了此前他对苗族的观察情况，从衣服、村落与房屋建筑、教育和宗教、家族习惯等方面向世人介绍了海南岛的苗族。②

中国最早对海南苗族进行研究的是人类学家王兴瑞。他撰写的《海南岛之

---

① 麻国庆：《作为方法的华南：中心和周边的时空转换》，《思想战线》2006 年第 4 期。
② 〔德〕史图博：《海南岛民族志》，中国科学院广东民族研究所，1964。《海南岛民族志》一书是根据日文译本转译的，原著为德文，是德国学者史图博所著，原名为《海南岛的黎族——为华南民族学研究而作》，1937 年出版于柏林。广东民族所根据日译本转译。日译本的编者是平野义太郎，翻译则由清水三男担任，于 1943 年由日本东京甫傍书房出版，全书共 508 页。

苗人》一书，是第一本对海南苗族社会系统记述的著作。1937 年 2 月 7 日，中山大学研究院文科研究所与私立岭南大学西南社会调查所联合组成的由杨成志任团长、伍锐麟任司库、王兴瑞任文书、何元炯任庶务、江应樑为团员、邝博鹗负责摄影的琼崖黎苗考察团抵达海口，开始对海南岛的黎苗社会进行考察，至 6 月 4 日结束。考察团分两组，杨成志、伍锐麟、江应樑等为甲组，王兴瑞、何元炯为乙组。乙组于 2 月 18 日至 3 月 15 日对海南岛保亭大岐附近的彦圣、报茶、昂吉、志报、蕃慢等苗村进行考察。考察结束后，由于战争关系，王兴瑞的研究成果迟至 1948 年才出版。[①] 在此期间，他将部分研究成果陆续发表在期刊上。[②] 他最先从语言上对岛屿苗族的来源做了判定，认为海南苗就是广西的蓝靛瑶。然而，他的调查地限于保亭，保亭苗语固然与广西蓝靛瑶语差异不大，但与崖县、临高等地的苗语却不同。于是，王兴瑞存疑："从语言一端，即证明该两地苗之必非广西蓝靛瑶。"[③]

1954~1955 年，严学窘、刘耀荃、容观琼等学者带领"中南海南工作组"，对海南 22 个黎族村落、2 个苗族村落和三亚的回族村落进行了规模较大的综合调查，两个苗族村落选在了保亭和琼中。据此次调查材料，容观琼通过对海南苗族的信仰、语言、信歌、历史文献等方面的研究，得出结论：海南岛习惯上被称为苗族的，是一个与广西山子瑶有亲缘关系的族群。这个族群的大多数干部和群众，对被认定为苗族是满意的，根据"名从主人"的原则，按照该族群的意愿，仍定为苗族。[④]

也有人表示不同意见。例如，苗族知识分子李明天就认为，海南的苗族，固然有征兵于广西的，但也有为谋求生存漂洋过海移民到海南岛居住的，而大量的苗族，乃是移民而来。[⑤] 更有人持苗族族源多元说，例如，姜永兴首先肯定李明天关于海南苗族有两个来源的说法，然后提出历史上海南苗族是由多个民族组合而成，征调入岛的苗兵人数有限，且在不同时期先后抵达，作为征募的兵源，具体来源地也不全是广西，亦有贵州的；而历史上的苗兵，也非源于

① 李文海主编《民国时期社会调查丛编》（少数民族卷），福建教育出版社，2005。
② 王兴瑞：《海南岛苗人社会鸟瞰——廿六年调查海南岛苗族报告书之一节》，《民俗》1943 年第 1~2 期；《海南岛的苗人婚俗》，《民俗》1943 年第 4 期；《海南的苗民生活》，《边疆研究季刊》1940 年第 1 期；《海南岛苗人的来源》，原刊于《西南边疆》第 6 期，参见海南省文化历史研究会主编《王兴瑞学术论文选》，长征出版社，2007。
③ 海南省文化历史研究会主编《王兴瑞学术论文选》，长征出版社，2007。
④ 黄光学主编《中国的民族识别》，民族出版社，1995。
⑤ 李明天：《海南岛苗族的来源》，载广东省民族研究学会、广东省民族研究所编《广东民族研究论丛》（第一辑），广东人民出版社，1986。

同一个民族。他进而提出，纵然现在的苗族是苗兵的后代，其来源也是多元的。[①] 学者们逐渐认同这些观点，例如，马建钊在论述海南苗汉关系时，就曾提到海南苗族的部分先人是明朝万历年间奉调到海南防守的"广西苗兵"，而多数先人则是因生活所迫于明代中叶前后进入海南岛的广西苗族移民的后裔，两者逐渐融合成现在的海南苗族。[②] 从苗族族源的学术争论中可以看出，苗族在海南岛的扎根与繁衍经过了长期的历史过程，也是大陆文化与岛屿文化交融的例证。

三　海岛上的"多元一体"：海南岛上的族群互动与文化共生

以水为中心的区域文化是海南岛民族构成区域的特点。对海南岛的人类学研究可以追溯到 20 世纪初期。20 世纪初，西方国家的传教士、旅行家、冒险家以及民族学者都非常关注海南岛，与此同时，西方民族学传入中国。因此，这一时期涌现了大量的关于海南岛以及黎族研究的调查报告、专著等，其中影响比较大的有 1919 年美国长老会海南岛传教团所著的《棕榈之岛——清末民初美国传教士看海南》（*The Isle of Palms, Sketches of Hainan*），该书记录了海南岛的地理、资源、经济、政治、民族、宗教、历史脉络、文化教育、风俗民情、社会生活以及传教士们在海南的活动等，所述内容多为传教士亲身经历、所见所闻，保留了许多这一时期海南社会的第一手资料，具有一定参考价值。[③] 但是，此时西方传教士们所做的记录，是出于对"野蛮""落后"的民族翔实调查以达到扩张殖民地的目的而展开的，这样的记录限于表面观察，同时带有西方中心主义的色彩。

海南岛多元文化族群的构成是有内在体系的。黎族是海南岛主要的少数民族，和汉族及周围其他民族相处时，有自身的一套逻辑在里面，形成了特殊的地方文化体系。国外学者对海南黎族的记录开始于清朝末期。美国学者爱德华·廷得尔（Edward Coe Taintor）1868 年在其著作《海南岛地理概述》（*Geographical Sketch of the Island of Hainan*）中记录了黎族的情况。随着天主教在海南的传播并逐渐发展，美国传教士香便文（B. C. Henry）来到海南，并在《岭南记》中记录了黎族的情况，如黎族的分类、外形特征、服饰及宗教等文

---

① 姜永兴：《海南苗族族源与族属新解》，载广东省民族研究学会、广东省民族研究所编《广东民族研究论丛》（第一辑），广东人民出版社，1986。
② 马建钊：《试论海南苗族与汉族的历史关系》，《广西民族研究》2000 年第 4 期。
③ 范基民编《棕榈之岛》，王翔译，南海出版公司，2001。

化习俗。① 与此同时，日本人也开始了对中国各地的调查，最初依托上海同文学院，在 1907~1917 年对海南进行了学术调查。《支那省别全志》第一卷《广东省》中记载了当时调查黎族的有关内容。②

民国时期的黎族研究主要包括历史学和人类学的研究，相对而言，历史学的研究多于人类学的研究。历史学研究主要讨论的问题有四点。第一，对黎族的历史做长时段的整体性论述。小叶田淳的《海南岛史》就是第一部以海南黎族为主要对象进行系统描述分析的史书，全书在论述从两汉至清朝海南岛政治经济状况的基础上，重点讨论了历代政府治黎的情况。③ 屋井部员也对汉唐时期政府治黎情况进行了研究。宋文炳④、王桐龄、吕思勉等人编的《中国民族史》中也有黎族历史的论述。第二，黎族的起源问题，如罗香林、刘咸、罗维⑤、王兴瑞⑥等人的研究。第三，历代政府治黎情况，如林缵春⑦、江应樑、王兴瑞⑧的研究。第四，黎族和汉族交流史的研究，如王兴瑞对黎汉经济交往的研究。⑨ 在当时，黎族社会仍有一部分人与外界接触相对较少。在政府治黎的背景下，历代治黎问题的探讨是其重点。对这一时期的黎族历史研究虽不多，但为后来黎族史研究的方向确定了基本框架。

前面提到的史图博的《海南岛民族志》以白沙峒黎为代表来表现黎族共同的文化特征，详细记录了白沙峒黎的健康状态、居住方式、生计方式、语言、宗教信仰、社会生活等，也描述了美孚黎、岐黎（生铁黎）、侾黎的事象。由于首次用民族学的理论和方法对黎族开展研究，该书在黎族研究中占有重要地位，但它也存在一些不足。作者的调查时间不到两个月，每个调查地点只做几天停留，做一些访谈与记录，不能算作严格意义上的田野调查。在这本论著中，虽然对黎族进行了分类，但作者认为无法找到核定、推测各种黎族支系迁入海南岛历史的方法。⑩ 而且，《海南岛民族志》带有浓郁的西方中心主

---

① B. C. Henry, *Ling-Nam or Interior Views of Southern China*, *Including Explorations in the Hitherto Untraversed Island of Hainan*, London：S. W. Partridge and Co., 1886.

② 东亚同文会《支那省别全志》第一卷，兵林馆，1918。

③ 〔日〕小叶田淳：《海南岛史》，张迅齐译，学海出版社，1979。

④ 宋文炳编《中国民族史》，中华书局，1935。

⑤ 罗维：《海南岛黎人来源考略》，《边事研究》抗战特刊第 11 卷，出版时间不详。

⑥ 王兴瑞：《海南岛黎人来源试探》，《西南边疆》1939 年第 6 期。

⑦ 林缵春著有《琼患何止于黎》《化黎问题》两篇文章。

⑧ 王兴瑞：《历代治黎政策检讨——兼论历代人士治黎建议》，《珠海学报》1945 年第 1 期。

⑨ 王兴瑞：《海南岛的墟市及其商业》，《重庆财政学报》1944 年第 2 期。

⑩ 〔德〕史图博：《海南岛民族志》，中国科学院广东民族研究所，1964。

义色彩，认为黎族有不洁的习惯，"他们过着原始的生活方式，摄取营养的方法也是原始的"，持有原始的思维方法，描述美孚黎很"迟钝"、是非文明人中的真正野蛮人。① 在该书中，对黎族的类似描述多处可见，将他们与汉文化做对比，以显示黎族的"落后"等，这些都有失偏颇。

小叶田淳著有《海南岛史》，梳理了海南岛两汉设琼崖、儋耳两郡到清代的历史发展脉络。② 明太祖洪武三年（1370），设立"琼州府"，由隶属广西改为隶属广东。海南岛隶属广东，华南地区的民族学者们在这一时期对海南的研究活动比较多。

前文曾提及，当时国立中山大学和私立岭南大学作为华南的研究中心，辅以厦门大学和中研院历史语言研究所的人类学组也在此开展调查。罗香林、杨成志、伍锐麟、江应樑、王兴瑞等学者都对海南黎族进行过研究或调查。罗香林著有《古代越族考》《海南岛黎人源于越族考》等论著；③ 杨成志在 1932 年去法国留学之前，曾到海南岛对黎族进行了为期两个月的实地调查，著有《海南岛苗黎调查》；梁钊韬于 1955 年写成论文《海南岛黎族社会史初步研究》。④ 他们学习运用西方民族学的理论与方法对海南岛少数民族进行研究，留下了大量宝贵的民族资料。自 1981 年中山大学人类学系复办以来，陆续有关于海南岛的学位论文发表（见表 1）。

表 1　1981 年以来中山大学以海南岛为田野点的硕博士论文基本情况一览

年份	田野点	论文题目	作者	培养层次
1985	三亚市	海南岛回族族源问题初探	董振琦	硕士
2004	乐东黎族自治县	尖峰黎女的文化模式——文化决定论的回归	王焯	硕士
2005	五指山市	饮酒与权力——海南岛五指山市冲山镇福关村饮酒研究	王超	硕士
2008	儋州市	海南儋州近郊武村经济边缘化田野研究	叶远飘	硕士

① 〔德〕史图博：《海南岛民族志》，中国科学院广东民族研究所，1964。
② 〔日〕小叶田淳：《海南岛史》，张迅齐译，学海出版社，1979。
③ 罗香林：《古代越族考》，《中山大学文史研究所月刊》1933 年第 3 期；罗香林：《海南岛黎人源于越族考》，重庆独立出版社，1943。
④ 梁钊韬：《海南岛黎族社会史初步研究》，《中山大学学报》（哲学社会科学版）1955 年第 1 期。

续表

年份	田野点	论文题目	作者	培养层次
2008	文昌市	两头家：华南侨乡的家庭策略——以海南南村为例	陈杰	博士
2009	昌江黎族自治县	黎村的生计、互助与家庭	张峻	博士
2011	陵水黎族自治县	"黎"与"非黎"：海南岛陵水族群边界的建构与维持	林丹	硕士
2012	三亚市	个体化张力下的集体意识——三亚回族的时空观念与社会实践	张亮	博士
2013	儋州市	海盐知识与海洋文化的再造——以海南岛盐田为例	周开媛	硕士
2013	儋州市	盐田村的家族与盐田经营	谷宇	硕士
2014	陵水黎族自治县	南海浮世——海上疍家的时空、身体与技艺	刘莉	博士
2016	昌江黎族自治县	继中有序：黎族的生计、社会组织及信仰体系——以海南昌江王下乡杞黎为例	谷宇	博士

  黎族的人类学研究主要包括整体性研究和专题性研究。整体性研究包括两种形式，一种是对黎族的研究论述，包含在民族概论性文献或海南岛综论文献中，如民国广东省政府对海南各民族的调查资料，罗香林的《广东民族概论》，[①] 林惠祥、蔡元培等学者的《中国民族史》，日本人正冈幸孝的《海南岛记》[②] 和吉川兼光的《海南岛建设论》，美国教士团编写的《棕榈之岛》，萨维纳[③]、陈铭枢[④]、陈植[⑤]的海南岛志书等；另一种是专门针对黎族的整体性描述，其中影响最大的是德国学者史图博的《海南岛民族志》，书中对黎族的分类方式沿用至今，其他有日本学者村上胜太、宫本延仁、伊藤今次郎等人以及中国学者彭程万、黄强、王兴瑞、刘咸、陈献荣等人根据自己对黎族的调查所著的文章。

  1950 年后，中南民族学院、中国科学院民族研究所分别组织了几次大型的调查，总结了一批重要的综合性研究资料，包括广东省民族事务委员会编写

---

① 罗香林：《广东民族概论》，《民俗》第 56~63 期，1929。
② 〔日〕正冈幸孝：《海南岛记》，东京博文馆，1942。
③ 〔法〕萨维纳：《海南岛志》，辛世彪译注，漓江出版社，2012。
④ 陈铭枢：《海南岛志》，神州国光社，1933。
⑤ 陈植：《海南岛新志》，商务印书馆，1949。

的《广东海南黎苗回族情况调查》①、中南民族学院编写的《海南黎族情况调查》（共 4 册）②、中国科学院民族研究所广东少数民族历史调查组编写的《黎族合亩制地区综合资料》等。该类调查的主要内容包括：第一，针对合亩制问题的研究，其成果集中于《海南黎族情况调查》（第一册）、《黎族合亩制地区综合资料》、詹慈编写的《黎族合亩制论文选集》③ 之中，研究的问题主要为合亩制度中的社会分层情况、合亩制社会的性质问题以及社会主义合作化运动中合亩制的改造情况等；第二，当时黎族社会的各方面情况，如人口、政治制度、社会组织、经济结构、物质文化、精神文化等。这些资料以合亩制和社会制度研究为重点，呈现了很强的时代特征，同时也翔实地描绘了当时的黎族社会情况。

这一时期主要是整理出版 20 世纪 50 年代的调查资料，以中国科学院民族研究所广东少数民族历史调查组的《黎族社会历史调查》以及詹慈编写的《黎族研究参考资料选辑》为代表。以实地调查为基础的综合性研究则以张寿祺、黄新美的《海南岛乐东县番阳区黎族群体变化的研究》④ 为代表，该书通过对乐东县合亩制地区的调查，结合作者在 20 世纪 40 年代和 50 年代的调查，反映了该地区近 40 年的社会变迁情况。此外，还有王国全的《黎族风情》，邢关英等编写的《海南黎族、苗族自治州概况》等。

20 世纪 90 年代，黎族研究的工作主要体现在资料整理收集方面。学者们一方面继续对 20 世纪 50 年代的调查材料进行整理，中南民族学院以在此期间调查的资料为基础出版了《海南岛黎族社会调查》；⑤ 另一方面对黎族民间文学、歌谣进行整理收集等。

在综合性研究方面，一批黎族研究的概论性书籍相继出现，主要分为三类，第一类是在以往文献的基础上结合一定的调查形成的论著，如王学萍主编的《中国黎族》和《黎族传统文化》、曾昭璇等人的《海南黎族人类学考察》、张俊豪的《黎族》、高泽强和文珍的《海南黎族研究》等；⑥ 第二类是在调查

---

① 广东省民族事务委员会：《广东海南黎苗回族情况调查》，广东省民族事务委员会，1951。
② 《海南黎族情况调查》，中南民族学院，1955。
③ 詹慈编《黎族合亩制论文选集》，广东省民族研究所，1983。
④ 张寿祺、黄新美：《海南岛乐东县番阳区黎族群体变化的研究》，海南大学，1986。
⑤ 中南民族学院海南岛黎族社会调查编辑组：《海南岛黎族社会调查》，广西民族出版社，1992。
⑥ 王学萍主编《中国黎族》，民族出版社，2004；王学萍主编《黎族传统文化》，新华出版社，2001；曾昭璇、张永钊、曾宪珊：《海南黎族人类学考察》，华南师范大学地理系内部发行，2004；张俊豪：《黎族》，中国水利电力出版社，2004；高泽强、文珍：《海南黎族研究》，海南出版社、南方出版社，2008。

的基础上完成著作，如海南省民族宗教事务厅于 2002 年组织黎族调查，并于此基础上完成的《黎族田野调查》①；第三类是在云南大学发起的"中国民族村寨调查"中，由云南大学、中山大学等单位联合组织了对海南岛五指山市福关村的调查，张跃、周大鸣主编的《黎族——海南五指山市福关村调查》② 一书，此外，还有李露露在调查的基础上完成的《热带雨林的开拓者——海南黎寨调查纪实》③ 等。

黎族研究发展到 21 世纪，研究群体不断扩增，学者的学术自觉意识不断增强，形成了固定的研究群体，这促使黎族研究发展为黎学，其研究的重要性得以彰显。在研究范式上，黎族研究从历史学、民俗学的范畴发展为以历史学和社会人类学为主要的研究范式。具体而言，历史学和社会人类学的范式也在不断变化，黎族历史学从仅散见于各类典籍中到成为专门的研究领域，从主要关注整体性长时段历史到成为专门史受到关注，从主要以正式出版文献为分析的依据到关注民间古籍，在几十年间发生了巨大的变化。在人类学范畴内其研究范式也在不断变化、更为多样，主要的变化是在以社会实在论为主要理论框架的基础上引入了人本主义的研究范式，不仅从客观社会的视角讨论社会、文化以及个人，也从情感、价值、心理的视角对个人、社会、文化进行分析。

此外，黎族研究在研究对象上也不断变化，从主要关注黎族的整体发展到关注黎族内部的各类群体，如儿童、老人、妇女等；在社会文化方面，从更关注社会及其制度发展到更为关注文化现象；在社会研究方面，从关注社会组织结构发展到关注各类社会现象，如社会控制、社会流动、社会问题等。在经历一系列的发展变化之后，黎族研究在学术群体的组成和研究范式的选择上都不断趋于合理，这为黎族研究今后的发展奠定了坚实的基础。

即使是海南岛的汉人社会，也呈现了多元文化的张力。海南汉人社会的复杂性，首先表现在泾渭分明的方言群体上。以当下的三亚市凤凰镇为例，在几平方公里的范围内，聚居着讲海南话、迈话、军话、羊栏话、儋州话、澄迈话、临高话、疍家话的方言群体，更不用说还有讲黎语、苗语、回族南岛方言的群体了。这些方言群体以语言为基础建构起认同体系和互动机制，相互之间既有区别又长期共存与协作。三亚市凤凰镇并非个案，而是海南省多元文化的典型。几千年来，海南各民族不同语言之间的这种相互交流与碰撞，形成了具

---

①　《黎族田野调查》，海南省民族宗教事务厅，2006。

②　张跃、周大鸣主编《黎族——海南五指山市福关村调查》，云南大学出版社，2004。

③　李露露：《热带雨林的开拓者——海南黎寨调查纪实》，云南人民出版社，2003。

有海南特色的，多民族、多语言的区域文化和语言生态环境。这是海南独有的人文生态资源，它在海南国际旅游岛的社会经济发展及对外的品牌形象建设中，具有不可替代的作用。①

朱竑、韩延星从方言角度来看海南的文化。虽然移民在新地久居之后，在社会生活、风俗习惯方面可能会受到新地居民的影响而变得与新地居民近似或一致，但是仍然可以依循口语、基本词汇的称谓等方面残存的某些特征，追寻这些移民的发源地，进而了解文化传播、扩散的相关规律。海南岛作为一个文化起步发展较为晚近的岛屿，其文化的外源性十分突出，即在黎族本地文化的基础上，由汉、苗、壮、回等各民族文化，以及近代华侨文化、农垦文化、西方文化等多种文化长期相互碰撞、整合生成了一种独特的文化类型。文章界定海南文化是在开疆文化的基础上，通过对海南方言的形成、特点、演变、地域分布等内容的分析，解释现存海南方言的存在系完全源于历史时期开疆文化的不断传播和扩散，从而对海南开疆文化的传播做出相应的印证。② 其他研究还有邢福义、刘剑三③等人的成果。每一种少数民族语言或海南方言的背后，都蕴含着一种独特的生活程式，都伫立着一种文化。同时，在海南的文化交流中，黎、苗、回、汉等各民族文化都有其相对的独立性和稳定性，但它们之间不是封闭的，而是在长期的交流融合中，彼此学习、相互帮助，这在客观上促进了各民族文化的协调发展。

四　从海岛看大陆：从岛屿体系反思中国文化

我们经常认为中国的文化是一种陆地文化，核心取向构建一种文化体系，中国的思想史大家、历史上有名的人物很少有从岛屿里面走出来的。这些先贤圣人，大多数是从陆地文化体系、黄土地流域的稻作文化体系等各种和土有关系的文化体系角度来进行思考。这种文化体系支撑起中国文化这样一个概念，像"实验室"概念，其本身实际上是在思考如何把中国社会的研究放到一个大的岛屿体系里面重新反思中国文化。中国文化在大陆体系里消失的东西，可能在这个岛屿里面能够看到，这是岛屿社会的特殊性。越远离一个文化区域中

---

① 王琳：《海南语言多样性的保护与传承》，《海南大学学报》（人文社会科学版）2011 年第 3 期。
② 朱竑、韩延星：《开疆文化在海南传播的方言印证研究》，《人文地理》2002 年第 2 期。
③ 邢福义：《从海南黄流话的"一、二、三"看现代汉语数词系统》，《方言》1995 年第 3 期；刘剑三：《从地名看海南闽语的分布》，《海南师范学院学报》（人文社会科学版）2001 年第 3 期。

心的文化本身，在它的辐射过程里，在内壁消失的文化越可能在边缘的地方保存下来，即我们通常所说的"礼失而求诸野"。

大陆和海洋的背后实际上涉及传统的中国文化体系反思的问题。人类学家解决的问题是把民间的知识体系纳入整体的知识体系，包括一些民间的智慧，人类学最直接的分类，例如民族医药学、民族植物学的很多研究是通过调查当地传统的治疗方式，把它们纳入现代知识体系来进行思考、扩展的。知识是有中心的，就像文化中心。像中国这种家族主义比较浓厚的社会，很难发展成为一个市民社会，把家族主义和市民社会对立起来，一方面强调文化相对的特殊性，另一方面又把文化的延续性、现代性的概念对立起来。对市民社会的讨论有很多，但有一点，不能忽视中国文化的脉络。

人类学所提供的是民间知识，即老百姓实实在在的观念，像儒家的思想、中国传统的族群观念，它们可能是我们塑造的结果。汉族社会包容性很强，所以我们才能谈多民族共存。对海南汉族的研究比较集中于历代汉族移民的论述，例如《海南移民史志》对汉族历代迁移史、海南岛人向外迁移的历程进行了考察。① 海南省儋州市主要是汉族聚居区，对于海南儋州汉族的人类学民族学研究有马建钊的《海南岛儋州人婚姻习俗述论》、马建钊和杜瑞乐（Joël Thoraval）的《海南岛儋县蒲姓文化习俗调查》。② 其中，《海南岛儋县蒲姓文化习俗调查》通过实地调查，介绍了儋县蒲姓家族的历史、习俗，着重描述了蒲姓家族的宗教信仰，展示了儋县宗族的特色文化。1994 年，香港中文大学新亚书院与人类学系、法国现代中国研究中心及广东省民族研究所联合举办了"华南婚姻制度与妇女地位研讨会"，致力于对华南地区的婚姻制度进行比较研究，其中法国学者杜瑞乐发表了《海南儋州人的"夜游"风俗》，将其置于历史与族群关系背景中分析儋州"夜游"习俗的由来。③ 除了这些内容，海南儋州的汉族还有更多社会文化需要深入调查发掘，特别是分布广泛的一村一姓的单姓村或一村多姓的村落，宗族在当地社会文化生活中扮演着重要的角色。

客家人迁入海南岛主要在清初。有部分客家人同其他闽粤人一起南迁。乾隆十八年（1753），清廷发布《敕开垦琼州荒地》命令后，移民日增。在海南祥发、怀集等乡的客家人，都是道光年间从潮州、嘉应州（今梅州市）移来

---

① 王俞春：《海南移民史志》，中国文联出版社，2003。
② 马建钊：《海南岛儋州人婚姻习俗述论》，《广东技术师范学院学报》2006 年第 1 期；马建钊、杜瑞乐：《海南岛儋县蒲姓文化习俗调查》，《广西民族研究》1990 年第 1 期。
③ 杜瑞乐：《海南儋州人的"夜游"风俗》，载马建钊、乔健、杜瑞乐主编《华南婚姻制度与妇女地位》，广西民族出版社，1994。

的，被称为"新客"。在同治五年（1866），清政府将开平、鹤山、恩平、新宁等的一万多客家人南迁到儋、临、澄边界地区。《儋县志》记载："本潮州、嘉应人，国朝（即清朝）嘉、道间，因乱逃亡，见祥发、怀集、嘉禾数里多山谷，遂挈眷聚处，嘉、道以前来为'老客'，咸、同以后来为'新客'。多肇庆府恩平、开平人。其俗、言语、衣服、婚丧祭，皆率其旧，与本处风俗多不相同，故皆自为婚姻，不通戚属。"①

疍民也将海南岛与大陆紧密联系在一起。在相当长的时间内，珠三角、珠江流域很多水上居民和陆上居民不能有婚姻关系。1950 年后水上居民和陆上居民逐渐变得平等，1960 年后疍民开始陆续上岸。现在，珠三角的水上居民已经隐没在都市中，但是在海南岛很多地方，水上居民还没有完全上岸。著名学者陈序经著有《疍民的研究》②，也是以粤东、粤北的疍民为论述对象。海南疍民研究只有零星几篇文献可见，曾昭璇先生从人类地理学的角度考证过疍民的地理分布和珠三角的起源，张朔人从史学角度对海南疍民的族源、人口分布等予以考证③。近年来，笔者的学生刘莉和区缵在陵水新村港、三亚渔港进行疍民社会转型等方面的田野调查，他们的研究成果已陆续发表在国内外的期刊上。④

五　由海岛到世界：作为流动枢纽的海南岛

作为市场体系的环南中国海和东南亚的族群结合在一起，形成环南中国海本身的一个跨区域的文化纽带和社会网络。东南亚的贸易事实上和南中国海体系有密切关系，参与贸易的货物除了香料，还有燕窝。燕窝每年在全球销售额在 80 亿美元左右，这些燕窝采集自菲律宾和印度尼西亚，当地的原住民在悬崖峭壁采摘燕窝后，由华裔把它销售到东南亚其他地区，形成了一个非常大的贸易体系。人类学者在进行区域研究时，开始重新关注物的流动。南中国海域农民兴旺发达的过程与西方近代以来海上贸易的过程经常连在一起。中国的海

---

① 转引自陈张承《浅议海南古代的几次移民》，《琼州学院学报》2007 年第 6 期。
② 陈序经：《疍民的研究》，商务印书馆，1946。
③ 张朔人：《海南疍民问题研究》，《安庆师范学院学报》（社会科学版）2007 年第 2 期。
④ 刘莉：《做海：海南疍家的海上实践与文化认识》，《广西民族大学学报》（哲学社会科学版）2016 年第 5 期；刘莉：《南湾：多族群聚居地的生境、历史和港湾发展》，《北方民族大学学报》（哲学社会科学版）2019 年第 6 期；Z. Ou, & G. Ma, "Marginalisation of the Dan Fishing Community and Relocation of Sanya Fishing Port, Hainan Island, China," *Island Studies Journal*, 12（2），（2017）：143-158；区缵：《海洋社会的治理与转型——以岛屿港口城市三亚为例》，《社会建设》2021 年第 6 期。

上贸易，是一种友好往来的同时存在很多礼仪的贸易关系，这种关系本身不像今天经济学者说的，强调追求利润的最大化。

在环南中国海区域背景里，海南岛的人类学研究不能把海南岛孤立地当作一个岛屿来看，要相应地把这个岛屿纳入中国整体的文化体系，要关注岛屿人群的流动。这一方面最具有代表性的是侨乡研究。海南早期出洋谋生的人们主要集中在岛屿东部与东北部沿海地区。早在明清之际，海南人陆续背井离乡，到海外闯天下。据有关资料统计，1867年至1898年，仅通过客运出洋的海南人（包括从琼州转香港出去的人）就达到了24.47万人，平均每年近8000人。海南人从东南亚逐渐流动到世界各地，凡是有海水的地方，基本就有海南人的足迹。二战之后，华侨社会发生深刻的变化，90%以上的琼侨及其后裔加入了当地国籍，成为居住国公民。但这些华侨随着国内政治形势的开放，与家乡更加紧密地保持着联系。

海南岛形成了鲜明的大传统和小传统分野。小传统如何与大传统文化形成一个对比，这个问题本身就影响到中国社会的文化认同，这个认同在华侨社会体现得非常明显。对移民群体来说，认同的核心价值概念是"家"。所以"家"的概念里面有很多的含义，一是家乡的概念，在海外华人社会，家可能不一定是家族，这时候认同可能通过同一个姓、同一个宗亲或者通过区域语言来维系；二是对侨乡的研究或南部中国的研究，1949年到1978年，国门封闭，下南洋或者闯欧美的人无法回国，他们在当地又组成了家庭，原来的家庭依然存在。1978年后，华侨可以回国，就形成了"两头家"，在特殊的背景下，家庭类型产生巨大变化。

海南在海外人数仅次于广东、福建，在中国名列第三。海南主要侨乡是文昌市、琼海市、万宁市，其中以文昌市的海外人数为众。

麦留芳以新加坡的华人社会为对象，概括出华人社会中重要的族群划分概念——方言群认同。在海外，来自不同侨乡的华人会组成以方言群认同为中心的组织。方言群认同是一个抽象的概念。它是一种特殊的群体意识。当这种意识表现于群体活动中时，它便成为一种社群的分类法则，它有异于方言认同，因后者只属于语言或文化的层次。说相同方言的中国人在社会生活中相遇，他们一方面组成各类团体，另一方面拒斥说别的方言的中国人加入这种团体，方言群认同便由此运作。[1] 在以往诸多的研究中，可以列举的几个方言群，如福建泉州、漳

---

① 麦留芳：《十九世纪海峡殖民地华人地缘群体与方言群体》，周翔鹤译，《南洋资料译丛》1990年第4期。

州；广东潮汕、五邑、客家；海南方言、广西人。在关于福建侨乡、广东侨乡等丰硕的研究成果面前，海南侨乡以及海外华人社会的研究是十分匮乏的，如何开拓这一部分研究对象自身所具有的研究意义也是值得学者们关注的问题。

在海南岛的人类学研究传统中，三亚回族作为一个独立的族群，无疑是一颗璀璨的"学术明星"。相对于三亚回族有限的分布空间和较少的人口规模，其相关研究成果堪称高密度，不仅参与人员多、涉及内容全面，而且时间跨度大。三亚回族独特的族源问题最容易引发外界的兴趣。早在 1896 年，德国学者夏尔德就根据地方文献提出海南回族先民与宋朝迁入的观点，1915 年日本学者桑原骘藏也支持这一观点。① 德国学者史图博通过观察三亚回族体质特征和分析口传历史材料，认为三亚回族是宋元时期流落海南岛的阿拉伯人后裔。② 抗日战争时期，海南岛沦陷，日本学者小叶田淳作为日本海军的调查人员，对三亚回族进行了比较深入的研究，除了在史图博观点的基础上进一步深入分析，还挖掘出"正堂禁碑"的碑文和《通屯宗谱全书》提供的家族世系图谱，为研究者追溯当代三亚回族的历史提供了最为有利的材料。

结合口述历史和历史文献，加之存在的历史遗迹等，研究者有充分的材料确定海南岛穆斯林与越南的关系非常密切。对三亚回族的研究，在人类学研究中意义重大。三亚回族来到海南之后，进入中国版图后再地化，展现了如何接受中国文化的过程。这里有两个概念，一是全球性，二是跨界，海南穆斯林社区中存在民族流动和多层次的网络关系，海南穆斯林在历史上和当代社会中始终保持着与东南亚地区的密切联系，依靠这种联系，海南穆斯林在实践中与海外社会形成了一种有机的网络，这种网络本身存在一种文化交流的重要企图。

在现代社会里面，有很多领域研究海洋贸易、海洋经济，但是任何一种研究都离不开岛屿。滨下武志教授组织了一个研究项目，把整个东亚区域的港口贸易研究结合在一起，关注不同港口之间的关系。这种关系在历史时期及现代形成了巨大的市场网络，通过港口的概念来体现。港口与港口之间有很多"尖"，它们事实上是岛屿，这项研究将岛屿的概念纳入亚洲的海域体系，纳入这个体系后，能够更清楚地认识岛屿。③ 现在，人类学研究、世界区域史研究考虑把不同的岛屿之间的联系性结合在一起来寻找网络的结点，进而强调跨

---

① 转引自董振琦《海南岛回族族源问题初探》，硕士学位论文，中山大学，1985。
② 〔德〕史图博：《海南岛民族志》，中国科学院广东民族研究所，1964。
③ 〔日〕滨下武志：《亚洲价值、秩序与中国的未来——后国家时代之亚洲研究》，《中研院东北亚区域研究》，2000。

区域、跨海域、跨岛屿的网络研究。这个非常庞大的研究计划为我们提供了很多新的研究思路，我们今天讨论山地的概念，其实山地本身是具有开放性的，因为它和流域本是连接在一起的，所以海洋研究对于我们重新反思山地文明、流域文明的研究有很大的作用。

六 结语：立体而多维的海南岛研究

海南岛研究的意义不仅在于文化的多元共存与共融，更在于其文化主体区域性乃至世界性的社会网络建构实践。首先，海南岛是一个整体性与多样性相结合的区域社会，该地的部分民族在某些文化特征上已经分不出彼此，各民族形成了地区共有的文化元素，同时，在人种、语言、历史、信仰、民俗与民族互动等方面又表现出文化多样性的特点。区域社会内的交往受到民族、国家范畴下的概念和边界的约束，应该重新反思区域原有的整体性和共同性特征。

其次，海南岛研究应是从人的角度出发的区域网络研究。流动与网络的复杂性导致了人类不同的交往方式，出现不同类型的利益争端和处理方式，反映的是区域网络的不同要素对区域多样性的作用。梳理不同利益实践者的交往方式、冲突模式、解决逻辑，进行利益争端类型的积累，有助于我们充分认识区域内利益机制的多样性、区域网络的复杂性，以及由此而产生的历史、文化、记忆与秩序，从而深刻理解环南中国海区域的整体性与多样性。

再次，从海南岛研究到环南中国海。基于山、水、海的复杂关系，开拓从海南岛到环南中国海的区域研究，也就是把民族走廊地区、少数民族社会、跨越国界的华人社会、东南亚与中国华南交往网络放在一个体系内研究。剖析在不同历史、政治、地理脉络下，区域文化的变迁和族群的互动过程，是认识区域社会的重要思路。

毋庸置疑，海南岛深刻地烙上了大陆文化的印记，这种影响在当今海南体现得尤其明显。伴随着国际旅游岛的建设，海岛"大陆化"的痕迹越发突出。以旅游业带动城镇化，考虑开发促进经济发展，已经成为海岛社会发展的主要模式。大陆文化与海洋文化的混合状态逐渐演变成置换反应，海洋文化面临新的挑战。岛内的族群由原来的移民长期定居，变成游客、候鸟老人等短暂居住，在原本的多元文化共生中，旅游文化的主体地位日益凸显。但仅仅将海南岛定位为旅游岛，容易使其作为"海上丝绸之路"的中心地位单一化。在全球化浪潮席卷海岛社会之际，如何开展人类学田野研究，以重新定位海南岛的学术地位，对于深入认识整个环南中国海的区域与文化有着重要意义。

黎族现代互助制度及其行动逻辑[*]

张　峻[**]

摘　要： 本文主要探讨黎族农民互助制度及其行动逻辑与现实基础。笔者通过对海南黎村互助组织的调查发现，在市场经济条件下，农民间的合作不仅依靠血缘和地缘关系，也在工具理性和传统道德双重价值观的基础上形成了具有较强合作精神的合作关系，这是黎村农民互助联合形成的基础。

关键词： 互助联合；行动逻辑；社会结构

一　前言

用现代人文科学的方法对中国农民合作互助中的行动逻辑问题进行探讨早在 20 世纪 20~30 年代就已经开始，两位代表人物费孝通和梁漱溟虽对中国农民合作互助能力的看法有所不同，但都认为中国农民合作行动的基础是人情。20 世纪 90 年代以后，随着市场经济的深入发展，学者们对农民合作互助的行动逻辑进行了新的反思，形成了两类新的解释模式。

第一类使用单一的行动逻辑进行解释，主要分为以下三种：第一种解释延续梁漱溟的思路，以曹景清为代表，认为由于中国传统社会的缺陷和农民认识能力上的不足，农民局限于人情关系之中，看不到长远利益。[①] 第二种解释延续奥尔森关于集体行动逻辑的观点，以贺雪峰为代表，其认为在革命和市场冲

---

* 　本文原载《广西民族大学学报》（哲学社会科学版）2014 年第 5 期。

** 　张峻，云南民族大学民族研究所（民族学与历史学学院）助理研究员。

① 　曹景清：《黄河边的中国——一个学者对乡村社会的观察与思考》，上海文艺出版社，2000。

击下农民已经原子化，并且形成了担心"搭便车"行为的特殊公正观。① 第三种则延续帕特兰的分析模式，如黄家亮认为在传统村落转型的过程中，由差序信任和具象信任构成的信任结构发生失调。② 在单一行动逻辑模式下，一个共同的特点就是农民合作成本高昂，除非有当地精英的带动或政府介入，否则很难在共同利益或公共产品的问题上形成整体性的自主合作关系。

第二类使用多重行动逻辑进行解释，阎云祥、翟学伟、杨美惠等人在考察农民日常生产生活的行动逻辑过程中，发现了人情、面子、权利、礼仪经济等因素同理性因素一样重要。③ 徐勇从社会化和货币理性的角度分析农民的合作行动逻辑。④ 秦红增则认为乡村人际关系具有差序格局和团体格局的二元性质。⑤ 在多重逻辑模式下，农民自发的交换、互助、合作成为常规的活动。

两种解释模式都在一定程度上解释了农民合作中的一些问题，多重行动逻辑模式受到更多的肯定。而单一行动逻辑受到质疑，与其理论和现实依据有着密切的关系，主要有四点原因：一是传统与现代的断裂，两者不能有效地结合在一起；二是乡村文化发生了重大的变化，被市场经济的文化内涵所替代，工具理性成为农民的主导性行动逻辑基础；三是乡村社会结构发生变化，传统权威丧失，农民原子化且流动性增强，致使乡村维持秩序的传统规则失灵，农村熟人社会的陌生感增强；四是共同的利益应是农民合作的重要基础。

目前，对单一行动逻辑的质疑主要从传统与现代的关系、工具理性是否为行动逻辑的主要因素两方面进行论证。农民运用传统文化应对现代性需求的例子在现实中不断被发现，如王铭铭通过福建塘东村的研究指出传统文化可在被

---

① 贺雪峰：《市场经济下农民合作能力的探讨——兼答蒋国河先生》，《探索与争鸣》2004 年第 9 期。

② 黄家亮：《乡土场域的信任逻辑与合作困境：定县翟城村个案研究》，《中国农业大学学报》（社会科学版）2012 年第 1 期。

③ 阎云翔：《礼物的流动——一个中国村庄中的互惠原则与社会网络》，李放春、刘瑜译，上海人民出版社，2000；翟学伟：《人情、面子与权力的再生产——情理社会中的社会交换方式》，《社会学研究》2004 年第 5 期；杨美惠："温州模式"少了什么？——礼仪经济及巴塔耶"自主存在"概念之辨析，载王铭铭主编《中国人类学评论》（第 13 辑），世界图书出版公司，2009。

④ 徐勇：《如何认识当今的农民、农民合作与农民组织》，《华中师范大学学报》（人文社会科学版）2007 年第 1 期。

⑤ 秦红增：《村庄内部市场交换与乡村人际关系——科技下乡中的人类学视野之三》，《广西民族学院学报》（哲学社会科学版）2004 年第 5 期。

选择之后与市场经济相适应。[①] 此外，工具理性与更多的因素一起形成分析行动逻辑的框架成为不同学科学者的共识，如阿马蒂亚·森指出应将主观能动、自由、权利等因素纳入对经济行动的分析[②]，埃莉诺·奥斯特罗姆也呼吁开发第二代理性选择模型，将互惠、信任、尊重纳入集体行动的分析框架[③]，这同莫斯和布迪厄有异曲同工之处，二者分别将有荣誉感的"总体的人"以及具有实践感的人作为分析行动逻辑的有效模式。这些理论和事实成为回应工具理性的重要工具。

但是在回应的过程中，一方面，大多数学者对不同的行动逻辑因素或持一种模糊的态度，或更倾向于将理性工具确定为变迁的方向；另一方面，一些学者往往通过合作组织中的人际关系现象直接证明其所利用的理论工具，且对工业化程度较高的农村分析较多，将涂尔干、沃斯等人提出的传统社会向现代社会转变的标准——分工、异质性、首属关系向次属关系的转变作为分析该问题的前提和基础。[④] 从现实情况来看，在市场经济条件下，乡村的文化和社会结构虽然发生了变化，但这种变化的程度到底有多大？这种现象是否普遍？农民的流动性是增强了，但其人际关系的基础在农村变化了没有？社会结构、文化及利益倾向在决定合作的过程中到底分别起什么样的作用？都有待更深入的讨论。

本文拟通过对海南黎族村落中一种新型合作互助组织的考察，从"总体的人"的视角对农民的合作现象进行分析，展示黎族社会结构和利益因素如何影响人们的合作逻辑，从而对农民合作中的一些问题进行回应。

二　黎村概况及其生计基础

黎村隶属于海南省昌江县七叉镇，位于县内的东南部山区。村民绝大多数为黎族，包括美孚黎和侾黎，有汉族 10 人。现辖自然村 5 个，其中 3 个村居住的主要是美孚黎，2 个村居住的主要是侾黎。黎村现有 442 户 2212 人，基本上是世居人口。其中劳动力为 1487 人，占总人口的 67%，由此可以看出黎村的劳动力是充足的。调查点主要在美孚黎的三个村落。

---

① 王铭铭：《中国民间传统与现代化——福建塘东村的个案研究》，《传统文化与现代化》1996 年第 3 期。

② 〔印〕阿马蒂亚·森：《伦理学与经济学》，王宇、王文玉译，商务印书馆，2000。

③ 〔美〕埃莉诺·奥斯特罗姆：《公共事物的治理之道——集体行动制度的演进》，余逊达、陈旭东译，上海三联书店，2000。

④ 于海主编《城市社会学文选》，复旦大学出版社，2005。

黎村农作物中甘蔗处于农业生态格局的核心。从黎村热带作物产量情况可以看出，1999年之后，甘蔗取代杧果和水稻成为黎村农业生态格局的核心作物（见图1），年平均种植面积为3683.8亩；其次为水稻，年平均种植面积为1753.1亩。旱作作物排在所有农作物的第四位，年平均种植面积为630亩。由此基本确定了黎村存在粮食作物和经济作物两套农作物体系，以及以经济作物甘蔗为主、粮食作物为辅的农业生态格局。

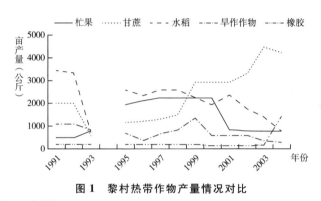

图1　黎村热带作物产量情况对比

注：缺1994年数据。

在此背景下，甘蔗收入成为黎村人稳定的主要收入来源。尽管黎村人也外出打工，但他们的经济生活仍以甘蔗为中心。绝大多数的男子外出打工也是在甘蔗的生产任务完成之后，他们外出打工是将其作为甘蔗收入之外的额外补充，而非必不可少的收入来源。当然也有部分人看重打工收入，主要是未婚没有分到自己土地的人，他们无法掌握甘蔗收入，只能将打工收入作为主要收入。但在生产甘蔗需要人的时候，尤其是甘蔗收割的时候，他们仍要回家参与劳动。已婚分了家的人将甘蔗种植作为主要生活来源，对于打工更多的是考虑到充分利用农闲时间，并且他们打工主要选择就近的地点，以便能兼顾对农田的管理。因此，甘蔗不仅影响了黎村人的日常生活，使其生活的重心处于村落之内，并不像贺雪峰等人所描述的对村落产生了疏离，他们对村落仍有极强的认同感。这也决定着黎村人生产组织的形式，人们围绕着甘蔗来安排自己的活动。

三　黎村的生产合作组织——互助联合

黎村的经济重心是甘蔗，其生产的特点决定了黎村人互助组织的形成。甘蔗关系着村民共同的切身利益，村民收割甘蔗时也面对劳动力不足的困境，这就构成了他们形成合作群体的基础。

甘蔗收割后容易挥发水分，出糖量降低，因此糖厂给农民三天的限期完成收割任务，这就使黎村所有人家都面临甘蔗收割期间的劳动力短缺问题。一个家庭通常有一车的配额，数量在 9 吨到 12 吨之间。一个正常劳动力每天能砍 30 把左右的甘蔗，每把在 30 斤左右，那么一个人要砍够一车就需要 20 天以上的时间。黎村有 442 户人家，共有劳动力 1487 人，平均每户 3 人左右。按此计算，每户砍够一车差不多要一个星期的时间。而一些家庭仅有夫妻二人，不可能在糖厂规定的时间内完成任务。

糖厂虽然给黎村人出了难题，但也提供了解决问题的途径。昌江大多数乡镇在种植甘蔗，产量较大，而糖厂的日榨能力为 3694.2 吨，不可能在一个榨汁周期内将全县的甘蔗都榨完，只能分批进行。糖厂会定期把收蔗的配额分到各地，这样每个乡镇都有名额，但数量又不是太多。糖厂每次分给黎村每个自然村的砍蔗名额也就 14 户。这段时间内大部分人家是空闲的，村民完全有能力联合起来进行劳动。

2000 年左右，黎村的每一个自然村都在砍甘蔗过程中形成了劳动互助组织。它是一种村民自发的、为了共同的利益而相互帮助且不计报酬的互助形式，可以被称为互助联合，每个自然村的互助联合组织在 14 个左右。笔者下面对互助联合的特点及其内在的行动逻辑进行分析。

1. 互助联合中的成员：以换取劳动力为目的的家庭

参与互助联合的成员可以是村里的任何一个拥有成年劳动力的家庭，其所具有的一个重要特征就是既可发起一个联合也可参与别人的联合。家庭中每个劳动力都可以代表他的家庭，有参与联合的义务和责任。笔者在此将互助联合中的成员分为"发起人家庭"或"还工家庭"，即因别人参加他们所发起的联合后，存在欠着其他家庭"工"的家庭；以及"帮工家庭"，即参与其他家庭劳动后，有欠其家庭"工"的家庭。

参与互助联合的每一个人代表他的家庭。帮工者代表其家庭帮工，还工者代表其家庭还工。即使帮工者离开黎村了，帮工家庭也要把工帮上，其可以派出家庭中的任何一个劳动力。同时，帮工家庭加入发起人家庭是自愿的，没有任何家庭之外的人强迫他。他可以成为某个联合的成员，但很快又可以成为另一个联合的成员。他加入联合仅是为了发起人家庭中的成员能够加入他所组织的联合。

在劳动过程中，两种情况经常会混杂于一个家庭。每个家庭都可以既是还工家庭又是帮工家庭。归结起来，互助联合的主要特征就是以有成年劳动力的家庭为单位发起，参与的是代表其家庭的成年劳动力，双方都希望以自己家庭的劳动力来换取别人的劳动力。

2. 互助联合形成的逻辑基础：理性与道德促成的合作精神

黎村人的一些基本价值判断是互助联合形成的基础。黎村人从来不会担心付出的劳动没有回报，也不会担心需要劳动力时没有人愿意来帮忙。因为他们从思想上认为合作互助是生活中必不可少的一部分。他们形成这一思想与日常生活环境有密切的关系。

首先，黎村人的传统活动是形成互助合作意识的重要因素。其中，每年农历二月中旬和七月中旬，由村内长老"奥亚"组织，黎村所有家庭集中参与的祭鬼活动起到了重要的作用。祭祀过程中所需之物——鸡、狗、猪都是黎村人共同捐资购买的，祭祀由村民协作完成。祭祀活动的延续对于黎村人合作互助意识的构建起着潜移默化的作用。村里人日常生活中的活动，如建房、砍山栏、红白事等都是参与人数较多的传统互助活动，这些活动也对他们合作互助意识的培养有促进作用。这一切使互助合作意识成为黎村人的一种"惯习"，并指导其行动。

其次，黎村人的人情观念、荣誉感或面子意识对合作互助意识形成有重要的作用。如果有人欠工没有及时还，他会为此感到愧疚，总感觉欠别人一个人情，会想方设法弥补，只要被欠工的人家需要帮助，他就会争取帮忙。如若一个人经常欠别人的工，那是要被村里人说闲话的，大家都会认为此人不守信用，这对黎村人来讲，从面子上是接受不了的。人情和面子有助于黎村人形成"回赠"意识，这对促进合作或互助联合起到了关键性的作用。

当然，除了传统文化、人情、面子对黎村人的行动逻辑产生影响之外，工具理性也发挥着重要的作用。一个家庭的劳动力若经常欠工不还，或还工时经常偷懒、不尽心尽力，这件事会很快在村里传开，村里人对这家人就会产生看法，会慎重考虑是否还要去帮这家人。这也成为村落内部的一种惩罚机制，其对还工家庭而言，不仅是面子、荣誉的问题，也会对自己的利益需求产生重要的影响。从利益、理性的角度出发，村民对欠工是极为谨慎的。因此，在村里除了道德价值决定了村民的互助原则外，实际的利益问题也在其中起重要作用。

因此，理性和道德决定了村民必须遵循劳动中形成的换工契约，尽管契约是不成文的，但它根深蒂固地存在于村民的思想中，成为一种合作精神，这是构成互助联合的决定性因素。

3. 互助对象的选择：理性与人情共存

在砍甘蔗的季节人们相当辛苦，几乎每天都要参加劳动，其目的就是还工，或者就是先把工支付出去，等着别人还工。黎村人在 11 月至次年 4 月收割甘蔗的大部分时间是在还工过程中度过的，自己的工所占的时间反倒不多。尤其那些甘蔗种得多的人家，总量有 8~10 车，按每车甘蔗砍两天计算，几乎要工作四个月。即使甘蔗种得少的人家，至少也要工作三个月。因此，为了维护自己的利益和应付繁重的劳动，各家要将自家的劳动力进行极为理性的计算分配。

（1）互助对象的选择过程

一般而言，刚开始砍甘蔗的时候大家会预定由自家发起的互助联合的人员，与别人建立起换工的契约关系。每一年的第一轮砍甘蔗，即村里全部人家都砍完一车之后，整个互助联合的分配格局就基本上形成了。

在发票过程中，各家基本是在随机的情况下获得票号的。因此，一般来讲，每次的 14 户都不固定。对这 14 户人家，帮工家庭挑选的标准不能太高，否则就不能有效地吸引别的家庭加入帮工家庭发起的互助联合。如果到第二轮的时候再去帮忙，那别人也会将帮工家庭的名次往后排，甚至整个榨季都不可能得到帮助。若这样的情况多了，帮忙的家庭就少了，自家所需的劳动力就可能不够。因此，第一轮砍甘蔗，每家会把预定足够的劳动力作为最主要的任务。

到了第二轮砍甘蔗，自由选择的面就小很多。这一时期，几乎每一家都发起过联合，帮工在选择要加入的联合时会优先考虑需要还工的对象，这对他们选择互助联合来说是一个较大的限制。但此时互助联合的格局已经形成，村里的每个家庭都有了成立互助联合的潜在成员，村民们不再担心劳动力的问题。

在一般情况下，参加的人数与砍甘蔗的时期有关。在砍伐的早期，所有的家庭都会尽力派人参加各个互助联合，因此各联合中的人数都比较多，至少在 20 人以上，有时会出现 100 多人一起劳动的现象，多数联合维持在 40~50 人。但到了后期，尤其是 3 月中旬之后，许多甘蔗种植数量少的人家把工还完，就不再参加联合。因此参加互助联合的人数开始减少，这时多数联合保持在 15 人左右，有些人家发起的联合有时就只有两三个人去帮忙甚至组成不了联合。

（2）还工家庭的计算

还工家庭是契约关系的发起者，其计算要考虑两个重要的因素。一个是计算帮工家庭派出的劳动力数量。作为主人在考虑还工的时候，先看还哪个家庭的工，然后看需要还几个工。这个工具体就是帮工家庭给出的劳动力数量。另一个是计算劳动力参加劳动的时间。村里人计算劳动时间以半天为单位，如果半天都干不到的话，主人可以当作劳动力没来参加这个工。还工家庭根据帮工参加了几个半天决定还工的时间。

对于帮工所付出的劳动量，村民没有固定的计算方式，主要根据帮工在劳动中的表现来评定。黎村人在劳动过程中会观察帮工的表现，在心里暗暗记下。如果帮工砍甘蔗时卖力，村民会在还工时付出相应的劳动，但对待那些不用心或偷懒的人，村民还工的时候会以其人之道还治其人之身。每个人所砍甘蔗的数量也是计算方式之一。每个人所砍的甘蔗都摆放得比较整齐，经验丰富的黎村人很容易就辨别出哪个人的多哪个人的少，但这与个人能力有关，并不代表他的态度。对能力差态度好的人，黎村人的心理是矛盾的，他们在还工时大多还是会卖力去做工的，不过在心里面，他们不愿意这种人来帮他们劳动。

（3）帮工家庭的选择

帮工家庭选择联合对象主要发生在砍甘蔗的前期，其思考的内容同还工家庭有些不一样，是促使契约关系最终形成和决定互助联合格局的关键因素。每次当农务员公布了砍甘蔗家庭的名单之后，帮工家庭首先会琢磨选择哪家进行换工，一般会在家庭内部进行讨论，但这种讨论都是非正式的，多在大家吃饭或闲聊的时候进行。

在选择加入哪个联合时，黎村人不会将亲戚关系、熟人关系和朋友关系作为选择的重要因素。黎村人帮别人主要是为了争取到成年劳动力。因此，他们在选择帮谁时，主要就是看这家人能否有效地提供成年劳动力。在这个时候，亲戚关系、朋友关系等都变得不再重要。因为帮工是为家庭的生计问题而选择的，并且现在的抽票模式不是由黎村人自己来决定的，每一期出现的人不一定都是帮工家庭的亲戚或朋友，但他又必须加入其中的某个互助联合，而一旦加入，他之后的劳动选择就基本被确定了。因为这是大家共同面临的情况，村民也能够相互理解。

对于选择加入哪个互助联合的影响因素，根据黎村人的说法，归结起来主要有以下几点，即自家甘蔗的数量、被选家庭的劳动力情况（包括劳动力数量、劳动能力、劳动态度）、劳动地点的远近和路程的难易程度、甘蔗是否好砍、是否要还工、被选家庭成员与自己的关系如何、被选家庭女孩子的情况等。在所有的因素中，前两个因素通常最为重要，尤其是第一个因素。

帮工家庭的甘蔗数量在决定这家人如何选择联合的过程中起着关键的作

用。甘蔗数量少的人家在进行选择的时候，余地就会更大一些，他们对发起人家庭的情况会做更多的评判，会将个人的喜好掺杂在选择的过程中。帮工家庭会首选劳动力情况较好的发起人家庭，也会选择方便、顺路的家庭或甘蔗好砍的家庭帮工。有时帮工家庭也会偏向同他们关系较好的家庭，但这不是主要的选择因素。甘蔗数量多的家庭就不一样了，他们的主要任务就是尽量找够欠他们家工的人数。因此，他们在选择加入的联合时，余地就相对小一些。只要报票中提到的家庭劳动力情况不差、相互关系并不是很坏，他们都会去帮忙。

村里没有结婚的年轻劳动力是一个特殊的群体，按照黎村的传统，家庭的劳动主要由已婚的劳动力完成，未婚年轻人还不算一个完整的劳动力，找到结婚的对象才是他们目前最重要的事情。因此在选择帮工对象的过程中，村里人会给予他们更多的自由。他们把砍甘蔗当作找女孩子交流的一种方式，往往会选择女孩子多、女孩子漂亮的家庭。

当然，在互助联合中，除了理性计算之外，村里人相互的人情关系也能起一定作用，但这要在甘蔗砍伐快要结束的时候才会体现出来。对于后期还剩太多甘蔗的人家，这个时候他们就要靠已经砍完甘蔗的亲戚朋友了，其中以好朋友和直系亲属居多。这就构成了一种新的互助联合形式，其不以换工为目的，不以经济利益、共同的利害关系为基础，而主要依靠亲缘关系或友谊。这种模式在整个砍甘蔗的过程中不是首选，其规模远赶不上由利害关系形成的互助联合的模式。不过，这就导致换工结束并非黎村互助联合的结束，结束的只是有换工关系的互助联合。只有砍甘蔗的需求完全结束之后，互助联合才会真正结束。但换工关系结束的时候，大部分互助联合也就结束了。

4. 互助联合的组织情况：松散的自组织

互助联合是一种极为松散的组织形式，主要体现在几个方面。

（1）没有构成权力中心

黎村的互助联合不依靠外来力量或村内某个特殊人物的作用，但它仍然需要靠一个中心或者说某个着力点来形成组织。这个中心或着力点就是每一个处于砍伐期内的发起人家庭。发起人家庭构成了一个砍伐期内的中心，促成这一期的14个互助联合。但发起人家庭并没成为权力的中心，其本身也仅仅是一个需要帮忙的家庭，是其他村民预定的换工或合作对象。这主要体现在以下两点。

第一，互助联合之间不是统属关系。在每一个甘蔗砍伐期，黎村会同时存在14个的互助联合。但互助联合之间相互不是统属关系，一般也不会相互影响。

第二，互助联合内部成员间没有统属或强制性关系，具体表现如下。

首先，帮工是自愿而不是发起人家庭强制或邀请参加劳动的。互助联合的形成是从农务员每次报票开始的。农务员一般在收割的前一天晚上通过村委会的广播报票。在黎村村委会大村自然村每次报出的 14 个家庭就成了这一期互助联合的发起人家庭，而其他家庭都是潜在的参与者。这是互助联合处于酝酿的时期，发起人在等待着村民们的决定。没报到票的人加入互助联合都是自愿的，他们之间可能会商量，但去哪里还是自己定。发起人家庭一般不会停在家里或村里的某个地方等待，也不会去央求别人参与。发起人家庭所有成年的劳动力先假定没有人参加他们的联合，所以第二天自己就去地里先砍。其他人在经过权衡和考虑之后到发起人家庭的地里参加劳动，从加入发起人家庭砍甘蔗行列的那一刻起，帮工就成了这个互助联合的成员。帮工参加哪家的劳动，就会在村里人约定俗成的工作开始时间（上午是 8 点左右，下午是 2 点左右）赶到甘蔗地里，最迟不会超过一个小时。开工一个小时左右，帮工的人就会到了。此时，哪怕来参加的只有一个人，一个互助联合也基本上形成。

其次，在劳动过程中，没有人干涉帮工的工作方式，没有人是头领或者领导。有时村里人会讲发起人家庭的户主是工头，帮忙的人是工仔，但其实并没有那么强的身份差别。发起人家庭不会主动指导帮工如何做工或订立某种规矩。

最后，发起人家庭在劳动过程中的权力极为有限，其最大的权限就是决定劳动的地点。因为帮工不知道发起人家庭会如何安排需要作业的甘蔗田，只能按发起人家庭的意思来办。此外，发起人家庭具有决定休息时间的权力，当然这要在与帮工约定俗成的工作时间内实行，如果发起人要求劳动的时间过长了，帮工就会提出意见，而发起人家庭也不好意思拒绝。

一般发起人家庭所拥有的发起权力时间在糖厂限定的三天之内，但这个权力时间是可以延伸的。三天之后，如果帮工没有砍到发起人家庭需要的那个量，发起人家庭可以继续释放需要帮助的信息，其他人也可以来帮助他们。但一般情况下，砍了三天之后，剩下的量也不会太多，发起人家庭也不愿为这一点甘蔗浪费所需要的帮工机会或者说增加一个要还的工。

（2）成员流动性极强

每个劳动力都有可能是联合的成员，联合没有基本的组织成员，但在需要它的一段时间里，联合作为一种组织形式经常性存在。

帮工的人参加某个互助联合的时间正常情况下为一天，两天以上或半天的都很少。这主要是因为黎村的家庭大部分还是核心家庭，每个家庭拥有的成年劳动力平均为三个，每家都有预定大量劳动力的需要或有繁重的还工压力，故他们的任务是艰巨的。帮工不能停留太多的时间，否则会耽误还工或减少寻找其他可以帮工的机会。

当一天的劳动结束之后，一个临时的互助联合就可以宣告结束了。如果发起人家庭的甘蔗还没有砍完的话，第一天参与的人也不是非要参加第二天的劳动。发起人家庭第二天又等着第二批人来参加自家的互助联合，这是前一天组成联合的过程的重演。这个过程的重演主要发生在发起人家庭的甘蔗砍完之前或者在糖厂规定的三天时间之内。村里每一个联合的发展过程都是相同的。

（3）村民组织或退出互助联合的权利是平等的

在通常情况下，一个家庭具备发起资格是因为有糖厂的票和砍甘蔗的需求，当甘蔗砍完之后，这个资格就自动取消了。因此发起人家庭不是固定的，至少每隔三天就要变化一次。以糖厂发票为标志，下一轮砍甘蔗开始后，另一批发起人家庭会成为互助联合的中心。黎村的每一个家庭都有成为发起人家庭的机会。整个榨季，黎村的互助联合依靠的就是这一批批发起人家庭来形成一个个甘蔗互助联合，这就保证了资源不会被某些特定的人所占有，保证了村民们在整个砍甘蔗过程中的平等。他们只是因为共同利益及共同面临的问题而联合在一起，相互间是平等的合作关系或是一种不计算报酬的换工关系。当双方都把工还清，就基本达到了相互满意的程度，他们的关系也就结束了，所组成的互助联合随之解散。

5. 小结：自发秩序与总体性逻辑

通过以上分析可以看出互助联合具有如下特点：一是自发性，其发起不是在任何黎村之外的组织或单位影响下产生的；二是全面性，互助联合吸收了在村的几乎全部劳动力参与劳动；三是临时性，这种组织只为甘蔗收割的需要而存在，存在的时间仅为 4 个月，其任务完成之后就解散了；四是利益共同性，参与组织的人在同一个时间段具有共同的利益和问题；五是平等性，联合中的成员在权利上是平等的。这种组织是在单个家庭的基础上形成的，虽然松散但仍有较强的组织特性，体现了黎族社会一种自发的秩序。

同时，村民在互助联合中体现的行动逻辑蕴含了传统文化、工具理性以及价值理性的因素。虽然受市场经济的影响，工具理性的因素具有重要的作用，但其他两种因素在村民的行动逻辑中也起着重要的作用，传统文化对合作惯习的形成以及面子、人情、荣誉感等价值理性对合作互助契约的最终完成都有重要的影响。各种因素在传统的熟人社会中融合在一起，构成一种总体性的、实践的逻辑。

黎村人的总体性逻辑是在日常生产生活中逐渐形成的，它与村落社会的结构、传统文化、市场经济等都有关联，已成为黎村人处理日常事务的一种惯习。正是在这种惯习的影响下，自发的秩序和组织才得以形成，日常生产生活中的互助合作成为一件对黎村人来说习以为常的事情。

四　讨论：市场经济条件下农民的合作能力问题

从单一行动逻辑出发，曹锦清、贺雪峰等学者或认为中国农民的传统文化不能与现代性行动契合，或认为传统文化已经变迁，农民原子化、工具理性化，农民相互之间缺乏信任，但他们都得出农民很难在共同利益的基础上形成长期的合作关系的结论。笔者却在海南黎族村落发现了与该结论不尽相同的现象，黎村的农民以互助联合的形式每年都有 4 个月左右的合作，这种状况已经持续了 10 多年。这一现象所展现的合作逻辑基础也同上述学者所持的看法相异。

第一，如何看待农村的文化模式，这应与村落的社会结构结合起来进行分析。王景新将中国农村分为农业型村落、工业型村落、专业市场型村落、旅游型村落，[①] 不同类型的村落在经济形态上发生了差异，这些村落分别占有的比例如何是一个值得深思的问题。在农业型村落仍占相当大比例的情况下，单纯用工业型村落和专业市场型村落中所发生的现象概括中国农村的社会结构形态及其变迁方向并不妥当。同时，在中国特有的土地制度和户籍制度下，农村的基础人群——世居农民仍是村落社会结构中的重要人群，在分析村落社会结构时应该将其放在一个重要的位置上。

因此，传统文化尽管在市场经济的影响下发生了一定的变化，但这种变化并非一种断裂与替代，而是在相互适应、相互包容前提下的融会，传统文化中适应现代需求的文化成分同现代性文化一起为农民服务。这种情况的发生与农村社会的基本结构是密切相关的。虽然传统农村的基本结构为由族长、乡绅等权威与农民构成的二元结构，但更重要的却是由血缘、地缘等首属关系联系起来的世居农民所构建的结构。目前，虽然不同类型村落的人口流动情况不一样，但世居农民作为中国村落社会中重要人群的格局并没有改变，尤其在农业

---

① 王景新：《村域经济转型研究反思》，《广西民族大学学报》（哲学社会科学版）2008 年第 3 期。

型村落中，农民的流动性主要体现为在当地人自身流动的情况下，首属关系构建的结构并没有被现代性的次属关系完全取代。在该背景下，市场经济的因素进入农村时，就被镶嵌了农村的社会文化结构之中，它会影响传统文化，也受传统文化牵制，将二者都考虑进去才是对当前农村社会的客观写照。这一点正是思考农民合作机制的现实基础。

第二，在上述背景下，传统与现代的行动逻辑也融会在一起形成总体性的、实践的逻辑，共同对合作产生影响。这体现在合作的发生、开展两个过程中。黎村自古流传下来的宗教习俗、生产生活习惯、人情和面子观念以及由此产生的惩戒机制同追求货币、利润的工具理性一起形塑着村民的合作惯习、回赠或还工意识，从而帮助其形成合作精神，这构成了合作能够发生的行动逻辑基础。而在合作展开的过程中，理性和人情也在左右着村民处理帮与还的方式和态度。总体性逻辑所导致的合作对于村民应对市场经济起到了关键性的作用。

第三，农民面临的共同困难与利益结合在一起才是其合作的关键外因。曹锦清认为共同的利益应该成为农民合作的基础，但农民有共同的利益却无共同的困难时，每个人获取利益的难易程度差距极大，大家也就很难自发合作起来。正如在黎村，如果不是大家都面临劳动力不足的问题，而是有的人家劳动力充足，有的人家很少，合作也很难开展。而利益必须是切身的利益，正如黎村人一样，卖甘蔗的钱是其最大一笔稳定的收入，因此黎村人才能合作。

第四，互助联合体现了村民高度的合作意识和合作能力，这就提出在考察农民的合作能力的过程中，不仅应在曹景清提出的现代合作组织以及贺雪峰提出的公共产品的合作中进行考察，也要注意对非制度性、非正规性组织的行动以及村民私人产品的合作进行考察。这种合作形式或许才是农民获取利益的常态。私人产品合作对合作精神的促进作用、合作过程中形成的规范都将对公共产品的合作产生影响。

奥斯特罗姆认为在合理的制度设计下，合作并非不易发生。通过黎村的案例，笔者发现在农村应合理地利用传统性和现代性，它们可以一起促成农民较强的合作精神，在面对共同的困难和切身利益的情况下，农民能够自发地合作，并产生合作的规范和次序。在这一意义上，国家、市场的作用固然重要，但这不代表二者全面地介入，更重要的是一种有效的引导。

黎族的狩猎生计及其变迁

查干姗登[*]

摘　要：黎族是我国南方的狩猎民族。在农耕文化的影响下，农耕逐渐发展成为黎族主要的生计方式，狩猎则成为黎族重要的副业。20世纪90年代末，海南省政府开始施行生态保护工程，对海南濒临灭绝的野生动物加以保护，推行禁猎政策，从此黎族的狩猎生计退出了历史的舞台。农耕文化与狩猎文化的碰撞影响着黎族狩猎生计方式的变迁。

关键词：黎族；狩猎生计；农耕生计

一　引言

狩猎和采集均属于攫取型的生计活动，即人们通过狩猎或采集直接从自然界获取食物，受自然环境的影响极大，与自然界构成了和谐统一的关系。在农业文明之前，狩猎采集曾是全人类所共有的生计方式。依据考古调查资料，以狩猎—采集生计方式为主的狩猎社会已有百万年的历史。"狩猎民族"被称为狩猎采集民族、食物采集者等。20世纪五六十年代，许多国家和地区仍有数量不少的狩猎民族。生活在我国东北大小兴安岭地带的鄂伦春族、鄂温克族以及海南岛的黎族都曾是典型的狩猎民族。

狩猎采集社会研究是人类学的重要研究领域之一，有其独自发展的特点。1966年，美国芝加哥举办了第一届"狩猎民大会"（man the hunter conference）；1968年，理查德·李（Richard Lee）和欧文德沃尔（Irven Devore）将大会研究成果整理成册出版了《狩猎者其人》（*Man the Hunter*）。这本著作综合了考古学、生物学，文化人类学等多个学科的研究方法，对狩猎采集者进行了跨文化

---

*　查干姗登，海南热带海洋学院副教授。

研究，建立人类学在新研究方法和分析上的框架，被誉为现代狩猎采集社会研究的起点。

在第六次狩猎采集大会上，理查德·李对狩猎采集民族研究做了归纳小结，他认为狩猎采集研究可概括为六个关键问题：进化主义、最优觅食策略（optimal foraging strategy）、女性采集者（women the gatherer）、世界观与象征分析（world view and symbolic analysis）、史前狩猎采集者（hunter-gatherer in prehistory）、历史中的狩猎采集者（hunter-gatherer in history）。[1] 狩猎社会一度被视为孤立的整体，人们认为无论狩猎社会是否被外界的力量影响，它与外界社会系统总是缺少联系的。对于狩猎社会的研究也曾长期集中于平均主义、财产私有权缺乏、剩余劳动产品缺乏、资源共享等问题上。另外，学界基于进化论的观点，认为狩猎社会处于人类文明发展最为落后的阶段。[2] 然而，从狩猎民族的社会发展过程来看，狩猎采集者已与外界发生关系，纯粹的狩猎社会已不复存在。狩猎民族不仅要同传教士打交道，还要同外来的商人、农民建立联系。在这个过程中，狩猎社会与外界社会建立联系，从而逐渐形成了地域性的民族共同体。纯粹（pure）的狩猎社会研究已经被狩猎者与外界人群接触而带来的文化冲突与变迁的研究所取代。英国人类学家巴纳德（Alan Barnard）提出对狩猎者与外来者关系（relationship with outsider）和原住民心声（indigenous voice）研究的观点，完善了理查德·李概括的狩猎采集民族研究的六个关键问题。

对中国狩猎社会的研究始于 20 世纪初。在 1915~1917 年，俄国学者史禄国在鄂伦春族、鄂温克族等北方狩猎民族聚居地区进行过长期的实地调查，并集结为中国狩猎民族研究的经典之作——《北方通古斯的社会组织》。20 世纪 30 年代，德国学者史图博（H. Stübel）两次到海南岛调查黎族和其他民族，完成了《海南岛民族志》的写作。抗日战争时期，日本海南海军特务部政务局委托日本学者冈田谦和尾高邦雄，对原乐东县重合盆地（现属昌江黎族自治县）的黎族地区实施调查后撰写了调查报告《海南黎族的社会组织与经济组织》。直到 1949 年，关于狩猎者的本土研究才开始开展。由于当时中国狩猎民族的社会组织、传统文化保留较为完整，本土研究主要关注社会组织、婚姻家庭制度、生计方式、民族历史等方面的内容。随着中国工业化、城镇化进程的

---

[1] Richard B. Lee, "Art, Science, or Politics? The Crisis in Hunter-Gatherer Studies," *American Anthropologist*, 1992.

[2] 查干姗登：《狩猎采集社会研究述评》，《学术研究》2010 年第 5 期。

加快，研究已无法局限于狩猎文化的单一层面，需要在狩猎民族的社会转型和社会适应问题上给予更多的关注和投入。

在我国狩猎社会的研究中，对黎族的研究是独特和典型的。黎族主要分布在海南岛的中部山区和西南部的重合盆地。根据 20 世纪 50 年代的黎族语言调查，黎族分为五个方言区，包括哈黎、美孚黎、润黎、杞黎和加茂黎。一般认为，黎族起源于百越民族的骆越，与壮、侗、水、傣等汉藏语系壮侗语族的诸民族联系紧密。狩猎采集曾经是黎族最主要的生计方式。由于复杂的历史及与农业民族长期的交往互动，黎族掌握了农耕技术，从食物的采集者发展成为食物的制造者。

每个民族在生存的过程中都有一种主要的用以维持其生活的方式，以满足自身最基本的生存和社会发展的需要。生计模式的变化是导致某民族社会变迁的基本因素。[1] 以狩猎采集为生计方式的黎族千百年来同农耕民族——汉族交往融合，其社会结构和文化均发生了诸多的变化，尤其可以通过生计方式的变迁得以反映。

二 狩猎的黎族

狩猎采集是人类最早获取食物的生计方式，也是黎族传统社会最主要的生计方式。海南岛是黎族狩猎的天堂，野生动植物资源丰富，鸟类、兽类动物有数百种，其中经济价值较高的有几十种，例如野猪、黄猄、水鹿、坡鹿、海南兔、穿山甲、刺猬等。

（一） 黎族的狩猎生计与文化

黎族狩猎分为个体狩猎和集体围猎两种方式。个体狩猎以狩猎穿山甲、原鸡、山鼠等小型动物为主；集体围猎是多人协作的狩猎方式，以狩猎黄猄、山鹿、野猪等较大型动物为主。每年农历十二月至第二年的二月是黎族集中狩猎的时间。黎族传统的狩猎方式主要有围猎、套绳、挖陷阱、线拉枪、插竹签等。猎物的分配方式具有平均主义的特点。例如，击中猎物第一枪的猎手可以分得一条兽腿，其余兽肉则由出猎者平均分配，猎物的内脏、头、脚则煮熟由全村人或路过的外村人共同享用。"峒" 是黎族传统社会的基层社会组织，原意为 "人民共同居住的一定地域"，相当于部落。"峒" 的地域包括聚落活动

---

① 秦红增、唐剑玲：《定居与流动——布努瑶作物、生计与文化的共变》，《思想战线》2006年第 5 期。

区、水田、坡地、森林、河流和渔猎区域等，一般以山岭、河流为界，以叠石或茅草为标志区分地域范围。黎族对狩猎区域有着非常严格的规定，越过界限进行狩猎是一般禁止的，否则要遭受惩罚，一般需要向"峒首"赔偿牛或者酒。去别的"峒"进行狩猎也并非完全禁止，但事先必须取得对方"峒首"的同意，还要象征性地缴纳各种形式的租金或者礼物以示敬意，否则就被对方视为一种侵犯，甚至会引起两"峒"间的冲突和械斗。"峒"间时有联合围猎的情况发生，联合围猎时发生的越界狩猎是被允许的，但是捕获的猎物要分享。如果在自己猎区内打伤的野兽逃窜至对方区域时，猎手是可以跨界进行追捕的，但需要将猎物的一半分配给对方。在尚未划定的区域或者划界具有争议的猎区，双方都可以自由狩猎。

许多黎族文化，如仪式活动、体育竞技活动、神话传说等，都刻有狩猎文化的印记。在黎族的仪式活动中，狩猎工具作为仪式过程重要的工具被广泛使用。黎族的传统体育竞技活动，例如"串藤圈"、火枪赛、弩箭打猎赛、射鱼赛等，来源于黎族先民的射猎生产生活。[1] 黎族过去常常将野兽的下颚骨串成串悬挂于家中的屋梁之下，俗称"猎魂"，象征猎手的勇猛和财富，表示将会引来更多野兽，直到现在仍有黎族在自家家屋的横梁上悬挂野兽的下颚骨。

在传统社会中，黎族男女分工明确并且互不干预。狩猎是黎族男性的专属工作，在男性进行狩猎活动时，甚至处于准备阶段时，黎族女性都要尽量回避，严格遵守不参与狩猎活动的禁忌。哪怕是禁猎期，海南昌江黎族自治县的哈方言黎族男女仍然遵守与性别有关的狩猎禁忌。据昌江石碌镇香岭村的黎族妇女介绍，禁猎之前，该村男性从狩猎前夜直至狩猎归来这段时间，禁止与女性交谈，否则会被视为违反狩猎规则。在狩猎的季节里，妇女们都会心领神会，自觉遵守禁忌，不与准备或正在出猎的男性交谈。

（二）黎族狩猎生计的早期资料

有关黎族生计方式的人类学田野调查资料最早来自 20 世纪三四十年代西方学者的调查以及日本侵华时期日本学者进行的调查。在此之前，少有对已逐渐"汉化"并从事农耕的黎族狩猎活动的详细记录和描述。德国学者史图博曾于 1931 年和 1932 年两次到海南岛调查黎族和其他民族，完成了《海南岛民族志》的写作。《海南岛民族志》将黎族分为哈黎、美孚黎、本地黎（润黎）、

---

[1] 宗雪飞：《黎族传统体育的起源及其发展中对黎族文化传承的研究》，《北京体育大学学报》2005 年第 9 期。

杞黎几大支系，但对生活在五指山以东、三亚港的黎族究竟归属哪个支系未给出明确结论。史图博对黎族各支系的分类与 1949 年后国内研究者按五大方言区分类的范围大体一致，包括哈黎、美孚黎、润黎、杞黎等黎族支系。另外，史图博没有做过研究的黎族分布地域应属于新中国成立后最终被识别的加茂黎。《海南岛民族志》按照黎族方言分类，对黎族的社会组织、生计方式及传统文化等方面做出了较为细致的描述，其中涉及各支系狩猎生计方式的内容，描述如下：

> 白沙峒（润黎）可以猎取的兽类，鹿很少，野猪却很多，此外有很多鸟类，斑鸠特别容易捕捉，有时也狩猎猿猴，稀罕的长臂猿、山羊、山猫、狐狸、貂、有鳞动物，主要的猎期是旧历正月、二月，使用猎狗，在很高的草丛与丛林之中。[1]

> 布配黎（杞黎）除了出售农作物之外，常常又去打猎赚些钱。以圈套捕获的水獭的价钱很高，好的水獭皮在南丰能卖到 6 元。也能抓到一些有鳞动物，那是驱狗捕获的，1 斤能卖到 2 元。也能打到野猪和鹿。布配黎同其他黎族一样，把捕获野兽的下颌骨挂在房屋内部。[2]

> 打猎对美孚黎来说，尤其是对北部森林地带的美孚黎来说是很重要的，他们不使用弓箭而一般都使用前装枪。他们能打到野猪、鹿、西藏熊、水獭和猴子等。[3]

> 哈黎也很喜欢打猎，他们打鹿、野猪、熊、猴子等。除了简单的前装枪之外，南部的达麻扣等地区也有少数人使用弓箭。[4]

在狩猎采集社会，渔猎也是较常见的生计方式，往往作为狩猎物不足的补充。海南岛黎族生活地区大多有南渡江、昌化江、万泉河的主流或其支流经过。黎族常把渔猎作为一项必要的生计补充，然而并非所有的黎族都有渔猎的情况，距离河流远的黎族捕鱼的情况较少。黎族传统的捕捞方式，包括网捕、钩捕、药毒、笼捕等。随着与汉族的交往不断加深，黎族的捕鱼技术也得到了改进，《海南岛民族志》记载了昌化江附近杞方言的布配黎和哈方言的南劳黎

---

[1] 〔德〕史图博：《海南岛民族志》，中国科学院广东民族研究所，1964。
[2] 〔德〕史图博：《海南岛民族志》，中国科学院广东民族研究所，1964。
[3] 〔德〕史图博：《海南岛民族志》，中国科学院广东民族研究所，1964。
[4] 〔德〕史图博：《海南岛民族志》，中国科学院广东民族研究所，1964。

捕鱼的情况：

> 布配黎除了出售农作物之外，常常又去打猎赚些钱……冲威河有很多鱼，有时是在岸上搁置汉族式的方形吊网，有时是用小船捕获。这种船完全是原始的独木船（把枫树挖空而成的五六米长的船）。划船是用极其简短的桨，有时是用汉式的投网，也使用弓箭捕鱼。[①]

> 南劳下村的许多居民，在附近的昌化河捕鱼，这里的捕鱼方法是把河流堵住，做特别的鱼巢，这种构造是从汉族学来的。那是在河流某处堵河，并把水流集中在相隔 10 米左右的两个石墙中间，石墙是以原始的方法筑成的，在两旁石柱中间，斜向搁着石板而把鱼巢挂在那里，柱子的高度有 5 米左右。石柱上有平顶的小草房，他们是在草房里向河下网并凝视着鱼入网，水量多的时候，往往能捕到百斤以上。水量最多的是农历七八月间，而最小的是三四月间。[②]

三 受农耕影响的黎族狩猎经济

黎族的狩猎生计方式的变迁受到汉族农耕文化的影响。汉族农耕生计方式不断向黎族聚居的腹地深入。这个过程并非一蹴而就，正如司徒尚纪所述，"从土地开发的角度来看，黎汉分布变化是汉族农耕生计方式在海南岛建立和传播的过程，汉族在外黎族在内这种环形民族分布的格局，是海南岛政治地区中两个最大地域单元，显示了开发程度的最大差异……历史上黎族向山区退却过程是封建生产方式在岛上建立和发展过程，而地区开拓范围的扩大和深入伴随这一过程而发生"[③]。

（一）黎族的农耕生计的发展

从考古资料看，在汉人带来农耕技术之前，海南岛已产生了人类早期原始农业。20 世纪 50 年代，我国考古学者在海南岛进行过四次考古调查，发现了大量新石器时代的石斧、石锛、石铲、石凿、石锤等工具。考古调查所发现的这些石器的地点主要是黎族聚居的东方、乐东、白沙、琼中、保亭等地区，以

① 〔德〕史图博：《海南岛民族志》，中国科学院广东民族研究所，1964。
② 〔德〕史图博：《海南岛民族志》，中国科学院广东民族研究所，1964。
③ 司徒尚纪：《海南岛历史上土地开发研究》，海南人民出版社，1987。

昌化江流域发现的石器最多，顺次为南渡河、万泉河和望楼溪。[1] 新石器时代的特点之一正是人类原始农业文明的出现。刀耕火种的原始农业曾经在黎族地区广泛分布，被当地人称为"种山栏"。所谓"种山栏"是指在山坡地上垦殖，其劳动的过程包括选地、砍伐、焚烧、拾杂枝、点种、围篱、除草、赶鸟兽和收割等。山栏种植以稻谷为主，品种很多，以番米稻和糯米稻为最佳。[2] 山栏最初被黎族用作狩猎产品的补充。20世纪50年代初期，除了沿海平原地区外，凡是黎族居住的地方均有不同程度的"种山栏"。当刀耕稻作的农耕生计方式取代狩猎成为主要的生计方式后，"山栏稻"仍被当作农耕产品的补充。随着黎族地区农业技术的提升，"种山栏"的原始农耕方式已经很少有人使用了，不过在海南白沙县的南开乡、昌江县的王下乡及五指山相对偏远的地区个别村落里还可以看到，但是种植分散且规模小。

黎族农耕技术的发展是黎、汉两民族交往的结果。历史上，受汉文化的推广和统治权力渗透的影响，黎族已有"汉化"的迹象，相应地，也有一小部分汉族被黎化的情况。"汉化"的黎族和"黎化"的汉族的农耕方式与汉族接近，也向王朝纳赋役，接受王朝的管理和统治。宋朝政府按照供赋役的情况将黎族分为"生黎"和"熟黎"，而后出现在各类汉文典籍中，直到清代。《康熙琼郡志》记载："……不供奉役者，名'生黎'。质直犷悍，不受欺触，不服王化，亦不出为人患。足迹不履民地，而自相仇斗。居民入其地，以熟黎为援。以木为弓，以竹为弦，铁镞无羽，出入不释手。以击鼓为乐，以射猎为生，以刻箭为信，誓以割鸡为问。"生黎远离汉人居住地点，中间有熟黎区域做缓冲，受汉文化影响的程度相对较小，文化上保持着相对封闭而原始的特点，稻作方式原始，狩猎是其主要生计方式。与生黎相对应的熟黎的生活地点距汉人居住地较近，与汉人接触较为密切，受汉文化影响较深，农耕技术在熟黎地区有了很大的发展。依据20世纪50年代调查资料，海南岛黎族社会的经济成分主要包括了原始式"合亩"制的共耕经济、个体小农经济、小商品生产经济（仅存在于四周靠近汉族居住地点的黎族地区）等，从整体经济成分来看，黎族的个体小农经济占据多数，小商品生产经济所占比重很小，合亩制所占比重更小。[3] 可见，个体小农经济已在黎族地区广为使用。汉族农耕文化逐渐从黎族地区外围向内渗透，经过多年的发展，狩猎最终成为黎族农耕之外

---

① 容观琼：《海南岛黎族地区发现的新石器》，《考古通讯》1956年第2期。
② 司徒尚纪：《海南岛历史上土地开发研究》，海南人民出版社，1987。
③ 中南民族学院本书编辑组编《海南岛黎族社会调查》，广西人民出版社，1992。

的补充劳动。

汉族农耕生计方式逐步渗入黎族的腹地，即历史上的生黎生活区域，与黎族的传统社会组织结合形成了具有特色的五指山地区的"合亩制"。"合亩制"是黎族特有的生产和社会组织，分布在保亭、琼中、乐东三县交界的五指山腹地，即当时的毛道、毛阳、毛岸、毛感、番阳、红山、通什、畅好、南圣9个乡（镇），在杞方言黎族中流行。"合亩"是原始的共耕经济，一般由若干个同一父系血缘集团的家庭组成，主要从事农业生产，生产工具为各个家庭所有，牛和土地带有二重性，有些为家庭所有，有些为全亩共有，生产资料不论是全亩共有还是家庭私有，都由全亩统一经营、共同劳动，生产的产品则按户平均分配。① 我们发现，黎族的合亩制度既有公有的概念，又有私有的概念。换言之，黎族合亩制可视为在汉族农耕技术渗透与黎族狩猎文化的平均主义观念相互影响下的产物。

（二）农耕影响下的狩猎生计

狩猎民族与农耕民族间常有以物易物的交换情况发生。狩猎民族以狩猎所得之物同农耕民族换取生产生活的必需品，例如盐、用于制造子弹的火药、猎枪、布料等。例如，我国北方狩猎民族鄂伦春族与汉族、达斡尔族结成"安达"关系（朋友关系），互通有无，建立了相对固定的交换关系。这种以物易物的交换关系曾经也存在于黎族与汉族之间，是早期黎族与外界沟通的主要方式。黎族的狩猎工具最早是弓弩。制造弓弩的材料简单，且不需要复杂的技术，可以轻易获得。清朝晚期，前装枪才流入黎族地区，当地人称为"粉枪"。粉枪凭其多方面的优势，很快被黎族男性所接受，取代弓弩成为黎族猎人主要的狩猎工具。粉枪比起弓弩在制造上需要更精密的技术和锻造材料，黎族无法独立制造粉枪、火药等狩猎工具，而这些工具只能从汉族商人处通过交易获得。在黎族聚居地同其他地区连接处常会形成众多的墟市。在这些墟市上，黎族将狩猎所得的动物的皮毛和鹿茸、鹿筋、鹿角等药材拿来与汉族及其他民族的商人进行交换，但肉类通常不做交换，只作为食物。黎族从汉人处可以换得盐、咸鱼、镰刀、斧头、锄头、衣服、针、布、碗、锅等日常生活必需的生产用具和生活用品。

现今，在海南岛黎族聚居地，此种区域性的民族间的贸易往来关系仍有保

---

① 全国人民代表大会民族委员会办公室编《海南黎族苗族自治州保亭县毛道乡黎族合亩制调查》，全国人民代表大会民族委员会办公室，1957。

留，只是内容和形式已经发生了变化。货币成为交换的媒介，传统以物易物的交换关系已经被市场经济的商品交换关系所代替。在黎族村落，以黎族商贩为主体的小市场逐渐形成。例如，昌江石碌镇的大坡区域有 6 个行政村且均为黎族村落，并以哈方言黎族人口为最多，在大坡区域紧靠黎族聚居地的地方有一个小型的农贸市场，该市场运营的主体为来自大坡不同村落的黎族妇女，她们主要是买卖新鲜的蔬菜、猪肉、水果、鱼等农副产品，面向的消费群体也以当地黎族为主，并兼顾大坡区域汉族等其他民族的消费需要。另外，在昌江县靠近儋州的黎族村落存在由汉族商贩自发形成的小市场，商贩们定期将由海鱼晒成的鱼干和新鲜的猪肉及蔬菜带到黎族村落进行售卖。

在农耕的影响下，狩猎作为黎族附属生计，在黎族地区持续存在了很长一段时间。20 世纪 50 年代后，随着地方人口数量的增长、土地开发的深入和扩大，山林被大量破坏，山上的猎物不断减少，曾作为黎族重要肉食来源的一些野生动物濒临灭绝，作为濒危物种被国家加以保护。黎族狩猎活动受到了严重的影响，出猎频率和捕获猎物的数量都大幅减少。20 世纪 70 年代后，昌江、白沙、琼中等农耕发展较快的地区，个体狩猎少见，多为集体出猎，并且狩猎已不再是黎族获取食物的觅食策略，而是人们农闲之后以村为单位的集体娱乐活动。而在保亭、五指山等偏远山区，由于可用于耕种的土地资源少，农耕发展相对缓慢，个体狩猎的情况较多。

20 世纪 80 年代后，对于已逐步融入现代生活的黎族来说，除了满足于基本的生存需求外，还增加了诸如子女教育、医疗卫生、交通等额外的支出。对于掌握狩猎技术的黎族来说，狩猎可以作为获取额外收入的生计而保留下来。笔者在海南省保亭黎苗自治县调查了解到，2000 年狩猎仍是当地许多黎族家庭经济收入的来源，该地区仍存在将狩猎所得之物与外界交易换取货币的行为。1999 年，海南省颁布了《关于建设生态省的决定》，并通过了《海南生态省建设规划纲要》，中部山地生态区作为海南省的重要生态功能区被保护起来，野生动物被禁猎，黎族各家的猎枪也收缴销毁，狩猎最终退出了黎族的社会生活。保亭县抄抗村的王姓黎族妇女口述如下：

　　　　我有一个姐姐和一个哥哥，我记得在 20 世纪 90 年代的时候，父亲还在打猎，家里的主要经济收入就是靠父亲打猎挣得的，我们也种地，家里只有两亩地，但主要是种植家里（人）吃的稻谷。父亲打猎获得的猎物可以卖给汉族人，获得经济收入，是家里经济的主要来源。记得父亲打过野猪，打过穿山甲，还打过刺猬。父亲养了几条猎狗，鼻子非常厉害，能闻出不同动物的味道。记得有一年，父亲就是靠着猎狗发现了穿山甲的窝，一次抓到了两只。父亲打猎挣得的钱供我们几个孩子上学。那时候学费贵，要好几百块钱呢。2000 年，政府不让打猎了，枪也收走了，父亲也就不再打猎了。（第一人称口述，王某，31 岁，女，黎族）

四　结语

通过以上分析，我们了解到，影响黎族社会发展的外在因素不外乎两个层面：国家和民间。从国家层面来看，主要表现在国家政策的制定，即地方的管理上；从民间层面来看，多民族交往互动对狩猎民族的社会发展起着推动和促进作用。

黎族狩猎生计的变迁过程伴随其社会转型的过程。历史上黎、汉两民族交往使农耕生计方式由周边不断向黎族聚居的腹地深入。这个过程又与生态、国家政策、地方社会和文化交织在一起，使黎族传统狩猎生计方式的形式和内容不断发生变化。在黎族的社会生活中，狩猎作为一种生计方式，不仅经历了由主要生计向附属生计转变的过程，而且经历了由觅食策略向经济策略的转换过程。直至 21 世纪初，因 "禁猎" 政策持续施行，狩猎才最终完全地退出了黎族人民生活的舞台。

黎族生计方式的变迁研究是对狩猎者与外来者相互关系（relationship with outsider）的研究。我们可以进一步将黎族研究纳入狩猎社会研究的国际视野，将当代黎族社会发展面临的诸多问题从更丰富的角度给予关注和解释。其中，黎、汉民族关系的发展脉络可以从狩猎采集社会与外来者相互关系研究的角度进一步阐释。在黎族社会的发展过程中，汉族社会对黎族社会的影响是深远且深入的。由于自身复杂的历史及与农耕民族汉族的长期交往互动，黎族掌握了农耕技术，并不断发扬，逐渐从典型的食物采集者发展成为食物制造者。未来，对于黎族的研究不仅关注黎族文化独特性的一面，还要兼顾探讨海南多民族融合和共生的整体概念。

海岛苗族的流动迁徙与生计转型

——以三亚那会村为田野个案[*]

区　缵[**]

摘　要：黎、苗、回、汉等民族在海南岛上交往、交流、交融，逐渐成为一个岛屿民族共同体。对苗族流动迁徙与生计转型进行田野研究，有助于理解这个共同体的形成过程。从明代起，苗族自广西等地陆续跨海流动到海南，在不断迁徙中寻求生存之道。在海南岛建设国际旅游岛的背景下，本文主要以三亚那会苗村为个案，讲述苗族的迁村生活和橡胶生计。三亚市政府为建设水库对苗村征地，导致大部分苗族村民迁离老村，到安置地开始新村生活，从而形成新旧村并存的居住格局。在土地利用上，种植橡胶逐渐成为当地主要经济收入来源，在这期间也遭遇到一些生产困境。通过了解那会苗族迁村后的生活和生计境况，我们应对海岛苗族的内发型发展予以更多的关注。

关键词：跨海苗族；流动迁徙；水库移民；生计转型；橡胶种植

引　言

海南岛是环南中国海区域的重要组成部分，它及周边岛屿是我国南岭走廊的族群进入南中国海的重要落脚点和中转站，也是中国与东南亚联系的重要交通枢纽。广而言之，海南拥有一个自成一体的岛屿文化系统，其民族研究在中

---

　*　本文的部分内容曾以《跨海而来：海南岛的山地苗族》为题在《天涯华文》2013年第4期与2014年第1期合刊上发表，特此说明。

**　区缵，中央民族大学民族学与社会学学院讲师。

国人类学、民族学研究的学术版图上具有举足轻重的地位。[①] 目前，苗族是海南岛第二大少数民族，人口数量仅次于黎族。2021 年海南省统计局公布的全国第七次人口普查的数据显示，全省苗族人口总数为 8.77 万人，约占全省人口总数的 0.87%。苗族在岛上分布极为广泛，遍布琼中、五指山、保亭、三亚、屯昌、乐东等地。据 2021 年三亚户籍人口数据，三亚苗族有 4328 人，占三亚总户籍人口的 0.61%。[②] 对苗族流动迁徙与生计转型进行研究，有助于深入了解岛屿民族社会发展，以期对海南岛屿民族共同体建设有所助益。

一　从山地陆疆到南部海疆：海岛苗族的迁徙历史过程

在历史上，苗族是一个不断迁徙、漂泊的民族，在西南山地区域的分布极为广泛。1940 年，江应樑曾如此描述苗族的分布：

> 到了明代，便已造成与今日仿佛的苗人地理分布状况。以现行省界来说，大概以贵州、湖南两省为主要分布地，广东、广西两省为第一新移植区，福建、江西、浙江三省为第二移植区……到了现时，苗人的分布区域是湖南的西部、贵州的东部兼及中部南部、广西的西部及东北部、广东的北部、云南的东部、四川的西部边区、福建的西部到东北部、浙江的西南部。[③]

江应樑认为，苗族的居住区域到明代时大体确定，但在五百余年间有一个极大的变动，即居住区域的面积缩小。在这个时期，苗族移居西南边疆再次受到两种外力推动，人口日渐减少，居住面积日渐缩小。这两种外力便是汉文化的融合和军事行动。古代王朝每以重兵深入苗族居住区，后将汉族迁来耕种，那些未受招抚的苗族集结于崇山峻岭中，过着山耕狩猎的生活。这样持续了几百年，其结果是苗族居住的区域局限于汉族不重视的高寒山地。[④] 可见，当时苗族的迁徙乃不得已而为之的生存策略。由于汉族开拓边疆，归化了的苗族融入汉族，不愿归顺则被迫迁徙，唯有选择高寒山地作为栖息之所。凌纯声和芮逸夫分析过苗族的分布：

① 麻国庆：《海南岛：中国人类学研究的实验室》，《广西民族大学学报》（哲学社会科学版）2014 年第 5 期。
② 《三亚统计年鉴 2022》，http://tjj.sanya.gov.cn/tjjsite/2022nnj/tjnj.shtml。
③ 江应樑：《江应樑民族研究文集》，民族出版社，1992，第 111、116 页。
④ 江应樑：《江应樑民族研究文集》，民族出版社，1992，第 111~112 页。

苗族现在分布有四至：东至桂江之西……其区域之广在西南民族中无出其右者……苗向东南分布因由南岭山脉，可以循岭东行而止于桂江之西……苗族的迁移，在西南各民族中，时代最晚……多是避难迁移，既无组织，又无一定目的地，凡属有山之地，他们即可移居，故愈行愈远，以致区域日广……苗族后至，只得居在山巅。故其垂直的分布最高，有"高山苗"之称。[1]

苗族自西南陆疆迁徙到岛屿海疆的历史，反映了山地民族从南岭到南海的流动过程。明代以前，史书上皆无关于海南苗族的记载。从王佐的《平黎记》、王弘诲的《议征剿黎寇并图善后事宜疏》、海瑞的《平黎疏》、钟芳的《平黎碑记》、欧阳必进的《走报地方紧急黎情疏》[2] 等史料中得知，明代弘治至嘉靖年间（1488～1566），海南黎族曾多次反抗，朝廷征调成千上万的广西土兵/狼兵等跨海登岛，进剿反抗的黎族。在这些调遣的军队里，勇悍敏捷的苗兵在人数上占有很大比例，打完仗以后，有部分苗兵落籍海南，成为当地居民。在道光《琼州府志》、光绪《崖州志》、民国《儋县志》、民国《感恩县志》中都有大同小异的关于苗族的记载。[3] 由此可见，自明代中后期，苗族陆续从内地迁徙到海南。苗族"多聚居山间，焚地而耕，迁移无定"，多分布在"乐会的南茂洞，定安的思河，儋县的冯虚洞，临高的番陈、东门、番打、志远，以及陵水的大旗山一带"。[4]

德国学者史图博最早对海南岛的苗族进行田野考察。1931～1932年，史图博先后两次到海南岛开展环岛考察，并深入岛屿腹部调查黎、苗等民族情况。1932年8月18日至8月19日，史图博在"昌化河河谷的终点"南朴村停留了一天。[5] 1937年，他在柏林用德文出版《海南岛的黎族——为华南民族学研究而作》一书，书中对苗族的来源推测是"明代从征黎族的士兵的后代"[6]。

王兴瑞是国内第一位对海南岛苗族进行田野研究的人类学者，他毕业于中山大学，是杨成志先生的学生，其独著的《海南岛之苗人》是当时国内第一

---

[1] 凌纯声、芮逸夫：《湘西苗族调查报告》，民族出版社，2003，第27～28页。

[2] 欧阳必进：《走报地方紧急黎情疏》，载（明）欧阳必进撰辑，乔红霞点校《明清黎情文献四种》，海南出版社，2018，第112～123页。

[3] 周伟民、唐玲玲：《海南通史·明代卷》，人民出版社，2017，第241～244页。

[4] 陈正祥：《海南岛地理》，正中书局，1947，第29页。

[5] 〔德〕史图博：《海南岛民族志》，中国科学院广东民族研究所，2001，第21～22页。

[6] 〔德〕史图博：《海南岛民族志》，中国科学院广东民族研究所，2001，第256页。

本系统调查海南岛苗族的研究成果。[1] 1937 年，当时国立中山大学研究院文科研究所与私立岭南大学西南社会调查所联合组成琼崖黎苗考察团，杨成志任团长，伍锐麟任司库，王兴瑞任文书，何元炯任庶务，江应樑为团员，邝博鸮负责摄影。他们一行人于当年 2 月 7 日抵达海口，开始对海南岛黎苗社会进行为期约四个月的考察，在 6 月 4 日结束调查返回广州。当时，考察团分成两组，杨成志、伍锐麟、江应樑等在甲组，王兴瑞、何元炯在乙组。2 月 18 日至 3 月 15 日，王兴瑞和何元炯在保亭县大岐村附近的彦圣、报茶、昂吉、志报、蕃慢等苗村调查。考察结束后，王兴瑞继续在国立中山大学跟随杨成志先生攻读硕士学位，后来陆续在期刊上发表此次调查的研究成果，[2] 后期因抗日战争耽搁，专著《海南岛之苗人》直到 1948 年才匆忙出版，颇为遗憾。

关于苗族族源的研究，王兴瑞从语言上做出判断，其基本观点为当地苗人即广西的蓝靛瑶。但笔者认为，他当时的调查地主要限于保亭及附近村落，难以代表整个海南岛。王兴瑞也认为，虽然保亭苗语与广西蓝靛瑶语差异不大，但与崖县（现为三亚）、临高等地苗族的语言基本不同，"三地苗人语言差异程度之大，显而易见。崖县临高两地苗人语言之不同于保亭苗的，从语言一端，即证明该两地苗之必非广西蓝靛瑶"[3]。这个判断也是笔者坚持对三亚苗族开展调查的原因之一。

20 世纪 50 年代，中央政府开始对民族地区进行民族识别和少数民族社会历史调查，容观琼、严学宭、刘耀荃等学者带领"中南海南工作组"，对海南岛的黎、苗、回等民族开展综合调查。他们选择了两个苗村做调查，分别是现在的五指山市南圣镇牙南村和琼中中平镇南茂村。[4] 根据这次调查资料，通过对海南苗族的信仰、语言、信歌、历史文献等方面的研究，容观琼认为，海南岛上习惯被称为"苗人"的民族，与广西山子瑶有亲缘关系。不过这些"苗人"中的干部和群众大部分愿意被识别为苗族。根据当时"名从主人"的识

① 王兴瑞：《海南岛之苗人》，珠海大学编辑委员会，1948。
② 参见王兴瑞《海南岛的苗人生活》，《边疆研究季刊》1940 年第 1 期；《海南岛苗人社会鸟瞰——廿六年调查海南岛苗族报告书之一节》，《民俗》1943 年第 1~2 期；《海南岛的苗人婚俗》，《民俗》1943 年第 4 期；《海南岛苗人之社会组织》，《边政公论》1947 年第 2 期等。
③ 参见海南省文化历史研究会主编，王春煜、庞业明编选《王兴瑞学术论文选》，长征出版社，2007，第 266 页。
④ 中南民族大学编著《海南岛苗族社会调查》，民族出版社，2010，第 293 页。

别原则，同时参考岛屿民众的意愿，仍将其认定为苗族。[①] 这两村所处位置与当年王兴瑞在保亭调查的苗村属于同一地理范畴，因此得出的结论基本相同。

后来，学界对于海南岛苗族的族源逐渐产生不同的看法。有学者认为，海南苗族不只有来源于广西的土兵，更多的是漂洋过海的移民。[②] 在此基础上，有学者提出苗族族源多元说，进一步指出即使是登岛的苗兵，也不一定源自一地，既可能有广西人，也可能有贵州人，而且历史中的"苗"，也非单指一个民族，因此苗兵的祖先来源是多元的。[③] 在学界讨论中，类似的观点逐渐得到认同。有学者在研究海南的苗汉关系时，就提到明朝万历年间奉调到海南防守的"广西苗兵"只是海南岛苗族的一部分祖先，而其他祖先中的大多数则是因生活所迫后来迁岛的苗族移民，他们逐渐融合发展成为现今的苗族。[④] 有学者通过《海南信歌》等民间文献考证海南的第一批苗族是从广西逃难而来的瑶人，第二批是由狼人和僮人组成的广西狼兵，即方志上所说的"苗兵"。[⑤] 这些考究进一步证实了海南苗族在来源上的"多元说"和迁徙上的"分批说"。

在海南岛苗族来源的学术思辨中可以看出，从西南山地到岛屿海疆，苗族跨海而来，经历了一个长期而曲折的迁徙过程。苗族在海南岛扎根、生存，不断发展，也是陆地与岛屿的文化交流与社会互动的历史见证。

二 那会：海南岛南部一个山地苗村

前辈学者主要集中在海南岛中部山区保亭、琼中开展综合性的调查，对海南岛其他地区的苗族尚没有太多的田野研究。2013～2014 年，笔者先后两次到海南岛南部山区三亚那会苗村进行田野调查。第一次调查时间是 2013 年 9 月 1 日至 2013 年 10 月 1 日，笔者带领苗慧娟、田翊轩、王乐、袁宝华四位学生一起开展为期一个月的团队田野工作，通过那会村委会卢书记联系那会小学卢校长，住进那会小学的教工宿舍，田野的住宿问题顺利解决。第二次调查时间是

---

① 容观琼：《海南省苗族族属问题》，载黄光学主编《中国的民族识别》，民族出版社，1995，第 259~267 页。

② 李明天：《海南岛苗族的来源》，载广东省民族研究学会、广东省民族研究所编《广东民族研究论丛》（第一辑），广东人民出版社，1986，第 223~225 页。

③ 姜永兴：《海南苗族族源与族属新解》，载广东省民族研究学会、广东省民族研究所编《广东民族研究论丛》（第四辑），广东人民出版社，1988，第 196~205 页。

④ 马建钊：《试论海南苗族与汉族的历史关系》，《广西民族研究》2000 年第 4 期。

⑤ 马荣江、钟淑杯：《海南苗族来源新考》，《海南大学学报》（人文社会科学版）2018 年第 2 期。

2014年3月22日至2014年4月5日，除之前四位学生继续参与外，新加入李晓亚和李凯旋两位学生，同时，笔者邀请潘英海老师参与此次调查，潘老师与笔者带学生们一起进行田野调查，并给予很多指导和启发。本文所使用的田野资料就是这两次团队田野工作的成果。

在田野调查时，那会村尚隶属于三亚市育才镇。育才位于三亚市中北部山区，北与乐东县接壤，与立才农场为邻，境内有大隆水库枢纽工程。根据调查时镇政府提供的数据，育才镇行政区域面积为314.9平方公里，下辖10个村委会，共有71个自然村、91个村民小组，人口有4300户20825人，其中有黎族19030人、苗族1633人。全镇当时共有耕地30470亩，水田4600亩、坡地20950亩、旱地4920亩，山区以坡地为主。1950年前，育才镇属乐东县五区，1959年划归崖县雅亮公社，1961年建育才公社，1984年置育才乡。2001年8月，育才乡合并入天涯镇，归天涯镇管辖。2006年，设立育才镇。2014年9月，育才生态区管理委员会成立，辖原属天涯镇的龙密、马脚、马亮、那受、那会5个村委会，以及原属崖城镇的明善、雅亮、雅林、青法、抱安5个村委会。2019年，育才生态区的地区生产总值是13.2664亿元，农村常住居民人均可支配收入是13545元。

那会村是一个苗族聚居的村落。村委会2009年的统计数据显示，苗族有1063人，占当时全村人口的90.70%、育才苗族人口的65.09%。村中的主要姓氏有卢、盆、陈、马、邓、黄、邱等。那会村委会下辖什盆一队、什盆二队、什盆三队、后靠村、文扫村、福来队6个自然村，劳动力人口有800多人。其中，什盆一、二、三队即笔者调查的驻地所在，统称"什盆村"。村委会2016年的统计数据显示，什盆一队有217人，什盆二队有222人，什盆三队184人，一共623人，占当年全村总人口的52.66%。

在育才10个行政村中，只有那会、那受和抱安是苗村。那会和那受两村距离近，两村苗族通婚比较多。抱安村远在育才最东北的山中，靠近保国农场。那会村位于育才东北部山区，距离当时镇政府所在地约9公里。从镇上出发，经过龙密、马亮、那受到那会。一路土地平缓，农田屋舍整齐，放眼望去，满目皆是苍翠，空气自然清新。靠近那会村时，地势缓慢上升。那会村又分新村与老村，新村是什盆村，老村是后靠村。后靠村位于大隆水库的中游，因水库建设，大部分耕地被淹，成为一个失去土地的村落。大多数村民搬迁到什盆村，其属于丘陵上的一块平地，距离后靠村有10多公里，村民出行的交通工具主要是摩托车。

当时，村里的人均收入约为 1300 元，仅为同时期育才人均收入的 40%。村民收入来源主要是种植橡胶、槟榔、杧果等经济作物。那会村受台风影响的月份长达 7 个月，对农民的经济作物影响较大。水库移民后，那会村的耕地愈发不足。村委会的统计数据显示，2012 年末，全村耕地面积为 156.00 亩，人均耕地面积仅为 0.13 亩。而什盆一、二、三队的村民几乎没有可耕种的田地。

三　那会苗村的水库移民

（一）那会苗村的迁徙记忆

明代中后期，苗族跨海迁徙至海南岛。彼时，沿海平原和山岭间平坦地区皆为汉族和黎族所占有。1937 年，王兴瑞调查发现：

> 今日苗人仍然分布于黎境的高山上，本来黎人住的地方，已经是海南岛中部的山地，而苗人所居的山，每每比黎人的山更高。这是由于历史的原因。因为苗人是最终到海南的民族，滨海平原地带早给汉人住满了，中部稍为平坦地带则布满黎人，他们只得被挤上最腹部的高山上。就是这些高山，也是已各有所属，他们不能据为己有，还是要向山主租赁的。这些山主，有黎人，也有在黎境经营的汉商，租期数年至十余年不等。苗人对山主除付租金外，租约上每每还注明每年要纳酒、米、鸡等现物若干。这种情形常使苗人感到生活不安定之苦。所以他们稍有积蓄的，便一次过出重资向山主断买了。[①]

苗族到达海南的时间较晚，是一个没有土地的民族。如前所述，迁入海南岛的苗族来源比较多元。通过征黎而来的苗兵，与当地黎族素有积怨。此外，到岛上谋生的苗族，因土地所有权的争夺，也会与当地黎族产生矛盾。1950 年前，那会苗族散居在今保亭、乐东、三亚等地的深山密林中，生计方式主要是农业和狩猎。男人打猎所得用来换米、钱，补贴家用，女人采集野菜、野果充饥。农作物主要是山栏稻、番薯等，每年收成都要看天吃饭。当年收成比较好时，全家吃饱之余还能存点余粮，但大多数时候粮食都不够吃，经常闹饥荒。那会苗族住在茅草房，一遇台风暴雨，房子容易被吹倒或漏雨，不能住人。旧时的生活非常艰苦，村里老人对此记忆非常深刻，据邱阿婆回忆：

---

① 王兴瑞：《海南岛的苗人生活》，《边疆研究季刊》1940 年第 1 期。

从前在山上日子过得很苦，早上三点钟鸡叫就起来生火煮饭。吃过饭，五点出门，天还是黑的，我们拿个火把照路。小孩留在家里没人管，也背上山去。走大概两小时，七点多才能走到种山栏的地方。那时候没有什么衣服穿，有衣服也是破破烂烂的。男的一般去放牛，有时候晚上都不回来。他们会去河里抓鱼，去山里抓野猪和蛇来卖。他们每个人都会有一把枪，用来打猎，能打到一般是山猪、果狸、山羊、鹿之类的动物。打回来猎物以后，去山下的集市换米来解决家里的温饱。我们没有种菜，就是种山栏。遇到粮食收成不好的时候，没吃的就在山上找一些竹笋、芭蕉心来吃。（邱阿婆，女，时年68岁，2014年3月23日）

20世纪60年代，海南黎族苗族自治州的领导了解到当地苗族的生活异常艰苦，便在现老村区域划出一片田地，召唤附近深山的苗族聚居于此，起名"那会村"。关于村名的由来，村民有不同的说法。一说是"那会"源于黎语，"那"在黎语中即为"田地"之意。也有一说是那会村原本是一个黎族聚居的村落，那时称为那会大队，后来村里黎族整体搬迁至天涯镇，村名就一直保留沿用了。老村的田地几乎是坡地，但对于长期散居深山的苗族来说，从此拥有属于自己的田地，可以安定地生活，是一件非常幸福的事情。时至今日，一些老人对当时的政府和干部仍然充满感激之情。

下山到那会聚居以后，村民的田地主要还是在山上，生产方式依旧是刀耕火种。橡胶合作社的邓社长回忆那时的生活：

三月砍山，四月清地，五六月开种。大家一起干，按生产队来分工，一个队负责一块地方。那时候，一个生产队十几户人，一个村三个队最多五十户人左右。今年这块地砍完，种山栏收获以后，明年就换一块地继续砍、继续种。三四年以后，那块地恢复了肥力，又可以回来种。一个生产队起码可以砍十几个地方。砍完一遍又从头再来一遍。（邓社长，男，时年40岁，昌丽橡胶合作社社长，2013年9月14日）

1960年，立才农场成立，主要作用是种植橡胶，从广东、广西招募了很多工人。立才农场的住房和办公室是那会村民帮忙建的茅草房。农场领导对生活艰难的苗族表示很同情，派拖拉机来帮助苗族开垦土地，改善农作环境。据苗族老人回忆，那些拖拉机手很辛苦劳累，但农场没有额外报酬发给他们。

1963 年，那会并入雅亮乡。1965 年至 1968 年，为满足农业种植需要，政府计划建设一座宁远河的拦水坝，发动那会村民参与劳动，每户人家至少须派出一人，自带干粮，每天算工分，前后投入四年时间建坝。

1978 年后，农村逐渐实行包产到户，那会村保留三个大队。村民的日子依然贫困，每天须拼命劳作，一旦停止耕种就没有收获，吃不上饭。每年的 4~6 月最苦，宁远河有季节性干旱，河水几乎断流，农作物不能获得灌溉，粮食产量很低，人们大多吃不饱。20 世纪 80 年代，村民开始种植经济作物橡胶，此后，村民除种植水稻外就是种植橡胶树，以增加家庭收入。

（二）大隆水库的建设与影响

在中国农村社会，水利建设非常重要。海南大隆水库的修建对三亚那会村村民的生产生活产生了深远影响。

大隆水库是海南省南部水资源配置的重点工程，位于三亚市西部宁远河中下游滨海平原上游约 5 公里处，具有防洪、供水、灌溉、发电等综合作用。水库正常蓄水位为 70 米，设计总库容为 4.68 亿立方米，防洪库容为 1.48 亿立方米。[①] 根据工程介绍，大隆水库的开发建设，对解决岛屿南部尤其是三亚市城区及中西部城镇用水需求、改善灌溉条件、发展地方旅游及三高农业等，具有重要的保障和促进作用。

实际上，大隆水库的建设计划很早就列入了海南水利的发展规划。1958 年以来，相关部门曾多次对宁远河的开发进行实地勘探。1985 年兴建水库的计划出炉，2003 年水库建设正式提上日程，并于 2008 年 8 月建成。按水库建设规划进度，2006 年下半年至 2007 年上半年，那会村原什盆村迁至立才农场 24 队，该地原是橡胶地，改作那会新村的村址。那时，一些村民的老房子地势低，已经被水淹没。有些不肯搬迁的村民，就往地势高的地方迁移房子，变成现在的那会老村，得名"后靠村"。

《大隆水库移民手册》介绍，当时什盆村情况如下：水灾影响人口 2000 年为 595 人，2003 年复查规划迁移人口 614 人。2000 年耕地情况为水旱田 502.00 亩、旱地 519.00 亩，人均水旱田 0.82 亩、旱地 0.84 亩。水库淹没情况为水旱田 422.10 亩、旱地 466.40 亩。根据以上数字可得出，水旱田被淹没面积为 80% 以上，旱地淹没面积约为 90%，这彻底改变了当地村民的生产

---

① 陈文炳、吴壮海、潘云：《海南大隆水库移民安置实施浅谈》，《人民珠江》2007 年第 5 期。

生活。

在动员村民搬迁的时候，政府对赔偿的宣传颇具吸引力，其中包括淹没耕地、槟榔树的赔偿，分配的新建住房、田地，按时限发放的米、钱等，还报销搬迁所需费用，按"早搬迁、先赔偿"的原则给付。村民被淹没的房屋都是茅草房，政府承诺搬迁者能住进新的砖房。于是，大多数村民选择移居到新村，但也有一部分村民坚持留在老村。

图1　俯视那会老村

注：本文所使用的田野照片如无特殊说明，均为笔者拍摄。

（三）迁村后的日常生活

搬迁后，村民的住房条件大为改善，从前的茅草房每隔几年就要重新搭建，准备木材和茅草很费时间和精力，新村的房屋是统一安置的砖房，不用再担心这个问题了。新村的布局是长长的三行房子。每行房子之间都有一条村道，四五米宽。房与房的间距较小，仅能容一人通过。每间房子只有一层楼，两层的房子极少。有村民戏称，新房从外观上并无二样，刚搬来时，走家串户玩耍很容易走错房子，回去找不到自己的家。靠近村委会的前三列房子都由政府设计安置，靠近垃圾处理站的后三列房子多为村民的儿女成家后新建的。很多村民在门前的空地上开垦出一小块土地，种植蔬菜、花草等。房子的布局很简单，进门是客厅，右面是卧室，穿过客厅和卧室之间的过道，后面有个小院子，是厨房、卫生间和储物房。每行房屋后面都会有一条露天的排污渠，生活污水直接排入渠中。三亚天气炎热，时间一长，容易产生臭味。

在新村生活，也会遇到一些新问题。在老村时，村民拥有自己的土地，可以种植水稻等农作物，家里养些鸡鸭，一年的收成足以糊口。搬到新村后，政府承诺的赔偿并未完全兑现，村民成为失地农民。村民平时生活所需的米粮蔬菜肉类，都要到市场购买，日常生活开销骤增。村民邱某某说：

> 在老村的时候，大家建房子都比较随意，看起来就很乱。房屋旁边的杂草没有人管，养猪的人没有搞猪栏，猪就在村子里乱跑、拉大便，很脏。搬来这里（新村）以后，卫生有了明显好转，垃圾车每周会过来收垃圾。生活水平有所提高，有（固定的）房子住了，就可以专门赚钱来维持生活。以前的房子没有固定，两三年就搞一次，上山砍木头来建，很麻烦，而且茅草房很容易坏，搞一次会花很多时间、很多钱，还要叫亲戚朋友来帮忙。主要是上山砍木头要花很长时间，一个月砍的木头都不一定够盖一间房子，还要搞茅草，建一间房子大概需要一年的时间准备。但是盖房子很快，请人来一两天就盖好了，然后家里有猪的话就杀一头猪请帮忙的人吃饭喝酒。自己建房子很费时间，都没有时间来赚钱了。搬来这边以后，房屋规划好，地势比较平，小孩子玩比较方便，可以骑骑自行车，在老村的时候就不行。当然也有不满意的地方，在老村有地种水稻、种菜，这里没地，就得自己买米买菜来吃，这是一笔不小的开支，生活比较困难。（邱某某，男，时年54岁，天涯镇公务员，2013年9月4日）

对从老村搬来的村民来说，还要面对与黎族村民接触的问题。《崖州志》有载，苗族"善制毒药弩末，射物，虽不见血亦死。兼有邪术，能以符法制服人禽。最为生熟黎岐所畏服"[1]。苗族一般远离黎族聚居在山上。在土地争夺矛盾中，苗族因为人少，常常处于劣势，生存尤其艰难。在历史上，黎苗两族之间曾经有比较深的矛盾，后来两族关系渐趋缓和。据邓老书记回忆：

> 说起那时的黎苗关系，如果黎人与苗人在路上相遇，那么大家斗得……黎人在数量上占有绝对优势，而我们苗人的数量确实比较少，所以我

---

[1] （清）张嶲、邢定纶、赵以谦纂修《崖州志》，郭沫若点校，广东人民出版社，1983，第247页。

图 2　那会新村全貌（袁宝华摄）

图 3　那会新村航拍图（由那会村民提供）

们那会（村名）的苗人只能躲到深山老林之中。但是，冲突有时确实难以避免……新中国成立前，黎苗关系非常混乱；新中国成立后很长一段时间，关系缓和多了。（邓老书记，男，那会村，1942 年生，2013 年 9 月）

在老村时，苗族与黎族相隔太远，接触很少，问题不大。搬到新村后，前后都有黎族村落。两个民族之间由于言语不通、风俗不同，苗族村落与黎族村落之间时有摩擦。

搬迁带来的土地问题主要体现在居住用地和生产用地两方面。在居住用地方面，随着村里人口的增加，新村的宅基地面积不够分配，村民的子女以后成家将无地盖新房。在生产用地方面，搬迁时为了解决生产问题，政府打算征用其他村落的部分土地给那会苗族，但最终没有落实到位，村民缺乏耕地，口粮难以自足。面对不断攀升的物价，很多低收入家庭甚至面临难以维持基本生活的困难。有一部分村民不得不返回老村与在原址安置的村民一起生活，开垦土地、种植生产，但水库区域的原有土地已划归抱林农场管理，这又导致村民与农场发生矛盾，他们对农场占有自己原来的土地非常不满。在普遍失去耕地的情况下，到山上种植经济作物逐渐成为大多数村民赖以为生的途径，而种得最多的则是橡胶。新村每户家庭种植橡胶的数量在几百株至几千株不等。

四　那会苗族的橡胶种植

（一）种植橡胶的开端

海南种植橡胶的自然条件优越，岛屿环形地貌形成环形橡胶带，大致分为北半环和南半环，南半环是"荫蔽条件最优越，宜胶地潜力最大的地区"，其中包括宁远河流域，土地潜力最佳，"可建成为海南高产稳产橡胶理想基地之一"。[①] 而什盆村正好处于南半环这一区域的宁远河谷地，橡胶种植大有可为。

橡胶原产于亚马孙河流域，后来被哥伦布（Cristoforo Colombo）等人带回欧洲。19世纪末，欧洲人将橡胶带到马来西亚、印尼、泰国、越南、斯里兰卡等地。1906年，一名叫何麟书的海南人从马来亚（今马来西亚）回国，在海南岛建立起中国第一个橡胶园。自此，橡胶开始在海南全岛种植。海南岛是我国最适宜橡胶繁育的地区之一，还有一处是云南的西双版纳。海南岛上约有800万亩的橡胶林，若写一部中国橡胶发展史，海南岛必是不可或缺的篇章。

20世纪50年代，国家大规模推广橡胶种植，在海南岛各地建立了许多国营农场种植橡胶，以支援国家工业建设。20世纪60年代初，那会村划入立才农场管辖，每天村民先安排种植橡胶，后到田地里种植水稻，付出辛苦劳动却获取报酬甚微。当时，立才农场的胶苗中有一部分是在老村的水稻田育苗。农场二十六队有个"五七"干校，一些上山下乡的知识分子懂得种橡胶，但不懂砍耙，得依靠村民帮忙砍耙来种橡胶。从那时起，就有村民向他们学习如何

---

① 钟功甫：《海南岛的环形橡胶带》，《热带地理》1985年第4期。

种植橡胶。于是，在立才农场胶园工作过的村民成为村里橡胶技术的传授者。什盆三队黄副队长说道：

> 本来我们是立才农场的，那时候是集体化大锅饭，但农场一个月只给两块多，我们跟着农场也没米吃，饿肚子。大家都不愿意去农场，回来继续砍山种山栏，后来农场也不管我们了。小时候，父母上山割胶，我也跟着去，基本上是向父母学的。父母跟着农场的人种过橡胶，他们是跟胶工学习到种胶技术的。（黄副队长，男，时年38岁，什盆三队，2014年3月26日）

时至今日，村民依然通过父辈或朋友间的相互传授，习得种植橡胶的相关技术，管理经营橡胶林。最初，苗族村民跟农场的接触，成为技术传播的基础，也埋下了日后橡胶经济的种子。20世纪80年代，为了谋生，村民种过咖啡、腰果、玉兰笋等经济作物，均没有收到预期的成效。最后，槟榔和橡胶成为主要种植作物。当时，政府干部到村里通过种植橡胶来扶贫，被扶贫的村民成为村里最早一批种植橡胶的人。邱某某回忆：

> 那时候穷，我们没有可以致富的路子，于是几个人就坐下来商量。我们村是靠山的，种橡胶才能有出路。当时吉老丁、赵进逢、邓其光做村干部，他们为了农民增收，主动向政府打报告。政府拨了扶贫苗下来，主要就是槟榔和橡胶。大概1987、1988年时，村里每家都种橡胶了。（邱某某，男，时年54岁，天涯镇公务员，2013年9月4日）

那会小学卢校长这样叙述当年的情景：

> 记得好像在1987年，育才公社一个区干部是天涯文门人，他下来扶贫考察和我聊天，我说我们之前帮立才农场砍耙种橡胶，现在那些橡胶都长得很好。我还告诉他，现在我们农民很需要橡胶苗，农民种植橡胶的积极性很高。我带他去看种的橡胶，他就跟着我们爬上山。看完以后，他觉得橡胶可以发展，就出面联系信用社，给农民贷款买橡胶苗来种，看每家每户需要多少钱，什么时候签好协议。（卢校长，男，时年48岁，那会小学，2013年9月12日）

而合作社邓社长的说法则是：

> 当时，橡胶苗一株卖一块多，这个价格让很多人没有经济能力承担，所以只有那些想种的、家庭条件又允许的人，才会种橡胶。大家都是自愿种植的。后来，种的人陆陆续续就多了，到我做那会村的书记，那时候橡胶价格很糟糕，一吨卖 6000 块钱左右，市扶贫办安排了很多橡胶苗都没有人要。于是，我就找三亚市分管农业的副市长和农业局局长，要了 5 万株橡胶苗，拿回来给村民。之前大家虽然有种植橡胶，但是数量都不多。这次以后，每家每户的橡胶数量都在七八百株以上，有的人家多达 2000 株。（邓社长，男，时年 40 岁，昌丽橡胶合作社，2014 年 3 月 23 日）

随着村里越来越多人选择种植橡胶，橡胶成为苗族家庭主要的经济来源。全村每家每户都种有橡胶，少则几百株，多则几千株。正如老村的马队长所说，他家种有 2000 多株橡胶，家中两个孩子上到大学都是靠种橡胶供养的。

（二）橡胶的生产过程

那会村的种胶地点主要有两处：一处位于后靠村水库对岸的山上，另一处在文扫村红山队的山上。要到达水库对岸的种植点，就必须乘坐当地特有的泡沫船渡过大隆水库，既不方便也不安全。渡过水库后会有两个上山点，两点之间隔了两座山。上山的路不好走，路宽只容一人行，而且是坑坑洼洼的土路，一下雨就泥泞不堪。有的村民骑摩托车上山，有的村民则选择步行。不过山路崎岖坡度大，骑摩托车很危险。从新村出发，坐船（见图 4）、过水库、上山，要花一个多小时才能到达橡胶林。若橡胶树在大山深处，则需要更多的时间。而文扫村红山队的种植点，政府出资修建水泥路，上下山很方便，村民骑上摩托车从新村出发，大概 20 分钟便可到达。

割胶的村民通常会住在一起，他们的居所比较简陋，多数是茅草房，睡在用木板或竹子搭建的床上，备有一些简单的家具。生活水源主要是山里的溪流，也有打井饮用的地下水和用小型发电机抽的水。日常伙食比较简单，主食是饭、粥，有时会摘竹笋、野菜等，有的村民在屋前空地开垦出一小片土地，种地瓜叶、南瓜、辣椒等，也会放养一些鸡鸭，但肉类主要还是由山下供应。一年之中，村民得花一半以上的时间住在山上，培植胶苗、割胶收胶。

村民种植最多的橡胶品种是 600 号，也有种 800 号的。橡胶种植是技术

图4　学生考察村民过河割胶乘坐的泡沫船

活，尤其在育苗阶段。很多村民从立才农场购买胶苗。胶苗长了一年后要芽接，这样长出的树苗好、产量高。村民将买来的胶苗放进尼龙袋里培育，让它们生长到一米半到两米高时就带到山上，连同旧土一并埋进挖好的坑里。之后不用施肥，只需按时除草即可。从树苗期（第1~3年）到幼树期（第4~7年），橡胶地需要投入大量的时间和劳力。此时，要挖橡胶隔行带，下雨时汲水，平时可施肥。一般六七年后，待树半径长到六至十厘米时，就可以开始割胶了。橡胶树的经济寿命有三十多年，在这期间一直贡献它们的"乳汁"，直至被割得"遍体鳞伤"。

割胶是一个技术活加体力活。当年4月中旬到次年1月中旬是割胶的时段。下雨天不割胶，因为雨水会随胶一起流进接胶的小碗，减弱胶的黏性，橡胶就没有价值了。割胶也不用每天割，一般是隔天割，以保证胶的数量和质量。

2013年9月，笔者曾与学生一同上山体验苗族胶农的割胶生活，居住的地方如图5所示。经村妇女主任联系，我们在文扫村红山队找到她丈夫陈大哥所种的胶林，有了一次在橡胶林割胶的经历。

晚饭后，胶农在21~22点休息，凌晨两三点起来开始割胶，至天亮结束。据科学解释，白天阳光的照射让橡胶树产生光合作用，树茎中多种元素因此发生化学反应，生成了以橡胶烃为主要成分的橡胶液。白天橡胶树内几乎没多少

图5　笔者在山上过夜的胶农住所

液体，直到次日凌晨两三点，树内水分增多，细胞活动加快，此时胶汁的产量最高。天快亮时，树内积蓄的胶液慢慢流出，当绝大多数胶树断滴后便可收胶。太阳升起以前须完成收胶工作，将树上装满胶水的小碗逐个倒进小桶，待小桶装满后再倒进大桶。

一人一夜可割300～500株橡胶树。胶农头戴照明灯，手拿割胶刀，先用特制的胶刀在树皮上划出一道切口，沿着切口割出一条螺旋状的圈，并取下这片树皮。在割好的树皮下方用铁线围绕树干固定着盛胶的碗，乳白色的胶液渐渐从割处渗出，沿着螺旋割开的树身顺流，慢慢滴入胶碗。这道工序看似简单，却并不容易做好。割树皮很有讲究，割的地方要绕着树身一圈圈转下来。等到上面的树皮愈合后，又从头割起。中间每一圈都不能割坏，否则该处树身便不能再割，等同浪费。每次割胶树的时候，力道要均匀，太重了容易伤树，太轻则难出胶液。我们由陈大哥带着，在他的一棵树上稍微试验了一下，便不敢再动手，这些是他家的财富，我们害怕给他割坏了。凌晨的胶林，黑漆漆一片，只见山上零零散散的灯光在移动，那是苗族胶农在辛勤地劳作。割完胶，胶农回屋稍做休息，吃早餐，等一碗胶滴满，差不多两三个小时后，又得赶紧去收胶。割胶季节，下雨天无法割胶，村民便在山上休息睡觉，或下山回家，一天不割胶就意味着当天就没有收入。

割胶和收胶只是橡胶制作的初级阶段。接下来，还有胶乳净化、胶乳凝固、压薄压绉、造粒、烘干、出胶、称重、压包、打包、入库等多个环节。总之，橡胶制作是一项非常繁重复杂的劳动。在橡胶种植过程中，需要一些必要的资金投入，如购买树苗、生产工具（包括锄头、砍刀、胶碗、割胶刀、磨刀石、割胶灯、胶槽、压胶机等）、肥料、农药等。陈大哥说，最近他购买过的必需品单价如下：胶刀 20 元/把、胶杯 1 元/个、胶架 1 元/个、头戴手电筒 100 元/只、胶鞋 30 元/双、胶舌几分/个、不锈钢胶桶 50 元/个、除草剂 100 元/桶。压胶机原来只有在保亭的机器厂购买，一个要 2000 多元，现在很多地方可以买到，价钱降为 1000 元左右。胶槽为不锈钢材料，一般宽 40 厘米，长 60 厘米。

如今，那会村的苗族胶农都能简单地加工橡胶。收胶的邱老板这样描述加工的过程：

> 把橡胶水倒入胶槽，然后放一些醋精（浓度为 100% 的醋）进去。一桶胶水放 10 毫升醋精，十分钟左右，胶水会凝固成块。将胶块取出压扁，把里面的水分都压出来。有一部胶机专门用来压胶出水。以前还要用火烘干胶块，现在没有这么麻烦，胶水凝成胶块，用胶机压出水分后，就拿去卖给加工厂，少了烘干这一步骤。（邱老板，时年 35 岁，2013 年 9 月 24 日）

简而言之，割胶获得的胶水先倒入胶槽，看胶水体量按比例放胶精搅拌，待凝固成胶块后，拿到胶机压水，最后将胶片放在空地上晾干。这个时间大约需要一个星期。当然，胶民也可以选择卖湿胶块，但价钱并不高，因此一般是晒干胶片再拿去卖。山上胶园的房屋旁边都有压胶机，经济宽裕的村民一家买一台，也有很多村民一起凑钱合买使用。

20 世纪 80 年代以来，村民割的胶一般卖给立才农场，价格很便宜，平常一公斤胶三块钱，价格高时一公斤十块钱。如今，那会村民割的胶大多存放在家中，等收胶人进村收购。收胶人或上山收胶，或进村收购，然后将这些胶运到琼海、万宁等地，转卖给当地胶场。每年橡胶收购的价钱不同，市价行情不佳时，村民们只好待价而售。

（三）橡胶种植的经营

那会苗族种植橡胶，一般以家庭为单位，夫妻两人为主要劳动力。孩子尚

图6　山上胶园的压胶机

小的时候，多由妻子在家照顾。山上要干的活多时，夫妻会请孩子的祖父母照看孩子，有时也会请亲戚或邻居帮忙。上小学的孩子通常自己在家或被托付给别人，夫妻俩则在山上忙于割胶。笔者在2014年3月上山时，不少老人家带着小孩跟随子女到山上居住，方便互相照应。周末或暑假，父母会带上小孩一同上山，只要没有遇上特别重要的事情或台风天气，就一直待在山上割胶。笔者在村里做调查时，有一天正在宿舍做饭，有几个小孩来玩耍，笔者问他们："吃饭了没有，要不要一起？"其中，有一位小孩羞怯地说："父母上山割胶了，家里没有人做饭吃。"那个小孩可怜巴巴的样子，至今深深印在笔者脑海中。

　　种植橡胶时，砍耙、烧山、挖坑、栽苗等工作都是由夫妻俩一同完成的，只是割胶一般由丈夫负责，因为担心妻子会摔倒或被蛇虫咬，妻子留在住处负责做饭和收拾家务。早饭后，两人一起回收胶水，并开始简单加工。其余时间，夫妻俩共同负责施肥、喷洒硫黄粉、修整地面、除草等工作。

　　如果种植的橡胶数量很多，在短时间内要完成大量的种胶或割胶工作时，就需要更多的劳动力。例如，胶苗须在雨季来临前栽种，最好能在一天之内完成，这时需请大量人手集中帮忙。开割前修整割胶平台、割除杂草等工作量也很大，有些胶农习惯与亲戚朋友互相帮助，如胶农邓某某说：

　　一年大概需要除草两次，雨季来后，草长得又快又密。以前为了省事，大家都用除草剂，现在知道除草剂对土壤破坏很大，所以很少用，都是人工除草。人工除草费力费时，大家都喜欢叫亲戚朋友帮忙，几个好朋友互相帮忙，你家的草除完后到我家来。这样人多干活快，每家几天时间就能完成除草工作。（邓某某，男，时年31岁，2014年3月25日）

有些胶农则会请短工，如胶农盆某某说：

　　我砍草的时候会雇人。我们和保亭、乐东接触多一些，就雇那边的人。当时我有十亩左右的地，人工花费700元。这个价钱的多少是根据土地面积大小和杂草的多少来定的。我有两片地，一片在老村，一片在红山队。刚开始种的时候，会辛苦一点。种下去后，第一年到第四年，草长得快。第五六年的时候，杂草就不会长那么快了。割胶前，一直要砍草挖平台。种胶苗的时候，只是挖了浅浅一点，够走路就行。平时，要去修整平台，让路宽一点，如果不宽的话，割胶走不好就会滑倒。如果雇人挖平台，一棵树是八九块钱。以前只要四块，现在都涨价了。价钱也是要看地，如果坡陡的话，价钱就要高一些。（盆某某，男，时年54岁，2013年9月8日）

亲戚朋友大多数也种胶，如果大家同时有农活要忙，这时就得花钱雇短工。如卢校长在1990年分家时分得1000多株橡胶，2005年时又种了2000多株，出于自身工作原因，无法管理自己家的橡胶林，只好雇短工帮忙，这是一笔不小的开支。他稍微算了一下：

　　种橡胶首先是砍耙、烧山，2005年请短工砍一棵（橡胶树的面积）最少5块。然后挖行，种橡胶需要平时用于走路的橡胶行，方便除草、割胶及打理，一行要10块。挖洞（栽种），一个洞1~2块。接着，育好的胶苗要挑上来，挑一株苗3块钱，种一株苗1块钱，一边挑就一边种。2000株橡胶苗加起来，请短工是一笔不小的数目。（卢校长，时年48岁，那会小学，2014年3月24日）

笔者算了一下，种植一棵橡胶树的人工成本约20元，这还不算育苗、施肥、除草等其他费用，仅雇工一项，2000 株橡胶苗至少得花 4 万元，对当时人均年收入不到 1500 元的那会苗族而言，这是非常高的经济投入。由此可见，橡胶种植的前期成本是一笔巨额投资。

什盆村有一个昌丽橡胶农民合作社，位于那会村委会西边，与村委会大楼相邻，占地 4000 多平方米。合作社成立于 2008 年，是由那受村和那会村的村民合股建立的，上一届村委邓书记任社长，至今已投入成本 600 多万元，全部产业达到 2000 多万元，成本包括机械购买 40 多万元、厂房建设 200 万元，现在股东有 26 位，那会村 12 位、那受村 14 位。合作社种植橡胶 3000 多株，此外，还有槟榔 2000 多株、杧果 2000 多株，正在开荒种木瓜的地有 180 多亩。当时，大部分村民会拿橡胶到合作社加工，因为合作社有村里唯一的橡胶加工厂。

（四）橡胶种植的困境

种植经济作物，主要是面对两种环境：一是自然环境，一是市场环境。

山里的橡胶树最怕台风，偏偏海南岛又是台风频发的区域，每年的台风季长达数月。橡胶种植经受不住台风的摧残，小橡胶树根底浅，容易连根拔起；大橡胶树枝繁叶茂，受力面积大，动辄拦腰折断，这样橡胶树就算报废了，而台风天的雨水更是对割胶有破坏性的影响。因此，每年台风灾害都会影响橡胶的产量。三亚遭遇最严重的一次台风是 2013 年 11 月的"海燕"，其对那会苗族胶农造成了重大损失，背风坡的橡胶树受损少些，迎风坡的则被成片吹倒。村民少则损失一二百株，多则七八百株。2014 年 3 月底，笔者上山查看时，被"海燕"吹倒在地的橡胶枯萎树干依旧随处可见。

一些村民有风险意识，会提前购买生产保险，但人数极少。更多的村民因为种橡胶的收入刚够过日子，没法也不愿用多余的资金购买保险。有村民认为，特大台风也不是每年都会遇上。这种碰运气的心理其实没有摆脱以前看天吃饭的影响。"海燕"台风过后，给橡胶买过生产保险的村民得到了保险公司的专门赔偿，没买保险的村民则损失惨重。村干部说，很多村民还是担心被保险公司骗，政府应该作为担保方出面，支持村民购买生产保险。

那会村民因橡胶种植卷入市场经济的交易。橡胶贸易的价格随市场波动，每年都不一样，时高时低。2013 年，橡胶的收购价比往年要低得多，只有2012 年的 1/4。本来台风天是停割橡胶时期，往年价钱都是上涨的，2013 年却往下跌了。价钱的大幅下滑让个体户胶农收入减少很多。除了收购价的自然波

图7 台风"海燕"过后山上被毁的橡胶树

动外，中间商也会对橡胶收购产生影响，比如改变收购价或选择收购时间。村民以前在老村还能种地种菜或养鸡鸭猪，不用全指望橡胶收入。现在迁村后，家里的吃用都得花钱买，一旦遭遇橡胶收购价滑坡，便陷入困境。

五 结语

根据三亚城市的发展需求，市内唯一没有海岸线的育才镇改为育才生态区，[①] 要保护生态环境资源，发展民族旅游产业。笔者曾在微信上跟那会村的村干部卢先生交流，他告诉笔者，现在水库对岸山上的橡胶尚能收割，但不能扩种了，这对以后子孙后代都会有影响。当时在实地调查中，村民对此事议论纷纷，大家对政府收回土地给予赔偿金、恢复生态热带雨林的做法态度有所保留。他们认为，这样做虽然短期会获得政府一大笔赔偿款，但以后若不能开垦山地种橡胶，他们和子孙的生活就难有保障。

那会苗族的生活条件与以前相比，改善了许多，但与同时期的其他民族相比，还稍显不足。水库建设导致移民迁村，村里遗留的不少问题有待进一步解决，如村里耕种田地不足、过度依赖种植橡胶经济作物、粮食不能自足等。尤

---

① 《三亚育才生态区工委管委会挂牌成立》，海南省人民政府网，http://www.hainan.gov.cn/data/news/2015/01/173036/。

其是村民的收入不稳定，加上物价涨幅较大，对家庭生活造成很大影响。那会新村离育才行政中心不近，骑摩托车也要二三十分钟，很多用品要到镇上或市区购买。新村周围是黎族村落，笔者在马亮黎族村落做过调查，马亮村的村民对苗族的认知充满了"他者"的想象。这种文化区隔需要尽快消除，以实现两个民族和谐共处的愿景。

从西南山地到岛屿海疆，苗族不断迁徙、漂泊和流浪。20 世纪 40 年代，在四川华西大学任教的梁钊韬曾制作了一幅《西南民族分布与分类略图》①，地图上"西南"的区域远远大于今天行政区划上的版图，而海南岛赫然在列。跨海苗族在海南岛的发展，为苗族文化与岛屿文化增添一种多样性。

但是，海南苗族的发展尚需努力跟上时代的步伐。20 世纪 50 年代海南岛引进橡胶种植，建立国营农场，导致岛内长期以单一作物为主，留下不少历史问题。对此，费孝通先生曾提议，要多考虑海南岛"人的问题"，以当地人为主体发展当地，要注意海南岛的发展不平衡，强调民族地区的发展必须是民族本身的发展。② 为了推动海南经济发展，2009 年底，《国务院关于推进海南国际旅游岛建设发展的若干意见》提出"国际旅游岛"的概念。2018 年 4 月，习近平总书记在庆祝海南建省办经济特区 30 周年大会上的讲话中宣布"党中央决定支持海南全岛建设自由贸易试验区，支持海南逐步探索、稳步推进中国特色自由贸易港建设"。③ 这种"自上而下"的政府主导开发模式会对海南岛少数民族的生活产生多大影响，尚待进一步调查。西方现代化理论对自然环境没有重点顾及，它把近代和现代在社会结构、人类行为和思维方式等方面截然分开，以经济增长方式为主要的发展指标。④ 民族地区应该走"内发型"的发展道路，而不是西方的现代化发展道路。因此，当前三亚对民族地区的发展思路，要根据国家政策和外来资本的具体情况，需要重点考虑用本土社会的概念诠释发展，尤其要强调同民族地区生态环境协调发展，要从传统中筛选出有用的东西重新创造再使用，在此过程中让传统得到革新，进一步考虑经济发展只

① 此图原件现存于四川大学博物馆，参见何明《从殖民主义、民族危机到民族国家重建、文化自观——〈西南边疆民族研究〉序言》，载何明主编《西南边疆民族研究》（第六辑），云南大学出版社，2009。
② 费孝通：《海南岛民族地区开发问题漫谈》（上），《瞭望周刊》1987 年第 12 期；《海南岛民族地区开发问题漫谈》（下），《瞭望周刊》1987 年第 13 期。
③ 《习近平谈治国理政》第 3 卷，外文出版社，2020，第 198 页。
④ 〔日〕鹤见和子：《内发型发展论的原型——费孝通与柳田国男的比较》，载费孝通、鹤见和子等《农村振兴和小城镇问题——中日学者共同研究》，江苏人民出版社，1991，第 42～47 页。

是条件，人的成长才是根本目标，才是海南岛民族地区可持续发展的可行路径。

国家给予海南"国际旅游岛""自由贸易港"的名号，致力于推动海南社会的发展，自然是手段而非目的。对海南岛少数民族社会的深入了解，还需有更多的学者投身研究。希望有越来越多的学者越洋而下，不要仅仅抱着"到此一游"的心态来观光，应更多参与到海南岛少数民族社会的研究中去。

"生意人"的抉择：三亚回族的内发型发展策略[*]

张　亮[**]

摘　要：笔者通过考察三亚回族当下经济社会发展历程，认为在近年来市场经济高速发展的外部条件下，基于传统生活生计方式和文化传统，其已建构起符合自身发展需求的内发型发展模式。正是在生活实践与市场经济的一来一往、互进互退的过程中，作为生意人的三亚回族发展策略得以在不同的社会情境中万变不离其宗。

关键词：三亚回族；内发型发展；生意人；经贸网络；"伙伴集团"

　　三亚回族俨然已成为三亚市的经济明星，被认为是"三亚市最富裕的农民"。新华社记者报道，随着三亚市逐渐发展成为中国著名的热带滨海旅游城市，这里的回族有了更好的经商条件和更广阔的发展空间，几乎家家户户在从事与旅游有关的经营活动，诸如加工销售珍珠、水晶、海贝壳、玉器、银器，以及销售其他海南特产和旅游服装等。他们还在三亚市区开设了20多家大型餐馆和10多个家庭旅馆，生意红红火火。在新闻媒体的广泛报道下，"家家有小楼，户户有汽车"成为三亚回族的标志。三亚回族因此成为改革开放以来勇敢面对市场的优秀代表。对此，三亚回族有着一种复杂的心态，一方面，20世纪80年代以来，他们在三亚的经济发展过程中往往能够领风气之先，在市场活动中获益颇丰，生活确实有了极大的改善，三亚回族对自己"做生意"的天分也感到自豪；另一方面，"富裕生活"的表象下，三亚回族内部却也存在两极分化、社会问题频现的危机，更重要的是，表面上在市场上如鱼得水的

---

*　本文原载《广西民族大学学报》（哲学社会科学版）2014年第5期。

**　张亮，中央民族大学民族学与社会学学院副教授。

生意人，实际上时刻怀有危机感。

虽然三亚回族中也有教师、公务员、医生等从事正式职业的个人，但所占总人口比例很小。更重要的是，他们大多通过自己的家庭参与市场活动，并非仅仅依靠体制内工作的薪金负担家庭生活。比如，回辉最富裕的张氏家族核心成员就是政府的公务员。三亚回族也不喜欢为别人"打工"，比如回族海鲜餐厅内的服务人员基本上是外来务工人员。即使是一些经济基础没有那么好的家庭，也更愿意自己单干，比如从事客运行业。从这个角度上说，三亚回族可谓"全民皆商"。三亚回族的大学生，无论就读什么专业，毕业后绝大多数回到自己的家庭参与经营，或者借助家庭的力量在三亚创业。近年来，三亚回族大学生创办了广告公司、财务咨询公司、影楼等。一些建筑设计专业的毕业生专门为回族设计住宅，收入颇丰。年轻人给三亚回族社区带回的新理念和现代经济管理方式，已经开始直接影响到零售、服务等行业。

问题的关键在于市场与三亚回族集体意识的关系。三亚回族作为"生意人"的意识与实践让他们更为紧密地结合在一起。在三亚回族的经济生活中，"市场"无疑是一个重要客观存在，但同时，根植于三亚回族传统生活的集体意识是结构性要素。尤其是三亚回族的一些"内发型"因素成为"规范市场"的对立面，是"非正规"的，"这就促使我们去重新思考正规和非正规背后的文化逻辑，要分析不同社会类型的现状和定位"①。在海南建省、三亚成为国家重点建设的旅游城市后，三亚回族社区内深刻的变革吸引了不少学者对三亚回族的经济生活进行专题研究。这些学者注意到了以伊斯兰宗教信仰为核心的回族传统文化在三亚回族经济生活中的重要作用，也描述了三亚回族作为一个整体的经济活动实践，为后辈学者的进一步讨论奠定了基础。但同时必须注意到，中国社会的市场化与三亚回族趋向市场内部因素之间的互动具体表现在三亚回族的实践中，解读这些实践活动，我们可以理解三亚回族在市场中确立集体意识、建构社会团结的机制成为可能。

人类学研究不断表明，经济发展有许多形式与方式，不能简单地归结为一种社会向另一种社会的转变。② 如果将"发展"理解为一个行动的概念，那么发展与资本主义的历史进程密切相关。通过发展，特定知识形式的生产与传播得以组织、管理和控制。这段时期，发展的重点不再是进行社会与政治变革，

---

① 麻国庆：《非正规经济与"内发型"发展》，《开放时代》2011 年第 2 期，第 16~21 页。
② 〔英〕凯蒂·加德纳、〔英〕大卫·刘易斯：《人类学、发展与后现代挑战》，张有春译，中国人民大学出版社，2008，第 12 页。

其重点逐渐转向经济增长。这种经济增长包括技术的复杂化、都市化、高消费以及一系列社会与文化变迁。费孝通先生在 20 世纪 80 年代开始系统提出了关于中国社会的发展思想。"对中国社会的发展，从乡土社会发展到工业社会后的现代社会，这条道路上的传统文化会起什么作用，消极的和积极的两个方面，都值得我们平心静气地加以分析和评估。要做到这一点，我们不宜从概念到概念地作理论上的纠缠，而应当从活生生的一个人的具体生活、思想和精神状态中去观察和体会，以求得深刻的理解。"① 对于少数民族的现代化，费孝通又提出，"就一个民族的发展来讲，必须强调善于发挥这个民族本身在体质上和文化上的特具的优势，利用一切可以利用的外在条件，发展其经济，提高自身的社会生产力和发扬自身的精神文化，在一个地区的发展中，贡献其应有的力量"②。费孝通的关于中国社会的发展思想实际上集合了乡村社区研究、差序格局、小城镇理论、区域发展研究、文化自觉、中华民族多元一体格局等的思想体系与研究方法，被称为"内发型发展"思想。

三亚回族自称"占人后裔"，使用南岛语系语言，虔信伊斯兰教，长期以捕鱼为生，并辅之以商业。传统的生计模式为三亚回族积累了足够的组织化生产经验和商业经验，在近年来市场经济高速发展的外部条件下，这些经验与三亚回族内部的社会结构与经济网络相互融合，使三亚回族成为"天生的生意人"，这正是内发型发展的精髓所在。

一 创业史：告别"靠海吃海"的日子

本文所提到的"三亚回族"，具体指三亚市凤凰镇回新居委会、回辉居委会所管辖区域的居民。回新居委会位于三亚市西侧，东靠三亚市凤凰国际水城，是市区通往凤凰国际机场、天涯海角、南山寺、大小洞天的必经之路。回辉居委会也是一个纯回族村庄，地理位置十分优越，是市区通往天涯海角、南山寺、三亚凤凰国际机场的必经之地。据 2006 年统计资料，回新村土地总面积约为 0.92 平方公里（1380 亩），设有三个村民小组，是一个纯回族聚居的村庄，总户数 697 户，总人口 3380 人；回辉村土地总面积 169 亩，设有 7 个村民小组，其中有 2 个蔬菜小组、5 个渔业小组，总户数 581 户，总人口 3351

---

① 费孝通：《对中国城乡关系问题的新认识——四年思路回顾》，载朱通华、宇野重昭主编《农村振兴和小城镇问题——中日学者共同研究》，江苏人民出版社，1991，第 30 页。

② 费孝通：《边区民族社会经济发展思考》，载北京大学社会学人类学研究所编《东亚社会研究》，北京大学出版社，1993，第 220 页。

人。至 2010 年，这两个回族居委会的行政建制和所辖土地面积基本没有变化，但人口已经有了较大幅度的增长。回辉居委会主任估计，目前三亚回族总人口应当超过 9000 人，如果加上流动人口，那么三亚回族社区人口近万人。当地计生部门掌握的三亚回族的人口情况也支持这一说法。显而易见的是，三亚回族社区居于三亚旅游景区的枢纽位置，旅游资源可谓得天独厚，但人口密集，生存压力大。

作为三亚这一大旅游景区的组成部分，三亚回族社区有更多机会接受外来者的观察。伴随着旅游业的发展，三亚回族的日子越来越富足，"家家有小楼，户户有汽车"成为三亚回族的标志。三亚回族因此成为改革开放勇敢面对市场的优秀代表。对此，三亚回族有着一种复杂的心态：一方面，三亚回族从 20 世纪 80 年代以来在三亚的经济发展过程中往往能够领风气之先，在市场活动中获益颇丰，生活确实有了极大的改善，三亚回族对自己"做生意"的天分也感到自豪；另一方面，在"富裕生活"的表象下，三亚回族也时刻怀有危机感。

三亚回族可谓全民皆商。他们大多通过自己的家庭参与市场活动，且不喜欢为别人"打工"。在全民皆商的背后，是高昂的生活压力。三亚回族的日常生活与三亚市民无异。除了小规模的蔬菜和渔业生产，三亚回族没有大宗农业产品出产，一般生活消费品都要在市场上购买。从消费习惯上看，三亚回族不但认可自己社区内部的市场，也喜欢前往三亚市区的大型市场购物。在教育方面，三亚回族社区附近虽然有公立中学，但因为教学质量一般，家长还是倾向于重点学校或教学质量较高的私立学校。在医疗方面，三亚回族社区内部有家庭诊所，但治疗较严重的疾病通常还是会选择三亚市区的三级甲等医院，有条件的则前往北京、广州的著名医院就诊。在娱乐方面，虽然三亚回族社区内部及周边没有娱乐设施，但由于距离三亚市区较近，很多年轻人习惯去市区休闲，比如上网、唱 KTV。这种生活方式便利、舒适、有利于个人发展，但是生活成本水涨船高，给很多家庭带来了相当大的压力。比如，2010 年，回族社区市场上的牛肉价格近 40 元一斤、鸡蛋 6 元一斤，一些青菜的价格也要几元一斤，饮料、零食的价格也比一般地方贵 1/5，而服饰的价格较中国大部分城市高，以至于一些妇女选择前往广州购买衣服。总之，三亚回族社区居民的生活完全依赖三亚市的消费品市场，与所有的三亚市民一样，城市里的风吹草动都会影响他们的日常生活。

笔者通过在三亚回族社区进行的田野调查发现，三亚回族社区存在文化和历史的特殊性，但这些并不是当下三亚回族社区最引人注目的社会文化特征。笔者每天所感受、观察和参与的社区氛围和群体或个人行动，无一不表现出三亚回族的生存压力与发展诉求。三亚回族强烈的融入经济发展主流的愿望和实践已经成为三亚地方社会的基本认知。

三亚如今是闻名遐迩的"热带天堂"，但在历史上，其大部分时期是远离经济中心的偏僻所在，三亚回族长期过着"靠海吃海"的生活。

1949年以前，三亚回族主要以近海捕捞、蔬菜种植为生计方式，有少部分富裕者购买土地，靠出租稻田收租为生。部分人经商，主要是收购近海捕捞的海产品，拿到周边社区换取稻谷，加工为大米再运输到墟市（现在的三亚市区）出售，这类收购、交换、出售货物的生计方式规模很小，仅可以维持家庭生活。还有一些屠户会购买周边社区的牛羊，卖肉给回族居民，利润也很微薄。回族的普通居民平时有制作小食品在村内互相交换或买卖的习惯。1942年日本侵略者对346户三亚回族的职业进行调查，统计出从事渔业的有192户，占全户数的55%以上，从事蔬菜种植的有68户，贩卖谷米的商户21户，制作和贩卖零食的商户15户。其余的是建筑工、缝衣匠、修车工、手工制作钓鱼线的人、政府职员（指警察、治安维持会职员）、小学教师、账房先生以及清真寺的神职人员。① 由于贫困，不少三亚回族前往东南亚谋生，1940年有三亚回族从东南亚寄回四五千元侨汇。②

对三亚回族来说，不管是捕鱼、种菜还是做生意，都不如从事水稻种植生活稳定，三亚回族的生活水平长期在周边社区的平均水平以下。日军占领三亚前三亚回族有渔船12艘，抗日战争结束后，只剩下4艘。至1950年，2个回族村共有332户1611人。其中140多户共同拥有4艘渔船，60多户用小网捕鱼，其他的回族多靠帮助上述两种渔户拉网打杂维持生活。③ 每艘渔船将几十个男性劳动力组织为一个协作小组。此外，土地改革前，两村30余户共有耕地1529亩，其中水田有249亩、旱地有1280亩。④ 根据三亚回族老人回忆，此时三亚回族普遍居住在茅草房内，经常为口粮而发愁。

1950年后，政府则努力通过行政力量改善三亚回族的生活。首先，土地

---

① 〔日〕小叶田淳：《海南岛回教徒的村落回辉村考》，张兴吉译，《海南师范大学学报》（社会科学版）2008年第2期。

② 姜樾、董小俊主编《海南伊斯兰文化》，中山大学出版社，1992，第151页。

③ 姜樾、董小俊主编《海南伊斯兰文化》，中山大学出版社，1992，第164页。

④ 马建钊：《海南三亚回族社区的经济变迁》，《广西民族学院学报》（哲学社会科学版）1998年第3期。

改革后回族各家各户都分到了稻田，1953年开始组织互助组，1955年冬转为高级社，到1958年和全国各地一样组织了人民公社。①大部分回族没有种植水稻的经验和工具，于是政府发动汉族、黎族农民向回族传授种植技术，同时为回族提供生产资料。1954年至1955年，政府共发放了25000元救济款，其中8000元是生活救济，其余17000元被三亚回族用来买了105头牛、45张犁、35把钯及锄头、山刀等各种农具。②在发展种植业的同时，对渔业的投资也进一步加大。1955年至1956年，三亚回族又向银行贷款60000元，添置了4张渔网、4条渔船，购买了1600亩田所需要的种子肥料，添置了32头耕牛、700只鸭，同时用其中一部分解决困难户的生活问题。③在政府的大力扶持下，三亚回族的生活生产条件发生了变化。

但是，三亚回族毕竟没有经营水稻田的经验，实际产量达不到预期目标，一些人希望恢复1950年前以渔业为主的生计模式，很多人甚至私下将土地交给周围社区的农民耕种。20世纪60年代初的饥荒使政府和三亚回族自己做出了改渔为农的决定。1962年，此处实施了农业生产的改制，三亚回族的1000多亩水稻田交回政府重新分配，三亚回族保留自己社区周围的一些旱地。政府将三亚回族编为一个生产大队，下辖7个渔业生产队、3个蔬菜生产队，回族口粮由国家供给。直到1984年，渔业队人均日收入1元不到，仍需要靠其他手段补贴家用。菜蔬生长周期短、售价高、资金周转快，成为当时回辉回族的主要经济来源，但因地少人多，人均收入依然不高。④1989年，两个回族村有人口5300余人1300多户，劳动力2000多人，仅有300亩菜地，六艘简陋小渔船，人均收入180元，是全镇经济收入最低的两个村，也是出了名的穷乡村。⑤此时的三亚回族不仅收入少，还要以较高的价格购买粮食，生活更显窘迫。

现实生活的艰辛迫使三亚回族自觉寻找出路。1978年，中国宏观的政治经济政策出现巨大转折后，三亚回族开始做出响应。最初，三亚回族还抱有谨慎的态度，男性劳动力坚持集体劳动，但一些妇女开始小规模地贩卖海产品和蔬菜，也有人开始倒卖布票、粮票。与此同时，很多三亚回族与广东、云南和西北的穆斯林建立起联系，内地穆斯林开始前往三亚求商机。

20世纪80年代以后，三亚回族参与商业活动的人越来越多，并且与内地

①　郑贻青：《海南岛崖县的回族及其语言》，《民族研究》1981年第6期。
②　姜樾、董小俊主编《海南伊斯兰文化》，中山大学出版社，1992，第173页。
③　姜樾、董小俊主编《海南伊斯兰文化》，中山大学出版社，1992，第173页。
④　姜永兴、梅伟兰：《海南岛羊栏回族的来源及其特点》，《宁夏社会科学》1986年第4期。
⑤　江振雄：《海南三亚回族经济简况》，《回族研究》1997年第2期。

回族形成了商业网络。在缺乏资金的情况下，回族的商业网络有一些创举，比如内地回族商人在各地收集银圆，交给三亚回族到海上与走私船换取录音机、磁带、太阳镜等货物，三亚回族再将货物交给内地回族运回内地贩卖，变现后再收更多的银圆，换回更多的货物。20 世纪 80 年代三亚的旅游资源逐步得到开发，越来越多的游客前来，使旅游产品热销，很多回族妇女大量批发珍珠、贝壳、水晶在三亚各重要地段流动贩卖。受三亚回族女性成功经验的鼓舞，三亚回族的男性也逐步放弃了蔬菜种植和近海捕捞的简单劳作，普遍进入市场淘金。凤凰机场建成后，三亚回族利用自己的资金优势和地理优势，大量购买汽车、中巴车、小面包车搭载游客，基本垄断了凤凰机场的客运市场。

到 20 世纪 90 年代末，三亚回族逐渐摆脱"靠海吃海"的生计模式，完全融入了三亚社会的经济分工体系，并形成了优势产业。目前，三亚回族的生计方式更加多元化，典型的例子是三亚回族参与房地产开发。

2009 年以来，三亚回族几乎全民投入房地产业的投机热潮，有资金的，直接投资购买商品房，甚至投资购买土地使用权；资金不足的，则充当地产经纪人，为外来投资者和三亚本地人牵线搭桥。三亚回族社区内本身土地资源就紧张，也不允许非穆斯林定居，因此三亚回族主要运作周围汉族、黎族村庄的土地。长期的共存使三亚回族对周围村庄的情况了如指掌，他们选好交通条件最好、周边环境最优的地块后，就与土地的主人商谈价格，敲定后按照价格的 1/10 交纳定金，并约定在一定期限内付清尾款，在此期限内土地主人不得将土地转让他人。在交纳定金到付清尾款的这段时间内，三亚回族投资者迅速寻找新买家，获得满意的利润后以定金的方式迅速回笼部分资金，付清土地尾款完成合约，进而要求新买家付清尾款。通过这样的方式，三亚回族投资者以最小的投入掌握了尽可能多的资源，在资金的滚动中迅速致富。当然，这样的运作也存在风险，如果不能及时找到下家，那么很多人的资金链条就会断裂，不但不能付清土地尾款，还会损失掉定金。可是，从 2009 年底到 2010 年海南成为国际旅游胜地的这段时间内，全国的"热钱"大量融入海南的房地产市场，三亚作为重要的旅游城市受到的影响最大，酒店价格飙升至天价，商品房的价格一日三涨，仅几个月时间就翻番。大大小小的商人手握巨资，在三亚寻找投机的机会，民间的土地流转顿时成为热点。在这样的背景下，上述运作基本不存在风险。当然，国家介入后情况发生了变化。

在由国际旅游胜地带来的投资热潮中，即使是缺乏资本的个人也能参与进来，他们利用自己对本地情况的熟悉程度和平时积累的人际关系，帮助外地投资者寻找投资对象，交易成功后按照事先约定的比例抽取佣金。由于涉及的土地交易的额度动辄成百上千万元，即使佣金比例虽小，但落实到个人手中的数额也绝对不菲。更重要的是，除了利用自己的社会资源和投入时间外，这类中介活动几乎是无本生意，不需要注册成立专门的中介公司，甚至不需要实体的商铺，仅仅凭个人积极活动就可以完成交易。因此，一时间，三亚回族无论男女老幼，也不管以前以何为生，纷纷投身于地产中介行业。当然，从业人员越多，市场资源也就越接近饱和，不一定每个三亚回族都能获利，但是三亚回族社区内借土地中介而发达的故事仍然在流传，不断刺激着后来者。

在三亚回族内部，即使是没有参与地产投机的个体，也能在三亚社会变迁的背景下获益。随着周边地价的飙升，三亚回族社区内部的土地价格也水涨船高。2009年以前，社区内的土地虽然逐年涨价，但幅度并不大，每亩土地价格根据位置不同从几万元到十几万元不等。2009年底开始，回族土地价格开始暴涨，到2010年夏天，一些靠近公路的宅基地价格每平方米突破千元，也就是说一年内土地价格增长了约十倍。一些三亚回族家庭即使不名一文，光靠出售宅基地就可以成为"百万元户"了。一些虽然没有刻意投资，但保留有家传的土地或几年前以较低价格买到土地的家庭，在这一过程中通过出让土地陡然致富。一些家庭没有多余的宅基地出让，于是投资改建自家的住宅，将部分房间改为家庭旅馆，自己经营或承包出去，随着三亚旅游旺季旅店价格的飙升而获益匪浅。

三亚回族的生活条件进一步改善。电视等一般的家电产品的普及率基本达到100%，人手一部手机，尤其是年轻人，对流行电子产品的了解毫不落伍，苹果公司的产品上市不久就会出现在三亚回族年轻人的手中。90%以上的家庭拥有私家车，尤其是近几年年轻人结婚后必然购置新车，一些特别富裕的家庭还有跑车。新建住宅越来越高，内部装修也更加考究。同时，三亚回族内部的贫富分化也更加明显，以前没有抓住机会的家庭被远远抛在后面，越来越难以快速改善现状，只能依靠劳动维持生计，很难致富了。只有拥有投资资本的人才能通过不断经营资本扩展实力，提升抵御风险的能力，缺乏资本的人不敢轻易参与市场投资，甚至无法达到投资的基本门槛，只能在物价飞涨中勉力维持生活。这一惨痛的事实也进一步促使三亚回族在整体上趋于"去做生意"。

从整体上来看，三亚回族在市场中游刃有余，尤其是旅游产品在三亚回族手中拥有发达的供销网络。比如，珍珠、水晶是三亚最为热销的旅游纪念品，被认为是海南特产名扬全国。海南省虽然出产珍珠、水晶，但是产量和质量远不能满足三亚旅游市场巨大的需求，于是三亚回族前往广东、广西寻找货源。三亚回族创建的大型旅游产品销售公司都有稳定的供货商，而以家庭为单位的小销售商则定期外出采购，大批量进货后再批发给在旅游景点的固定摊点或流动经营的商贩。再如，热带水果加工品也是游客普遍购买的纪念品之一，三亚本地有食品加工厂，但三亚回族会在全国货比三家，选择性价比最优的产品。这样看来，三亚回族的经济成功绝不是因为身在景区的幸运，而是因为三亚回族能够利用商业网络压低成本、提高收益。

二　天生"生意人"：经济伦理、社会组织与合作网络

在三亚回族的创业史中，国家政策的重大转折固然是基本前提，三亚作为旅游城市进行的整体快速建设为三亚回族提供了直接的发展机会。但是，在三亚市，没有哪个社区哪个群体能像三亚回族这样在整体上有开风气之先的勇气，充分利用三亚城市发展的每一个机会，根据市场需求迅速调整自己的生计方式。三亚回族从"最穷"到"最富"的过程看似有幸运的成分，实际上是由三亚回族社区内部的结构性因素决定的。

第一，伊斯兰宗教的"入世"情结给予三亚回族以精神支持。

除了伊斯兰经济伦理，流传在三亚回族内部的民间故事，也潜移默化地影响了三亚回族的金钱观、财富观，如"贪心的哥哥"的故事是这样的：

> 不久以前，有一对夫妇生有两个儿子，大的叫阿利，小的叫阿三，几年以后，母亲给他们娶了妻子。他们结了婚就分家分田分地，各自分开过了。过了十几年，大哥富起来了，弟弟挣不到钱，靠每天上山拾柴售卖钱维持生活。有一天，弟弟夫妻俩挑着柴走到半路休息乘凉时，叹着气说："人家是人，我们也是人，为什么我们这样辛苦？"忽然间飞来一只大鸟问他们二人："你二人为什么这样唉声叹气？"弟弟说："唉！鸟啊，我们的母亲生了我兄弟二人，为什么哥哥这样有钱，而我却这样艰辛呢？"大鸟说："别担心，你明天缝好一个口袋来，我带你去取金银财宝，只给你一人。"他挑柴回去卖了，把得来的钱买了三尺布，回家缝了一个口袋。第二天，他照样上山拾柴，来到树下休息乘凉，忽然间大鸟飞来，鸟问："你准备好了没有？""准备好了。""那么你就爬到我背上，我背你飞过白水河、红水河和蓝水河，你紧紧地闭着眼，不要看。""好，我不看。"大鸟把他带到太阳升起的地方，他看到有许多财

宝。大鸟叫他把口袋拿出来装，过了一会儿，弟弟说："够了，带我飞回家去吧。"大鸟就带他飞回去，到家后，他就和大鸟告别了。后来弟弟仍然每天上山拾柴。有一天，他们夫妻二人商量要把宝贝拿去卖，卖得的钱就盖房子，盖得比哥哥的房子还要好。没过多久，他的哥哥知道了，心想："弟弟没有钱，靠天天上山打柴来维持生活，他哪儿来的钱盖房子呢？"又过了两天，哥哥和嫂子备了一些礼物来看弟弟。弟弟见哥嫂来了，就杀鸡宰鸭招待。晚上，哥哥悄悄问弟弟："你原来靠拾柴卖钱维持生活的，为何现在有钱盖房子？"弟弟说："我上山拾柴，在一棵大树下休息时，自己叹气，有一只鸟飞来叫我不要叹气，说你回去缝一个口袋，我带你去取金银。后来大鸟果然带我飞去取了一袋宝贝，我拿回来卖了盖房子的。"过了三天，哥哥回家去了，也假装上山拾柴，来到大树下乘凉，假装唉声叹气，后来果然看见飞来一只大鸟，大鸟照样问……第二天，哥哥做好一个袋子来了，鸟带他飞到太阳升起的地方去，看见许多闪亮的宝贝，他就取出口袋来装。过了好长时间，大鸟说："快点了，太阳出来了。"但他还不停地装，太阳升起来了，大鸟等不了他，就飞走了。结果他就被太阳烧死了。①

在这个故事中，面对财富，兄弟二人有着截然不同的态度。弟弟适可而止，而哥哥贪得无厌，结果失去了生命，这个故事的寓意非常明确，就是不要对财富过分贪婪。还有一则故事更为曲折，讲述了一个家族的兴衰。一个家族的女儿在三亚鹿回头放羊时偶遇一匹神奇的白马，在白马的帮助下，这个家族在鹿回头一棵酸梅树下挖出了"九车半"的银子，从此过上了富足的生活。这个家族不但盖起豪宅，雇用了许多仆人，甚至还在家中开设赌场，买穷人家的女儿做妾，对外发放高利贷，盘剥穷人，为富不仁，作恶多端。一天，家庭中的小儿子带着"九车半"银子里最大的那块"银王"闲游时，看到有鸡吃他们家打谷场上的米，随手就将"银王"扔过去赶鸡，"银王"落地后便消失不见了。晚上，白马再次出现。第二天一早，这个家族所有的银子都消失了，从此家道中落。这则故事严厉批判了这个家族对财富的不合理运用，将伊斯兰教的经济伦理具体化为通俗的儿童故事。这些故事在三亚回族内口耳相传，为三亚回族从小形成伊斯兰教经济伦理意识发挥了重要作用。

---

① 郑贻青：《回辉话研究》，上海远东出版社，1997，第229~230页。

第二，在三亚回族传统的生产方式中也存在许多适合商业活动的结构性因素。比如，传统的生计模式近海捕捞业就为三亚回族积累了充分的集体协作经验，在生产实践中也锻炼了三亚回族的组织管理能力。绵延十多公里的三亚湾海滩平坦而无障碍物，过去人口稀少，鱼群数量庞大，因此三亚回族不需要出海远洋，但需要组织劳动力捕捞。长期以来，三亚回族都使用"拉地网捕鱼"或"大拉网捕鱼"的作业方式。这不仅要求作业人员具有专业技术和丰富经验，还必须有组织管理能力，因为整个捕鱼过程涉及一个劳动团队的分工和协作，对捕获的鱼的处理涉及对市场网络的经营。在三亚回族社区周边的村庄中，一般有长期与回族合作的代理人，当回族要捕鱼时，会提前通知代理人，由代理人负责招募劳动力，而代理人自己通常不参加劳动。在与回族进行分成后，代理会在现场将获得的现金和部分海产品分配给参加劳动者。对于收获的海产品，三亚回族也有自己的销售渠道。生产组织者一般有自己固定的收购商，比如进行海产养殖的业主需要大量海鱼作为饲料，会提前与生产组织者约定好价格和收货时间。还有一些餐厅，也与生产组织者有约定，可以在收货的第一时间挑选最好的海产品，根据质量核定单价，定期结账。还有一部分收获由生产组织者自己掌握，通常会在第一时间运往市场销售，顾客都已经在市场守候，商品很快就会抢购一空。

现在三亚回族绝大部分已经不再从事渔业生产，七个渔业生产队各有一条作业船，已经承包给个人，承包者也就成了生产队队长。每次作业，队长一般担任海上作业船的指挥者，同时找三亚回族担任船上的助手和岸上拖拽小组的负责人，而负责出力拖拽网具的都是其他社区的汉族和黎族。

目前，三亚回族的近海渔业面临尴尬的现实问题。首先，收获越来越少，能捕捞到的大多是只有巴掌大的小鱼，而且质量不佳，只能提供给部分商家用于饲料加工。其次，三亚湾目前已经成为旅游景区，各酒店的专属浴场将渔场分割得支离破碎，各种旅游设施和网具经常会相互影响。一些"环保人士"也对三亚回族"原始"的生产方式颇有微词。即便如此，三亚回族仍坚持保留着这样的生计方式。在大规模的集体劳作外，三亚湾上经常可以看到三亚回族用小型拖网捕鱼。一般由两个人合作，骑摩托车到海滩，将网张开。小网的原理与大网一样，两边是侧网，用于赶鱼，中间有小网袋，只是网眼更小一些。工作时两人都脱去衣物，只留泳裤，各执网的一端下海，游泳到距离海岸50米处停下，然后向左右分开，呈斜线游回海滩，两人此时相距约100米，此后开始拖网，同时逐渐靠近。两人合作不需要呼喊口号，付出的力气也不是很大，20 分钟到半小时后，网大部分被拉到岸上，两人开始会合，网袋也渐渐收紧，两人跳入海水中将网袋快速拖到岸上。这样一次打渔一般可以收获二三十斤小鱼，这些小鱼多是口感不佳、刺多难吃的品种，并没有太多经济价值，但是也有一些好吃的品种，如果数量稍多，打渔人就会卖给附近烧烤摊的老板，但一般情况下是自己和家人享用。小网打渔的时间往往在下午，此时三亚湾的游客还很多，往往会被打渔人吸引驻足观看。打渔人也早已习惯了和游客打交道，有的会谈笑风生地与游客聊上两句，有的则很淡定地做自己的事。实际上，小网打渔人的心情与游客是一样的，仅仅是通过这个活动娱乐自己，"没事干，玩玩嘛"。对于三亚回族大多数人而言，曾经的谋生手段如今成了娱乐项目，他们只能在娱乐中回味曾经的打渔生活。

第三，如果说渔业生产锻炼了三亚回族作为"生意人"的能力，那么三亚回族内部的经济合作网络则使三亚回族具备了成为生意人的条件。

在三亚回族内部，存在以年龄划分的"伙伴集团"。伙伴集团没有明确的组织规则，纯粹是按照个人友谊建立起的感情同盟，其成员小时候就是玩伴，因年龄相近又多有同学这层关系。有时伙伴集团成员之间的亲密度甚至超过家人。随着伙伴集团成员年龄、阅历的增长，成员之间的关系不但不会淡化，还会通过一般社会经验而更密切，他们认为"外人"无论如何也不如与自己从小玩到大的伙伴"够朋友"。伙伴集团的成员可能会从事不同的行业，但会在具体的事情上相互协作。如果大家都在"做生意"，那么必然会互相交换市场信息。伙伴集团中往往有一个突出的个体，会带动所有成员活动。当遇到资金流转的问题，而自己的家庭无力支持时，伙伴集团成员之间的借贷就成为解决资金问题的首要手段，而直接的经济联系加强了伙伴集团的团结。

以伙伴集团为代表的三亚回族内部的经济互助，使三亚回族能够在短时间内募集足够的资金参与市场活动，这在瞬息万变的市场活动中至关重要。当然，绝大多数伙伴集团在珍视自己的名誉和感情的同时，也能够"亲兄弟，明算账"，借贷时有担保、要写凭据，一切"都按规矩来"，有时也会在借贷中收取一定的利息，但与从其他途径融资相比要小得多。不仅如此，三亚回族伙伴集团成员能够达成对市场非常理性的共识，能够集体抵御不良的商业现象。

三亚回族婚礼礼金的流动，已经形成了封闭的循环机制。就三亚回族每一个人而言，以获得资助为开端，受助者就负担起还礼的责任和义务，在今后相当长一段时间内必须参加资助者（基本上就是每一个三亚回族）为自己或家人组织的婚宴，并赠予（实际上是返还）礼金，到完成还礼义务时，自己的子女也基本上到了成婚的年龄，于是新一轮的赠予与返还开始。在这周而复始的循环中，外人是很难介入的。三亚婚礼可以邀请社区外的客人，而客人也会赠予礼金，但这种性质的礼金不在三亚回族礼金流动的范围内，只是获得礼金的个人与社区外客人有互动关系。外地的穆斯林会被邀请参加宴会，但往往不会赠礼，三亚回族也不会要求赠礼，三亚本地皈依伊斯兰教的居民只有以通婚的形式成为受资助者，才可以获得资助他人的资格，进入三亚婚礼礼金流动机制。三亚婚礼礼金流动的封闭性，使外人很难理解如此大数额的礼金的赠予现象，也使三亚回族在三亚本地有了"都是有钱人"的印象。甚至有传言说，一些回族富裕家庭的婚礼一次可以筹措"几千万元"，显然太过失真了。

三亚回族婚礼礼金流动的功能是显而易见的，那就是为新组建的家庭提供充裕的发展基金。三亚回族的很多年轻人不用经历多年辛苦工作而直接有了足够的现金，可以直接参与市场活动，按照自己的特长和兴趣进行创业。活动能力强的年轻人会联合起来组建公司，或对有潜力的商业、金融项目进行投资；能力稍有欠缺的，也可以购买汽车等大型设备直接参与运输或其他行业。以三亚回族已经积累的商业网络资源而言，三亚回族年轻人是不愁没有投资机会的。三亚回族婚礼这样快速筹集资金的功能，也成为三亚回族一种融资的手段，一些比较年轻的三亚回族会以给自己的亲属主办婚礼的名义为自己筹措资金，当然，向他人还款的责任也落在自己身上，参加婚礼的资助者也很清楚这一点，在自己主办婚礼时会邀请哪些主办者而不是新人参加赠予礼金的宴会。三亚回族婚礼礼金流动也给了三亚回族以巨大的经济压力。每一个成年的三亚回族每月至少要付出几千元礼金，这已经超过了三亚城市职工的平均工资。对这样的压力，很多三亚回族颇有微词，但是又不得不遵守基本的礼节和义务。实际上，这也在客观上刺激着三亚回族不断开拓市场、寻求新的资金来源。三亚回族婚礼的礼金流动既为三亚回族提供了"生意人"的本钱，也是三亚回族作为"生意人"的重要动力。也正是这个原因，很多三亚回族既迫切希望举办婚礼，以获得自己需要的现金，又要避免婚礼在时间上的冲突，于是形成了在清真寺公示结婚时间的习惯，一般会提前几个月决定婚礼宴席的时间，后来者会根据已有的婚礼安排决定自己主办婚礼宴会的时间。

第四，三亚回族能够成为成功的生意人，还得力于中国庞大的穆斯林经贸网络。由于拥有共同的宗教信仰和经济伦理，三亚回族与其他地区穆斯林的经济合作非常顺畅和自然。近年来，由于三亚旅游业和房地产业发展势头良好，更多的内地穆斯林来到三亚寻求发展机会。拥有雄厚资本实力的穆斯林商人主要围绕三亚回族社区进行投资，抬高了整个三亚社区的土地价格。通常，以内地穆斯林出资金，三亚回族出地皮的形式进行房地产开发活动，三亚回族社区的基本面貌大为改观。一些缺乏资本的内地穆斯林涌入回族社区，承担了许多三亚本地回族不愿涉及的服务行业，使三亚回族社区的经济结构更加多元化，也扩大了三亚回族社区内的消费市场，为三亚回族提供了更多就业机会，同时使出租房屋的本地回族获利。此外，三亚回族也能够开眼看世界，及时汲取先进的经验。比如很多前往西亚留学的三亚回族不但学习了语言和宗教知识，也获得了关于大马士革、迪拜等旅游业发达地区的发展经验，并将这些经验移植到三亚，取得了巨大的成功。

第五，三亚回族在长期的经济实践中形成了成熟的心态。三亚回族普遍具有对市场行情变化敏锐的判断力。现在三亚30岁到40岁的男性，大部分有转行的经历。只要有利可图，哪怕利润微薄，三亚回族也会去尝试。比如，20世纪90年代，摩托车开始流行，但回族社区及其周围地区加油站奇缺，于是一些人去市区购买大桶成品油，运回回族社区后用小瓶分装零售，赚取差价，利润虽少但积少成多。现在一些经济实力强的回族商人，其投资方向日趋多元，目光长远，不怕短期内的亏损，也有承担风险的心理准备。

综上所述，三亚回族社区内部的文化传统、制度结构等因素都趋于发展商业。中国社会的市场化为三亚回族施展其商业才能提供了足够的空间，而三亚得天独厚的旅游资源更是为三亚回族助力不少，最终成就了三亚回族在商业方面的成功。没有市场化，三亚回族社区内部的商业特长不可能发挥，但没有回族的内发型特点，即使有市场社会的条件，三亚回族也不一定会成为"生意人"。这一点在三亚回族社区与周边社区的比较中就可以看得出来，目前三亚市没有哪个社区或群体能够像三亚回族一样在整体上以商业作为自己主要的生计方式。

三 并非主动的抉择："非正规经济"的正规化

概括地说，三亚回族自从告别了自然经济走入市场，大多成了"生意人"。但是，具体说明三亚回族从事何种生意却有些困难。一方面，三亚回族涉及的商业领域极广，转行也在朝夕之间；另一方面，三亚回族大多数经济行为没有纳入政府市场管理的体制。三亚回族既不像农民那样依赖土地或自然资源，靠天吃饭，也不像城镇职工那样有单位和固定职业，能够享受并依赖各种社会福利，更不像农民工那样背井离乡以劳动换取工资薪金，而是成为个体户，通过在市场内查漏补缺寻找生存乃至致富的机会。

政府管理机构并不会在理论上对"非正规经济"加以界定，而是以"规范市场秩序"的名义运用行政力量将"非正规经济"正规化，或至少可以将"非正规经济"纳入国家视野。地方政府从行政管理的角度，很早就开始注意三亚社会围绕旅游市场存在的诸多"非正规经济"因素。经过不断地整顿，目前的三亚从市容市貌、配套服务设施建设到行政管理效率、景区服务水平，都有令人耳目一新之感。在这样的背景下，三亚市政府规范市场的行政行为必然会影响三亚回族以往相对自由的、不受限制的"非正规经济"活动。

三亚回族最先受到政府关注的是近海渔业生产。近海渔业虽然不能用"非正规经济"定义，但是很多人认为其有碍三亚旅游景区的"观瞻"。20世纪末，随着三亚湾整体被开发建设，整个三亚湾沿线成为三亚市最重要的景区，而三亚湾恰是三亚回族自古以来的生产基地。尽管三亚回族大部分已经不再从事渔业生产，但是三亚回族各渔业生产队仍然有对三亚湾海滩的集体使用权。无论是从尊重历史的角度出发，还是从现实的法律依据考虑，都没有任何理由强制回族停止近海渔业生产活动。可是，面对三亚湾沿线酒店对回族捕鱼造成损失的投诉，以及捕鱼业相对低下的经济产出效益，三亚市政府希望能够有所改变，于是制定了鼓励三亚回族进行远洋捕捞的政策，如提供贷款和技术支持，并将发展回族远洋捕捞业明确写入《凤凰镇十一五发展规划》，力图到2011年使回族拥有百吨以上钢制渔船10艘，并组成远洋捕捞船队。确实也有三亚回族响应了政府的号召，获得了贷款，购置了远洋捕捞船。可是，远洋捕捞是一门技术性极强的专门行业，三亚回族以外行进入，毫无经验和技术，从船长到普通水手都只能雇佣。尝试远洋捕捞的结果是普遍亏损，一些购置渔船的三亚回族又不得不将渔船转让出去。

三亚市近年来不断加强对旅游市场的监管，不定期针对游客投诉集中的现象进行专门整治，其中对旅游产品市场的治理使三亚回族改变了沿袭多年的流动经营方式。虽然政府的专项整治活动改变了三亚回族旅游产品的经营方式，但也经历了曲折的过程。政府从一开始就提出了"变流动经商为固定摊位，变无证经营为有证经营，建立正常商业秩序，严厉打击强买强卖行为的整治措施，从而达到既解决当地居民就业，又增加景区收入和扩大三亚旅游品牌的'多赢'"的目标。政府与群众基本达成共识，三亚回族经营旅游产品的方式由自由流动向固定摊位转变。转变的过程自然不会一帆风顺，很多人习惯于自由活动，对整日坐等客人的经营方式不以为然，实际的销售收入也有所下滑。

但是，旅游市场秩序的好转为三亚带来了更多的游客，三亚回族的旅游纪念品零售商也获益于治理整顿。目前，天涯海角、亚龙湾景区都设有专门的旅游纪念品市场，秩序井然；大东海、三亚湾景区偶尔可以看到流动商贩，但在汹涌的游客潮中几乎可以忽略不计，也没有强卖纠缠的现象。

目前，三亚回族普遍接受了政府对旅游产品经营方式正规化的要求。过去三亚回族自发形成的流动经营活动，并非为牟取暴利故意破坏市场秩序，也绝非故意与人为恶，只是在实际与游客互动的过程中引发了个体冲突，其中，与同行之间的商业竞争也促使一些人急功近利，使三亚的旅游环境不尽如人意。三亚旅游市场的"乱象"，在中国其他很多著名旅游景区同样存在，对此，政府以强力的行政手段介入是绝对有必要的。目前三亚回族的旅游产品零售人员能够理解和接受政府的治理，不会刻意违反有关规定，即使还存在流动销售的现象，也会对自己的行为加以克制，在有限的时间和范围内活动。不仅如此，在治理市场的直接刺激下，很多三亚回族实现了经营模式的升级，积累了一定资本的个人或家庭放弃了零售的经销方式，开始作为批发商在三亚回族社区经营商铺。而一些有远见的三亚回族商人很早就开始将自己的事业规模化和正规化，如受到广泛报道的哈玉梅夫妇原本也是以流动销售起家，在积累了一定资本后在三亚市区和著名景点天涯海角的交通要道附近投资建立了自己的企业，现在已经发展成为占地7000多平方米，营业面积达3000多平方米的大型旅游文化项目，成为以加工、销售水晶制品和水晶工艺品为主的专业旅游购物定点单位。

除了高度重视对旅游市场的监管，三亚市还不断加强对涉及公共服务的行业的管理。其中，三亚市公共交通系统在最近几年升级，三亚回族则是其中的主要参与者。2003年以前，三亚市只有市区公交线路4条，其中就有一条由三亚市区出发，经三亚回族两居委会及现凤凰镇主要街区，直达天涯海角景区的线路为三亚回族专门经营，因为三亚回族社区处于交通枢纽，拥有地理优势，而且当时只有三亚回族有足够的资本购置汽车。在地方政府没有足够财力、外来投资也没有介入的情况下，三亚回族占得先机，三亚市政府也认可这一既定事实。实际上，三亚回族营运车辆为三亚本地居民和外地游客提供了不少便利，尤其是凤凰镇的居民已经完全习惯搭乘三亚回族的车辆出行。但是，三亚回族投资公交本身是自发的谋利行为，事前没有统一的专业培训，更在长期经营中缺乏服务意识，而且车辆老化严重，乘车条件极为恶劣。

2003年，三亚市政府做出决定，要求市内公交车必须是豪华型，车价在

20万元以上，有拉杆的双门，符合环保要求，达到欧 II 标准的柴油空调公交车。城郊和旅游专线的车辆，车身价必须在 10 万元以上。投放的车型要先报交通部门审查批准方可购买。各条线路的车身按每条线路喷涂统一的图案颜色。车辆购置严格按照先审批后投放的原则进行，做到一条线路一种车型。但是三亚回族普遍习惯没有管制的自由经营方式，没有积极予以响应。最终，三亚市交通局于 2004 年 7 月 2 日下文取消了三亚回族个体中巴车进入解放路全程的营运权利。由于解放路是三亚市的主干道，是三亚回族个体中巴车最重要的客源地和乘客最主要的目的地，三亚市交通局的决定如果执行无异于摧毁三亚回族个体中巴车整个行业，引发了三亚回族的极大反弹。三亚回族迅速组织起来前往三亚市政府请愿，强调自己的历史贡献和现实意义，最终得到了在解放路营运的权利，同时承诺加强服务意识、改善顾客乘车条件，并在回辉和回新分别成立了"三亚市伊辉汽车租赁有限公司"和"三亚市新辉汽车营运管理有限公司"以加强运营管理。但是，三亚回族公交车的运营情况与市民的要求还有相当大的距离。经过多次协商，三亚回族终于达成共识，接受交通管理部门的指导，接受政府的补贴，与专业的公交车公司合作，彻底更新运营车辆和管理方式。

从该协议来看，作为甲方的三亚回族出让了自己具体的经营和管理权利，从个人经营者变成了股东。协议内容完备，三亚回族股东的利益得到了最大限度的保障，更新车辆的款项由乙方负责，三亚回族还保留对车辆的所有权，只是在若干年内需要以经营利润抵偿车款，但也有每月 3000 元的稳定收入。日常管理和盈利的压力完全落在乙方，三亚回族作为股东有监督的权利。公允地说，乙方是在给三亚回族"打工"。在协议的签订过程中，三亚市的交通管理部门起了决定性的作用，首先充分尊重三亚回族在公交车行业的历史和现状，能够在对公交车进行改造的过程中充分保证三亚回族的权利，赢得了三亚回族的支持；其次三亚回族公交车的经营者也认识到自己的管理能力、技术水平都已经不能适应三亚市居民和游客的要求了，不再勉强维持现状，在自身权益得到保障的基础上接受了正规化的改造。2011 年春节期间，三亚回族公交车辆全部完成更新，崭新的豪华大巴取代了破旧的中巴车，各车辆行车次序统一安排，司乘人员服装统一、服务周到，收费执行统一标准，这一现象令三亚市居民惊喜不已。

尽管并非主动的抉择，但在市场生活中锻炼出来的经济理性促使三亚回族坦然接受了国家和市场的双重改造。长期作为"个体户"的三亚回族，依靠自己的努力在市场化的社会中建构起自己的经济网络。长期的商业活动使三亚回族形成了遵守市场规则的习惯和熙来攘往皆为利往的逻辑，会随着市场的变化而进行自我调整，比如21世纪前，三亚回族有很多人充当旅游中介，帮人订购机票酒店，但是随着近年来民航的发展和网络的普及，机票票面价格与实际价格一致，中介无法赚得机票实际折扣价格与售票价格之间的差价，而各大酒店纷纷建立起自己的营销网络，旅游中介的生存空间日渐缩小，这个行业也就自行消亡了。

同时，笔者不认为当下强调的"正规经济"和"规范市场"就能否定三亚回族在过去30年中的以"非正规"形式完成的经济积累。在20世纪90年代以前，三亚城市基础设施和第三产业都极度薄弱的时候，三亚回族敢于进入空白市场，在自己取得丰厚利润的同时，也为三亚市居民和外地游客提供了基本的服务。更为重要的是，三亚回族追逐商业利润，但绝非"不择手段"，除了宗教伦理的制约，三亚回族始终坚持"守法"的底线，一旦国家明令加以限制或相关法制趋于完善，三亚回族不会冒险追逐非法的利益，即使有个别人从事不法行为，也不会得到其他人的认可。三亚回族从根本上讲是依靠自己的劳动赢得了商业方面的成功。

三亚回族的经济历程，印证了黄宗智对非正规经济发展的展望：适当结合来自市场的动力和创新，以及来自国家的（对市场越轨行为的）监督、扶持和公平。后者并不意味拒绝民营的社会公正组织，只意味应由国家和民营部门合作，保证公共服务和社会福利的提供。为非正规经济采取社会公正措施，当然并不意味为公平而牺牲经济发展。正如众多学者早已指出，社会公平是社会—政治稳定性的一个关键因素，因此也是可持续发展的一个关键因素。三亚回族公交车行业和旅游商品零售行业的成功转型，实现了多方面的共赢，为中国非正规经济的走向提供了一份正面的经验。

四　结语

当市场化的社会发展趋向逐步消解着不同地区的"地方色彩"，三亚回族却能够在更为广泛的社会体系中寻找到自己群体的集体定位。如果说，在20世纪90年代以前，中国社会人口流动规模有限，市场分工体系尚不成熟，那么近20年来，随着中国社会经济体制的急剧转型，市场分工不断明确，而不是行政隶属关系结合在一起。在这一背景下，三亚回族渔业生产和蔬菜种植的集体经济在事实上瓦解后，三亚回族不得不直接参与重新形成的市场。不过，在经济伦理和经济互助网络等因素的作用下，三亚回族迅速找到了自己新的社会定位——生意人。起初，三亚回族除了局部的互助与合作外，在整体上以"个体户"的身份各自为战，但很快在市场竞争和各个行业中自觉地将个体整合起来，形成了"全民经商"的集体意识。

无论是在国家的改造中，还是在市场竞争的压力下，三亚回族都不是被动的存在。国家政策为三亚回族提供了运用少数民族身份制造社会情境的可能，市场经济规则促使三亚回族运用国家赋予自己的政治资源参与竞争。换句话说，三亚回族主动选择"国家政策"和"市场经济"等外来力量中对自我群体发展有益的因素，同时规避着不利于自己的因素。为了实现这一目的，三亚回族必须充分动员自己社会内部的社会文化资源。最终，三亚回族针对每一个具体的社会现象都有了自己的文化解释。三亚回族在当下中国社会中面临的任何机遇和挑战、产生的各种不解和无奈，都可以回到其文化根基和社会禀赋中寻求答案和获得支持。正是生活实践与市场经济的一来一往、互进互退，使三亚回族的生意人集体意识得以在不同的社会情境中万变不离其宗，形成了自身的内发型发展策略。

疍家物质文明与海洋文化：
一个文化生态的视角[*]

潘英海^{**}

　　摘　要： 本文利用海南省的"三亚疍家文化陈列馆"所陈列的部分文物探讨疍家人与海洋生态之间的关系。文章将文物的重点放在疍家人赖以为生的船与绳缆上，并以文化生态的理论说明三亚疍家人与周遭族群以及所生存的环境之间的关系，而时间的段落则放在 1949 年前的旧社会。限于篇幅，本文主要围绕疍家人在生产与生活方面如何运用海上与岸上资源进行描述。其一，疍家人充分运用海洋的资源；其二，疍家人的主要生产资料来自陆地，如制作绳缆的植物与制造船只的树木；其三，疍家人为了取得制作绳缆的植物与制造船只的树木，必须与生活在海边及山上的黎族（其次是苗族）产生互动，并进行以物易物的交换经济；其四，在疍家与黎族的交换经济体系中，疍家人掌握渔产与盐，黎族掌握植物。笔者认为疍家的迁徙式的渔捞生产模式与定居于岸上的渔民不一样，其所代表的海洋文化与渔民所代表的海洋文化意义也不一样。海洋研究一直是以"大陆"（陆地）的观点来看，未来应加强以海洋为主位的观点之研究。此外，海洋文化不能独立于大陆文化之外，海洋民族与大陆民族的关系的研究也需要受到重视。目前有关海洋文化的研究大多放在海洋资源开发、海洋科技、海洋产业，关于以海洋为生的人群与社会文化之研究需要受到重视。

　　关键词： 疍家人；物质文明；海洋文化；文化生态

＊　本文原载《天涯华文》2015 年第 4 期。

＊＊　潘英海（1954~2017），美国俄勒冈州立大学人类学博士，曾任"中研院"民族学研究所副所长、台湾暨南国际大学人类学研究所所长。

前言：缘起与问题

物质文明（文物）是人类文明发展进程的重要见证，可弥补文字记录的不足。透过一类人在发展进程中所遗留下来的物质文明，我们不但可以了解该类人的生活史，更可以丰富人类生存智慧的宝库。用人类学者格尔兹（C. Geertz）的话语来说，每个文化都"扩展了人类的对话"（enlarge human discourse）的可能性。① 这个"对话"不只是记录，而是一种人类自身的深层理解反思。本文所要探讨的三亚疍家物质文明就是这样的一个案例。

本文所指的疍家物质文明来自三亚市南海社区的三亚疍家文化陈列馆所陈列的文物。不过限于篇幅，本文只利用文物中的在"1949 年前"的"船与缆绳"，探讨疍家物质文明中所呈现的海洋文化，重点放在疍家人与海洋生态之间的关系上。三亚疍家文化陈列馆从筹备到开馆（不包括土地征用与陈列馆的硬体建设），历时三年有余。这期间历经种种困难，终于在 2015 年 9 月 28 日正式开馆。

2015 年 6 月 24 日，笔者在区缵老师的邀约下，拜访了三亚疍家文化陈列馆。负责陈列馆筹备工作的居委会郑书记特别来到陈列馆为我们讲解。听着他的解说，笔者感受到他对保存疍家文化的热情，也感受到他多年来筹备陈列馆的艰辛与孤独。当时，笔者很受感动。但他做的事情，笔者却帮不上忙。他说如果笔者愿意，可以帮帮他"文字"上的忙。依笔者当时的理解，就是帮忙整理相关文物的图录工作。笔者因有相关的经验，所以欣然同意。

接下来的近三个月，本着人类学"当事人的观点"（from native point of view），笔者与郑书记多次沟通讨论，最后依据郑书记提供的章节结构与文字资料，以他为编著者，于 9 月 20 日完成了一本 434 页的《疍家岁月》。该书配合 9 月 28 日开馆日作为向疍家先人与疍家文化的献礼。

对笔者而言，这原本只是一个"服务性"的义务工作，没想到，笔者在短短不到三个月的历程中，了解、领悟了很多的疍家文化，也对海洋的文化生态有了新的了解。

关于"文化生态"的视角

我们都知道文物不仅反映了一个族群的物质文明，更重要的是，我们也可

① C. Geertz, *Interpretation of Cultures*, New York：Basic Books, 1973.

以从文物所反映的物质文明中探索一个族群与生存环境之间的关系，从人类学的观点来说，就是文化生态。因此，笔者在本文中以三亚疍家文化陈列馆的文物为研究客体，以人类学的文化生态为研究视角，探讨三亚疍家人与其所赖以生存的海洋生态之间的关系。

生态学作为一门学科起源于 19 世纪 80 年代，当时用 oekologie 这个单词描述有机体与环境之间的关系。文化生态肇始于斯图尔德（J. H. Steward）于 1955 年出版的《文化变迁理论》。[①] 格尔兹运用系统生态理论（systems ecology）理解人类经济活动。[②] 贝特森（G. Bateson）又从生态的角度探讨人类心智的发展及其与自然之间的关系。[③] 总的来说，在人类学的学科历史中，人类学者针对生态的研究可分为两类：生态人类学与人类生态学。

生态人类学（ecological anthropology）被视为人类学的一个次领域，探讨在各个时间空间之中人群塑造环境的方式，人与自然环境（文化与自然）的关系以及这些关系构成的人群的社会、经济和政治生活的方式。生态人类学是一种将体系研究取向运用于文化和环境之间相互关系的研究。当代生态人类学的研究核心为"对于从个人与环境共生的概念出发所进行的了解"，以及自然与文化之间的相互关系。

人类生态学是一门跨领域研究，其主题为人类与自然环境、社会环境，及建成环境之间的关系。人类生态学探讨人类之体质、社会、文化、意理等和自然环境以及人为环境的关系，其下又分为人类生物生态学和文化生态学，前者研究人类的生物现象和自然环境或社会文化环境的关系；后者研究人类的社会文化现象和自然环境或社会文化环境的关系，两者研究的重点极为不同。然而，现在的学科分野越来越模糊，无论是生态人类学还是人类生态学，都无法忽视生态体系中的"文化"因素，因此笔者以"文化生态"统称之。简单来说，文化生态的理论视人类与其生存所依赖的环境为一个"系统"（system），其重点放在系统中不同人群在不同的时间/空间的架构下是如何互动的，以及人群如何对周遭环境利用与开发上。

陈列馆中的文物除了生产方面与生活方面的器具与用具之外，也有许多相

---

① J. H. Steward，*Theory of Culture Change*，Urbana，USA：University of Illinois Press，1955.

② C. Geertz，*Agricultural Involution：The Process of Ecological Change in Indonesia*，Berkerly：University of California Press，1963.

③ G. Bateson，*Steps to an Ecology of Mind：Collected Essays in Anthropology*，*Psychiatry*，*Evolution and Epistemology*，New York：Ballantine Books，1972；G. Bateson，*Mind and Nature：A Necessary Unity*，New York：E. P. Dutton，1979.

片。限于篇幅，笔者只探究旧社会时期（1949 年前）的生产工具：船与缆绳。

三亚疍家人

根据大多数 70 岁左右的地方老年人的口述可知，三亚疍家人的祖先来自珠江三角洲一带，后来到了广东阳江、广西北海一带，之后来到海南省昌江的海尾一带生活。后来，疍家人的祖先又来到三亚市西边崖城一带的保安、大疍港生活。在清朝末年的时候，他们的先人已经处于三亚湾一带。

目前在崖城一带已经找不到疍家人的踪迹，疍家人主要分布在三亚市南边与东边的海湾，包括三亚湾、红沙湾、亚龙湾、后海湾/皇后湾、藤桥湾一带，有两万人左右。

精确地说，目前三亚市的疍家人有两万人左右，主要分布在三亚河河口的北边海（水居巷与南海巷）及南边海、红沙湾、亚龙湾与海棠湾的藤海社区及藤桥河口，其中北边海面临拆迁但尚未完成，亚龙湾因部队的入驻与观光酒店的开发，疍家人聚居地都已被拆迁。依据《疍家岁月》提供的资料，目前三亚市的疍家人简述如下。①

　　1. 海棠区藤桥渔业大队，位于藤桥河口处，329 人 78 户，主要从事近海渔业捕捞、海水网箱养殖、海上餐厅。

　　2. 海棠区藤海社区居委会，位于蜈支洲岛旅游区码头旁，2870 人 576 户，主要从事海洋捕捞、海水网箱养殖、海上餐厅。

　　3. 吉阳区红沙社区居委会，位于红沙码头，1260 人 257 户，主要从事运输、摆渡、海水网箱养殖、海上餐厅。

　　4. 天涯区南海社区居委会，位于南边海渔村路，1375 人 275 户，主要从事海洋捕捞、海水网箱养殖、冰厂、冷冻厂。

　　5. 天涯区榆港社区居委会，位于建港路，3120 人 638 户，主要从事海洋捕捞、海水网箱养殖、船排、造船厂。

　　6. 航运总公司第一、二分公司，位于建港路水居巷，3360 人 675 户，主要从事运输、近海渔业捕捞、摆渡、渔货贸易。

　　7. 崖州区大疍港，保平港原没有迁往三亚港的少数疍家人，早已被同化，现在人口不详。

①　参见郑石喜编著《疍家岁月》，线装书局，2015。

旧社会时期三亚的文化生态

想象一下清末民初的崖州，即琼南（现在的三亚市），汉族人聚集在县城（现在的崖城），疍家人居住在船上、三亚各处的海湾与岸边，黎族人居住在高度不高的丘陵（育才镇）或山边（槟榔河），还有部分黎人居住在海边（例如鹿回头等）。位于三亚市西北的育才镇（现已为崖城区的一部分）入山的地方还有几个苗族的村落，与黎族村落相间并存。

根据几位受访的疍家耆老与妇女所说，旧社会时，汉族人不让他们的祖先上岸，有着"六不"的禁令（不准上岸、不准读书、不准通婚……）。他们的先人没有现金货币，都是用以物易物的方式与生活在岸上的黎族人交换生活所需的，常见物品有蔬菜、水果、衣服、植物、造船用的树木等。有时，疍家人经过黎族人的允许，自己上山采集所需要的树木，也曾经与三亚西北山里的苗族人交易，主要是为了进山区寻找做船的木材，但疍家人很少与回族人往来。疍家人与黎族人往来频繁，感情和睦，黎族人是疍家人以物易物的主要伙伴，疍家人也从黎族人那儿取得不少生活用品。耆老们听以前的老人家说，他们用来腌鱼剩下的一碗盐水，有时可以换到黎族人的一头猪。

在访谈的过程中，笔者得知疍家人会制盐，1985年南边海的相片显示当时靠海边的地方有着一大片的盐田（见图1）。现在这片盐田已成为南边海路的一部分。

盐在旧社会是海边人与山上人之间交易的重要物品。这点和台湾居住在高山的少数民族与居住在平地的汉族人也有雷同。在17、18世纪汉族人刚到台湾南部平原拓垦时，也是用盐和居住在平地的当地民族交换物品。为了取得以物易物的优势，当时的汉族人把制盐的技术当作秘密，不肯教给居住于平地的本地人。后来平埔族人学得制盐的技术，也同样以盐和居住在高山的本地人交换物品。有一个流传极广的故事这样说：高山的本地人为了取得海盐，扛了一只山猪下山与平地人（汉族人或汉化的平埔族人）交换盐。但是，平地人只肯以一碗盐交换一头山猪，高山族觉得不公平，但又无奈。无计可施之下，高山族决定悄悄地跟在平地人的后面偷看制盐的方法。之后，他们觉得学习到了，就从山上挑了两个大木桶，从海边挑了海水，回山上晒盐，结果水蒸发了，但没有得到盐，几次尝试都失败了，最后只好乖乖地用一头山猪换了一碗盐。

疍家的耆老与妇女告诉笔者，以物易物的双方都是以自己有的物品，交换

图1　1985 年的南边海，岸边地区即盐田

自己所需的物资。疍家人通常是以渔获和盐与黎族人交换地瓜、番薯、制绳的植物以及造船的木料。这种以物易物的交换经济一直维持到 20 世纪 80 年代才逐渐消失。根据笔者在疍家社区的观察与访问。20 世纪 80 年代的后半期正是三亚疍家开始步入小康甚至富裕的年代。这些变化在此不表，以后再说。

　　陈列馆中有不少文物反映出黎族文化对疍家人的影响，例如石臼与臼棒、捕鱼的鱼篓等。以物易物的交换模式也大量体现在疍家人与汉族人的互动中，特别是服饰与语言。海南疍家人所说的是"白话"，即粤语，服饰也与汉族人无异。

　　简单地说，陈列馆的文物显示，疍家人与黎族人、汉族人频繁互动并相互影响，与苗族人的互动较少，与回族人的互动则无。文物的呈现与口述访谈的结果相当一致。在这里笔者可以下个结论：疍家人虽然以海为生，但也必须依赖陆地上的资源生活，特别是制作缆绳的植物与制造船只的木材。

旧社会时期疍家人的生产工具：船与缆绳/网具

　　在陈列馆中的诸多文物中，笔者觉得最值得注意的就是船只的模型与缆绳。陈列馆中展示了 17 艘各类船只的模型，不论是最早的平头船还是现代的钢铁船，都代表了三亚疍家人在漫长岁月中赖以为生的主要物质文明。此外，陈列馆中还展示了各种缆绳与网具，也展示了制作缆绳的植物、工具与方法。

1. 船

船不但是疍家人的生产工具，也决定了疍家人的生产模式。旧社会时期，渔船不仅是疍家人的生产工具，也是疍家人的家，疍家人以此为依托，四海漂泊，捕鱼为生。随着时光的推移、生活方式的改变，过去曾经依托的"家"已经产生很大的变化：从无帆到有帆，又从有帆到无帆，从木质到钢质，再到现在的机械仪器，渔船发生了翻天覆地的变化。

旧社会时期的船是以摇橹、划桨为主的小型渔船，如轿仔艇、排仔艇、地网艇、运盐艇等。有帆时代的船是以风力为动能的风帆渔船，如扛罾艇、钓鱼艇、拖风船、翘尾船等。后来，机械取代风帆，全机动的渔船出现了，配上卫星导航，大大地改变了疍家人的生活。

疍家人的渔船发展史，从功能上区分，可成两大类：渔业船舶与货运船舶。渔业船舶可分为三类：风帆类、机帆类以及全机动船舶。风帆类船舶又因作业方式的不同分为深水作业的船舶［如拖风船（包括围网与灯光）、曲尾船］与岸边作业的船舶［如扛罾艇、排仔艇、鱼贩艇（含水艇）、舢板仔（含交通艇）］。机帆类船舶是机动与风帆两用的船舶，例如机帆拖风船（包括围网、灯光）。还有一类船舶是全机动船舶，例如木机船和钢壳机船（包括供油船和鱼贩船）。第二大类的船舶是货运船舶，也可分三类：摇橹类的船舶，例如送渡艇、驳运艇；风帆类的船舶，例如沿海货运的排仔艇；以及机动类的船舶，例如沿海和外港机动船、钢壳机动船、渡客船等。

疍家人最早使用的是被称为桥仔船的平头船，是一种便于内河作业及靠岸的船，适合在水流平静的三亚港内河区域放置渔网渔笼，单人持双桨操作即可，但通常靠双桨推动。疍家人通常在内河的水域放置罾网或放渔笼作业，全家人生活在船上（见图2、图3）。

图 2　平头船模型　　　图 3　20 世纪 30 年代三亚湾的平头船

旧社会时期，疍家人从内河捕鱼转向港外捕鱼时发展出另一种渔船——排仔艇（又称为"棚仔艇"）。为了便于消浪，疍家人在平头船的基础上，把平头改成尖头，单橹单桨推动，主要作业方式是抛网、放网仔、放钓纲、放生钓（没有倒钩鱼钓）（见图4）。

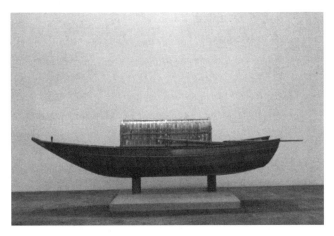

图 4　排仔艇（棚仔艇）模型

旧社会时期，疍家人除了在海上作业之外，还研究出一种人在岸上拉的生产工具，叫作"拉地网"，相应地也研究出地网艇，用于装载网具和施放网具；船的两头都是尖的，利于消减海浪的冲击力量，摇橹推动（见图 5~图 8）。

图 5　地网艇模型

图 6　20 世纪 60 年代三亚湾的地网艇

图 7　拉地网之一　　　　　　　　　　　图 8　拉地网之二

蜑家人很早就懂得利用风力，因此也有结合"帆"的船只。翘尾船、拖风船就是利用风力推动，于春冬季节两船组合拖网作业，夏秋季节则以单船作为母船，蜑家人带着十几艘小舢板到外海 60 米左右的深海域，放钓纲（延伸钓）作业。1949 年前蜑家人使用的最大的拖风船，载重可达 30 吨，这种作业方式一直到 20 世纪 60 年代才消失（见图 9、图 10）。

图 9　拖风船模型　　　　　　　　　图 10　20 世纪 60 年代的拖风船

另外，还有一种更先进的利用风帆的船，即扛罾艇。扛罾艇是四艇组合生产，用四角罾网张置在礁盘、浅海海域，等鱼群进入网内起网捕获。扛罾艇可用风帆做动力或摇橹推动，一直到 20 世纪 70 年代才消失（见图 11）。

扛罾艇有上、下两层，上层分为头蓬、大蓬、向蓬、尾蓬，下层分为头柜（放盐、木材）、栅仓（放鱼、木材）、桅头柜（放水、桶、食物）、鱼柜（盐鱼）、大柜（放网）、大仓（一边放神台，一边放食物或衣服）、坐仓（一边放米，一边煮饭）、尾排（一边可以煮饭，一边可以当作厕所使用）。另外，蜑

图 11　扛罾艇模型

家人还会在船舱留有祭拜祖先的空间（大仓）。疍家人在船上拜祖先的器具包括：烛台、插香支的碗、放置供品的盘子（见图 12）。

图 12　疍家人在船上祭拜祖先的香火器具

2. 缆绳与网具

疍家人以海为生，缆绳是最基本的生产工具。陈列馆展示的有关旧社会时期的缆绳包括棕绳、曲麻藤缆、黄麻缆、丝麻缆、鸡藤缆、大藤缆等。旧社会时期的疍家人为了捕鱼要开麻、结麻，自己制作缆绳。疍家人用的缆绳包括曲麻藤缆、野菠萝根缆、竹丝缆、白麻缆等（见图 13）。

20世纪50年代以前采用野菠萝根及其纤维条制作的一种缆绳，渔船普通使用，使用期一年左右，20世纪60年代淘汰。

野菠萝根缆

20世纪60年代以前采用白麻树皮纤维制作的一种缆绳，常用于生产作业时，使用期2-3年，20世纪80年代初停止使用。

白麻缆

旧社会疍家人渔船常用的一种缆绳，采用山上曲麻藤，用槌硬杀其藤，撕开取出藤皮、藤心纤维，分别制作不同用途的缆绳。藤皮制作的缆绳常用于生产作业时用，藤心纤维制作的缆绳平时用系船、锚船用，藤皮缆比藤心纤维缆耐用一定时间，藤皮缆使用期两年左右，20世纪60年代中期停止使用。

曲麻藤缆

20世纪60年代以前采用竹丝制作的一种缆绳，专用于拖风船使用的拖缆。使用期两年左右，用了不能作拖缆，可盘成缆墩整船保养，脑干亦可烧火，20世纪60年代中期停止使用。

竹丝缆

鸡藤缆

20世纪60年代以前采用山上鸡藤编织而成的一种缆绳，专用于拉地网作业。拉地网作业时会发出叽叽的响声，有驱赶鱼不往外走的作用，60年代中期停止使用。

鸡藤

椰子衣缆

20世纪70年代以前采用椰子衣纤维制作的一种缆绳，渔船平常使用，70年代停止使用。

椰子衣

红麻缆

20世纪70年代以前采用红麻树皮纤维制作的一种缆绳，渔船用途较广，使用期约两年，70年代中期停止使用。

红麻树

图 13　疍家人用来制作缆绳的植物

在旧社会时期，三亚疍家人都得亲自制作捕鱼用的绳缆与网具。他们要上山采制作绳缆的各类"麻"，例如：曲麻藤、野菠萝根、竹丝、白麻、红麻等。制作绳缆的工序，简单地说，包括"开麻"与"结麻"。通过开麻与结麻，完成麻丝的制作，再利用工具将麻丝制作成更粗的绳缆与网具（见图14）。

图 14　开麻、结麻工序后制作出来的麻丝与麻丝球

下列为三亚疍家人曾经使用的各类缆绳、网具及材料。

图 15　竹丝缆

竹丝缆是 20 世纪 60 年代以前疍家人采用竹丝制作的一种缆绳，专用于拖风船，使用期为两年左右，旧了不能做拖缆，可盘成缆墩垫船保养，晒干亦可烧火，20 世纪 60 年代中期停止使用（见图15）。

图 16　鸡藤缆

鸡藤缆是 20 世纪 60 年代以前疍家人利用山上鸡藤编织成的一种缆绳，专用于拉地网作业，拉地网作业时会发出"叽叽"的响声，有拦住鱼不往外跑的作用，20 世纪 60 年代中期停止使用（见图16）。

图 17　野菠萝根缆

野菠萝根缆是 20 世纪 50 年代以前疍家人采用野菠萝根及其纤维条制作的一种缆绳，渔船普遍使用，使用期为一年左右，20 世纪 60 年代淘汰（见图17）。

图 18　曲麻藤缆

曲麻藤缆是旧社会疍家人渔船上常用的一种缆绳，采用山上曲麻藤制成。疍家人用锤砸松其藤，撕开取出藤皮、藤心纤维，分别制作不同用途的缆绳。用藤皮制作的缆绳常用于生产作业时，用藤心纤维制作的缆绳平时系船、锚船用，藤皮缆比藤心纤维缆耐用时间长一半，藤皮缆使用期为两年左右，20世纪60年代中期停止使用（见图18）。

图 19　红麻缆

红麻缆是20世纪70年代以前疍家人采用山坡红麻树皮纤维制作的一种缆绳，拉力比曲麻藤缆好一些，20世纪70年代中期停止使用（见图19）。

图 20　椰子衣缆

椰子衣缆是20世纪70年代以前疍家人采用椰子衣纤维制作的一种缆绳，渔船平常使用，20世纪70年代停止使用（见图20）。

图 21　白麻缆

白麻缆是20世纪60年代以前疍家人采用白麻树皮纤维制作的一种缆绳，常用于生产作业，使用期为两到三年，20世纪80年代初停止使用（见图21）。

图 22　黄麻

黄麻是疍家人为了增加拉力用来掺和在白麻里的材料（见图 22）。

图 23　马鲛网

马鲛网是 20 世纪 60 年代以前疍家人用麻线编织专抓马鲛鱼的网具，每年抓马鲛鱼的时期（农历九月至十二月）都要用鸭蛋拌桐油染一次，20 世纪 60 年代末淘汰（见图 23）。

图 24　拖网

拖网是旧时疍家人用麻线编织的风帆拖网，20 世纪 60 年代中期淘汰（见图 24）。

图 25　扛罾网

扛罾网（四角罾）是疍家人用麻线编织的一种网具，每年生产时间为农历一月至七月，利用四船组合生产，20 世纪 60 年代末期淘汰（见图 25）。

图 26　地网

地网（地引网）是疍家人的一种古老网具，20 世纪 60 年代中期淘汰（见图 26）。

图 27　罾网

罾网是疍家人捕鱼用的最古老的网具，用竹竿做支架的方形渔网，在内河浅水区使用，20 世纪 50 年代淘汰（见图 27）。

图 28　麻线抛网

麻线抛网是 1950 年之前疍家人使用的比较传统的捕鱼网具，可单人或双人作业。单人作业指在岸边瞭望鱼群抛捕；双人作业指一人摇舢板，一人抛网作业（见图 28）。

图 29　棉线抛网

棉线抛网是 1950 年之前疍家人使用的比较传统的捕鱼网具，可单人或双人作业。单人作业指在岸边瞭望鱼群抛捕；双人作业指一人摇舢板，一人抛网作业（见图 29）。

网仔是 1960 年之前流刺网的一种渔网形式，比流刺网小，是一种靠渔船跟着流水方向进行捕捞作业的渔网（见图 30）。

图 30　网仔

用缆绳制作的船垫，是疍家人 20 世纪 70 年代以前避免渔船碰撞的工具（见图 31）。

图 31　利用缆绳
制作的船垫

3. 制作缆绳的植物、工具与方法

三亚疍家文化陈列馆还展示了相当完整的疍家人捕捞的过程，例如制作网线的工序（如开麻、结麻），还有制作网线的工具线胡、雷公车、狗仔等。通过这些工艺，我们了解了疍家祖先的智慧、疍家人的文化以及疍家人与海洋生态的密切关系。疍家人是海上生活的艺术者，懂得利用海洋生物材料制作各种日常生活用具、生产辅助工具、工艺品、装饰品。虽然工具简单，制作的工艺相对简朴，但是都在疍家人漫长的海上生涯中物尽其用。图 32~图 43 为疍家人制作网具时使用的工具。

线胡是 20 世纪 40 年代以前疍家人制作网线的工具。

图 32　线胡

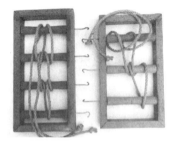

图 33　雷公车

雷公车是 20 世纪 50 年代以前疍家人制作网线的工具。

图 34　狗仔

狗仔是 20 世纪 60 年代以前疍家人用于编织线或绳的工具。

图 35　浮子

浮子是旧社会时期疍家人网仔用的工具（网仔是网具的一种）。

图 36　棋

棋是旧社会时期疍家人用于织网的工具。

图 37 梭

梭是旧社会时期疍家人用于织网的工具。

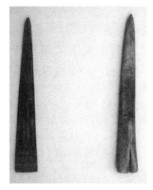

图 38 缆钎

缆钎是旧社会时期疍家人利用旗鱼嘴骨做成的缆钎，用来编织网具。

图 39 尾牛

尾牛是旧社会时期疍家人用于制作缆绳的工具之一，20 世纪 60 年代末淘汰。

图 40 佯兔

佯兔是旧社会时期疍家人用于制作缆绳的工具之一，20 世纪 60 年代末淘汰。

图 41　绞仔

绞仔是旧社会时期疍家人用于制作缆绳的工具之一，20 世纪 60 年代末淘汰。

图 42　竹筒浮

竹筒浮是旧社会时期疍家人用于扛罾网作业的浮子，20 世纪 60 年代末淘汰。

图 43　葫芦浮

葫芦浮是 20 世纪 60 年代以前疍家人用于扛罾网作业的浮子，20 世纪 60 年代末淘汰。

结　语

　　疍家人的网具随着渔船的转型而不断改革变化。无帆时代使用摇橹、划桨的小型渔船，如轿仔艇、排仔艇、地网艇、运盐艇等。有帆时代则利用风力为动能的风帆渔船，如扛罾艇、钓鱼艇、拖风船、翘尾船等。从最早小型渔船使用的罾网、抛网、网仔，到帆船时代使用的四角罾网、白鱼罟网、挡流罟网、地网、拖网、马鲛网、流刺网等。

20世纪60年代从广东汕头引进煤气灯诱鱼作业，发展出四船组合作业的罾灯光网。20世纪70年代淘汰煤气灯，开始发电诱鱼作业，发展灯光围网，20世纪90年代发展小型罩网作业，船吨位为20吨至50吨级。

从2000年起，疍家人发展中、大型罩网作业，船的吨位从60吨级提升至100吨级。目前最大的罩网渔船吨位为600吨级，随着机械渔船发展壮大，网具面幅更大，包括灯光围网（长800米，深200米）、拖网（网口高60~80米，网口宽200~250米）、大围网（长1000米，深250米）、深脚流刺网（长10000米，深15米）、罩网（直径120米）。然而，随着时代的变迁与科技的进步，以上很多网具已经淘汰，目前广泛使用的网具还有灯光围网、拖网、罩网、马鲛网、流刺网。

从前面的文字叙述与相关的图示，笔者得出四项结论。

其一，疍家人生产的主要工具来自陆地，如：制作绳缆的植物与制造船只的树木。

其二，疍家人为了取得制作绳缆的植物与制造船只的树木必须与生活在海边及山上的黎族人（苗族人其次）产生互动，并进行以物易物的交换经济。笔者通过访谈得知，在旧社会时期，生产工具的原料主要来自黎族人，并没有发现疍家人与回族人的交换。疍家人与黎族人交换的物资主要是海产物与盐。换言之，在疍家人与黎族人的交换经济体系中，疍家人掌握海产物与盐，黎族人掌握可制作绳缆的植物与可制造船只的树木。

其三，从疍家人在船、缆绳、网具方面的制作技术来说，疍家人具有与海洋文化息息相关的生产技术与知识，加上本文限于篇幅未能提及的生活器物与信仰、捕鱼的知识等，疍家人毫无疑问具有一套完整的海洋知识体系，这还需要进一步的探究。

其四，在文化生态的概念下，本文所指的疍家人是被放在一个生态体系的架构下来看的，其中包括了在此生态体系的人群与环境之间的互动与循环。此生态体系的人，除了疍家人之外，还包括黎族人、苗族人、汉族人；环境除了海洋生态之外，也包含了陆地生态（生活在同一生态圈的回族与疍家之间似乎没有互动，值得未来探讨之）。综上所述，笔者认为疍家人是个不折不扣的"海洋民族"。

就此而论，疍家人的生产模式与所谓渔民的生产模式应该有所不同，其社会与文化的形态也应该有所不同。目前学术界常视疍家人研究为渔民研究的一部分，而渔民社会的研究又被视为农业社会研究的一部分，并认为渔民社会的研究有助于我们对农业社会的研究，这些都是值得我们反省的。

此外，在文化生态的概念下，本文视疍家人为一个独立自主体。本文从疍家人主位的视角，尝试解读疍家物质文明所透露出来的有关海洋文化生态的信息。从三亚疍家人的明清文献与在地的口传历史中，我们可以发现疍家人的生计模式处于不断迁徙的状态。在历史文献中与过去的学术研究中，我们常会认为历代的政治、社会、经济等因素造成疍家"不得不"背井离乡。笔者认为疍家人的生计模式是一种"游捞"的生产模式，这与生活在山区或丘陵地区的"游耕"、生活在草原生态的"游牧"，有着异曲同工之处。

换言之，这种"移动"或"迁徙"的生计模式，在人类文明进化的历史中，遇到农业社会的生计模式就会受到一定的阻碍。但在定居式的农业所不能到达的地方，"移动"或"迁徙"的生计模式却仍然得以维系。到了现代，以工业生产为主的生计模式更加重要，"移动"或"迁徙"的生计模式则受到更大的冲击。这些应该都值得未来研究的重视。

最后，笔者要指出目前学术界对海洋文化的研究大多数以陆地的角度看海洋文明，以海洋文化、海洋民族为主位的视野，有待提升。同时，当代有关海洋文化的研究重视海洋科技、海洋资源、海洋产业等方面之研究，忽略岛屿社会与海洋文化之研究，也是学术界要面对的现实。

做海

——海南疍家的海上实践与文化认识[*]

刘　莉^{**}

摘　要： 海南岛新村港的疍家人将自己从事的海上生计称为"做海"。做海的意义不仅仅是单纯谋生，它为疍家人提供了智慧、道德与社会和精神发展的机会，造就了独特的族群景观。疍家人的海上实践一方面限定了其生产生活，另一方面借此在群体中树立了自己的地位和身份。

关键词： 海南疍家；做海；生计模式

华南疍民是特殊的水上族群，在不同时期有蜑、蜒、蛋、水上居民、疍民等称谓。① 传统疍民的水居特征使其有别于沿海其他渔业群体。现今，华南大部分地区，如广东、广西、福建等地的疍民在上岸的进程中多元化发展，生产生活早已发生根本改变。② 海南岛是疍民活动的主要区域，他们被称作"疍家人"。早期聚集于沿海港湾的疍家人以近海捕捞、渡客、运输为生，20 世纪 60 年代始，海南新村疍家人逐步上岸定居，但是居舟船、靠海生活的传统并没有改变。

一　做海人的海上生计

海南岛东南部的新村港，位于陵水黎族自治县东南部新村镇。新村镇依港湾而建，港湾因镇而得名。新村港湾是一个为潮汐所控制的、近封闭的潟湖

---

* 本文原载《广西民族大学学报》（哲学社会科学版）2016 年第 5 期。

** 刘莉，中山大学社会学与人类学学院副教授。

① 詹坚固：《试论蜑名变迁与蜑民族属》，《民族研究》2012 年第 1 期。

② 邱运胜：《都市边缘区渔业疍民的生计、信仰与日常生活——广州渔民新村的个案研究》，《文化学刊》2015 年第 12 期。

湾，早在清咸丰元年（1851）前，就已经有渔民从事捕鱼和采石蟹生产。[①] 新村镇所在的海南岛南部水质清澈，历史上曾出产高品质的海盐，即新村盐。时至今日，附近海边村庄还保留着过去的名称，如盐尽、盐灶、灶仔等，可以想见当年沿海村庄家家煮盐晒盐的兴盛景象。渔业和盐业的发展，使新村港成为海南岛东南部重要的渔盐商埠。20 世纪 50 年代，新村港专设办事处管理港湾渔船和运输业务，并修复扩建码头，这加快了新村港的经济发展速度。随着渔船商船的增加，特别是港湾在 20 世纪 80 年代成为海南岛重要的海水养殖基地，新村镇成为整个陵水地区最富裕的乡镇，新村港也对琼南经济的发展做出很大贡献。

另一个世代种植水稻、杧果和香蕉的农业村庄是南湾村，这个喧闹的港湾的活动主体是疍家人。疍家人自有记载起就在江海浮生，随波逐流。明清以来由广东、福建、广西等沿海地区漂移至海南岛的疍家，随季节气候移动，逐渐聚集于气候适宜、民风良好的新村港。"琼居海中，沿海州县皆滨海港口，处处可进舟湾泊、在在可登岸取水"[②]，以舟楫为家捕鱼为生的疍家人，渐渐聚集于陵水新村港的决定性原因在于港湾的自然地理条件：新村港湾东西长 5.5公里，南北长 4.5 公里，水域开阔，因湾内没有大河注入，仅西面、北面有两条小溪流入，港湾水深稳定、无泥沙淤积。港湾南部有南湾半岛为天然屏障，湾内 5~10 米的水深占一半，良好的水深条件使港内三处泊地可以泊停不同吨位的船只。湾口，即入海口，朝向西南，宽约 250 米，出湾口即可赴南中国海的大小渔场作业。得天独厚的自然条件无疑是海上疍家人最理想的聚集地：易于泊船避风修整、易于出海作业、海边集市方便补给淡水和盐及买卖渔获。良好的水质条件更使新村港成为海南岛最早发展海水养殖业的海港。1987 年联合国曾组织九国农业专家到新村港考察，通过提取港湾情况、水流、水质、水温、盐度、浮游生物等多项指标数据，认定新村港是世界一流的海水养殖基地。[③] 如今，这里是海南疍家人的主要聚居地，由此也可见疍家对于海洋海域的认知和对栖息地选择的丰富经验。

2013 年的统计数据显示，新村港的疍家人有 1700 多户 8200 多人，少部分疍家人随船只在不同港口移居，又有部分疍家人出于历史原因至今没有户口，

---

① 中国海湾志编纂委员会：《中国海湾志》（第十一分册海南省海湾），海洋出版社，1999，第 111 页。

② 潘廷侯、瞿云魁纂修《康熙陵水县志 乾隆陵水县志》，海南出版社，2004，第 238 页。

③ 陵水黎族自治县新村镇委镇政府：《新村镇志》，海南省新闻出版局内部出版物，1993，第 16 页。

所以估算新村疍家人的实际人口数过万。

他们自称"做海的"。"做海"最初等同于出海捕鱼，在历史时期捕鱼是疍家人的主要生计。随着疍家人逐步上岸，依托海域的生计逐渐多元化，"做海"所包含的内容也随之增加。在新村港，疍家以捕鱼养鱼为主，兼做其他，围绕海洋附生出了多种生计方式，比如养鱼养虾、孵化鱼苗、做渔获中间商、收购买卖观赏鱼等。因为疍家人"抓鱼的"这个符号与生俱来，新村疍家人在外人眼中都被称为"做海的"。的确，新村疍家人的生计完全依赖海洋，无论男女老幼，时至今日，"做"和"海"依然是疍家人的全部生活和最真实的写照。

（一）海洋捕捞

疍家人和渔船是新村港发起的开端，《乾隆陵水县志》记载："桐栖港，在城南三十里。外通大洋，港内有渔船二十余，朝出暮归。"[①] 桐栖港，即今天的新村港，20 世纪 50 年代，新村有风帆船 135 只，1964 年新村镇有了两艘机帆船，到了 20 世纪 80 年代，机船增加到 76 艘，至 1992 年新村有机船 505 艘，至此疍家祖辈维系生计与生活的古老帆船全部淘汰。[②]

风帆船时代，新村疍家人的传统作业形式是拖网和围网。拖网借助风力拖引，疍家人又将风帆船作业称为"拖风"。风帆船拖力不足，一般只能在浅海区作业。20 世纪 60 年代以后，机帆船占据主导地位，"机拖"逐渐取代"拖风"。但是因为设备依然相对落后，机帆船马力小、动力不足，新村疍家的船只也依然在浅海区域作业。

现今，拖网也已经被灯光捕鱼所取代，新村港湾内大小船只上一排排明亮的千瓦大灯泡，昭示着灯光捕鱼已经是如今疍家人的主要捕捞方式。在漫长的历史时期，疍家男女老少蜗居小船，所谓的"连家船"因其维系一家男女老少之性命而得名，也是疍家人唯一的栖息地，他们一般会在海港以家族为单位群集停靠，相互照应。出海捕鱼也在近海范围内，船只一般晚上出海清早归港。与海南岛其他港口，如清澜、潭门等港口船只相比，新村疍家人的船只含有家与生产工具的双重意义，如今疍家人的家船吨位一般较小，满足近海捕鱼即可。随着捕鱼工具（船只和渔具）的改善，新村疍家人出海的范围逐渐扩

---

① 潘廷侯、瞿云魁纂修《康熙陵水县志 乾隆陵水县志》，海南出版社，2004，第 238 页。

② 陵水黎族自治县新村镇委镇政府：《新村镇志》，海南省新闻出版局内部出版物，1993，第 16 页。

大，大吨位船只可以远到西沙，但是大部分新村港的疍家人依然选择在近海捕鱼，也即 5~20 海里的近海范围内捕捞。

大部分疍家人船只围绕新村港湾活动，以下为部分船只作业情况登记：

> 该船舶作业方式：灯围。作业范围：新村港 3 海里内。此船一般下午出海，早上回港，在新村港附近钓鱿鱼。
>
> 该船舶作业方式：灯围。作业范围：此船在下午 2 点左右出海，次日早上回港卖鱼。常在新村港至万宁沿海一带作业，无固定销售商。
>
> 本港东线沿海一带，距海南线 20 海里左右。
>
> 该船舶在渔季期下午 5 时左右出海，距港口 5 海里左右进行作业，以夜晚灯围方式捕捞，次日上午 8 时左右回港，主要卖给各港口的锚头。①

也有船只在其他海港沿海一带作业，例如：

> 该船作业方式为灯光围网，长期在万宁、潭门沿海一带作业，生产灯光鱼。有固定的中间商。
>
> 该船长期在潭门作业，下午 5 时出海，距港口 5 海里，以灯光围网进行捕捞作业，次日上午 7 时回港。将渔获销售给各地锚头。

捕捞是相对灵活的方式，捕鱼的成本主要是渔船和人力。过去疍家人的船上只有家庭成员，捕鱼拣鱼的工作全靠人力，所以全家男女老少齐上阵。四五岁的小孩子就懂得分拣鱼、游绳，也有小孩子到亲戚船上帮工，没有工钱，只管吃饭，年底可得一身衣裳。20 世纪 90 年代初期，疍家人有条件者会造较大的船只，实际上也就中等吨位的船只，往往需要 10~20 人作业，"少一个人，船开不起来"，疍家人开始对外雇工，除了亲戚还有陆上农村人。亲戚与外人都以其所肩负工种付工资，以确保依据劳动能力和任务公平分配。更多的疍家船只成为家庭生产单位。新村港内有不少小型玻璃钢船，只需一个家庭的成员就可以生产，这种船上往往是一家三口，或者夫妻二人出海作业，被称为"夫妻船"。规模较小的疍家船只通常下午三四点出港，作业一晚上，第二天清早即回港。如果有渔获，归程即按种类等级分拣好，到港直奔新码头，卖给各路

---

① 资料来源：新村边防海上派出所每日进出港口疍家船只作业情况登记，2013 年 6 月。

鱼商。

（二）海水养殖

在 20 世纪 80 年代，改革开放的潮流给新村港带来新的发展契机，疍家人在传统的捕鱼业之外依托海洋的生计方式逐渐多元化。1984 年，香港的新源兴水产公司在新村港进行石斑鱼养殖实验，效果良好，所养石斑鱼被誉为"东南亚之冠"，起初他们雇佣疍家人为养殖工人。凡此类与海洋和鱼类相关的生计，疍家人都能很快接受。因为有根植于血脉的做海天性、生于斯长于斯的海上经验，疍家人很快学会了网箱养殖技术。到 20 世纪 90 年代初期，就有 180 户疍家人在港湾养殖鱼类，有 7 户养殖珍珠。相对于捕鱼，养殖的辛苦程度较轻，获利丰厚，疍家人发现了捕鱼之外的好营生。在新村港湾的水面上浮屋和渔排逐渐成片，七八百户人家居住海上，从业人员有 2000 多人，港湾俨然成为一个错落有致的水上村庄。最早一批发展养殖业的疍家人由此发家致富。20世纪 90 年代至 2000 年，疍家人的海水养殖技术逐渐成熟、经验日益丰富，此阶段为新村海养业的黄金时期，彼时港湾渔排尚少，水质清澈，鱼的价格高、销量好，他们养殖的鱼类远销国内外，新村港也成为海南省重要的石斑鱼出口基地。

疍家人借助水产养殖提高产量的同时，将剩的鱼料、鱼药等残留在海域，造成了海水污染。新村疍家人都记得十几年前，海水尚且清澈，海底沙石青涩，母亲做饭的时候，孩子从船上跃入海中，潜到海底摸螺。在港湾潜水、捉鱼、摸螺是疍家男女老少闲暇时有趣又实惠的娱乐活动，如今已经无人在此下海，偶尔可见孩童划着浮物撒小网，老人划小木舟钓鱼或者在渔排一角下笼。曾经引以为傲、获利丰厚的养殖业也让养殖户惴惴不安。海域使用管理不善，渔排成倍增加，有限的水域面积渐渐不堪附着，水质污染越来越严重，时常闹水瘟（赤潮），住在浮屋的人们，常常半夜起来，打着手电筒查看网中鱼是否缺氧，一有发现即用制氧机往水中打氧。在新村港调查期间，笔者常常听到某家一晚上死了多少条鱼，损失十几万元或几十万元。海水养殖风险增大，加之海南岛秋冬多有台风过境，养殖户常常受到损失，小型养殖户在遭遇风险后往往一蹶不振。十多年前，疍家女林某全家都住在港湾海面的渔排浮屋，和大多数疍家人一样，他们围绕浮屋建有十几个网箱，她的父母和弟弟都以养鱼为生，2003 年一场台风后，浮屋和渔排被打烂打沉，鱼都跑进大海。因为全家常年生活在海上，所有家当都在渔排上，台风将全部家当打进海中，损失惨重，连她母亲的金戒指也掉进大海。他们只得逃命回到岸上老屋居住，所带的仅身上一身衣服，靠亲戚接济衣物、钱财度过困难期。因为没有多余资金重新修建渔排，亦无力再次购买鱼苗投放，只好贱卖受损的渔排，全家从此上岸。父亲生病后，林某和母亲在码头帮人卖鱼，弟弟也打零工，生活一落千丈。养鱼成本高，每天仅鱼料就是大笔投入。除了大养殖户遭遇风险有足够资本追加可东山再起，小养殖户遭重创很难再翻身，因为他们往往已把所有财力都投入养殖。"养鱼，投 15 万（元）亏了，再投，只要有钱放，鱼价上来，就赚回来。就怕一下亏了，再没钱跟上。"①

二　生计教育：做海人的感觉

为生计而不得不从事的劳动，最后所富含的意义往往超出满足于衣食的初衷。经过世代经营，依附于海洋劳作的疍家人，掌握了水上生存的本领和技能。相比于山区狩猎者和依附有限土地耕作的人，做海的疍家人和渔民有更高的经济效益，虽然海上谋生的风险也非其他职业可比。随着时间的推移，做海就不只是一种谋生手段了，而是成为疍家人证明自身能力、获得认可的途径。从辛苦劳作和冒险中，做海人得到群体内外的认同。

做海是一项不确定的生计方式，尤其是出海捕鱼。而程式化的劳动，比如务农，或者朝九晚五的生活方式，是一种逐渐陷入机械化的活动，在一个较长时间段里，保持相对稳定的状态，人们行为和思想不可避免地跟随惯性陷入迟钝。出海抓鱼是一种类似赌博的活动，渔船出海前要做好一切准备：首先要保证人手足够，此外检修机器、检查渔具网具、精心准备饵料、加燃油和淡水，女主人还要准备全船人员的生活用品、食物，以及烟、槟榔等。过去疍家人出海前要买盐，防止鱼虾变质，有了制冰技术后，船只出海前要到码头买冰，将其用碎冰机变成碎冰块装入船舱。准备工作的重要性绝不次于在海上作业。在码头空地上，疍家男女一针一线认真补网，一个网结错误，就会影响下网的角度，遇见鱼群也可能包不到鱼。上了年纪的疍家老人，在老屋前熟练有序地给流刺网绑上吊钩，这时候的画面是沉静缓和的。相对于准备工作的烦琐和细致有序，船只一旦出港，就进入了极具挑战性的海上环境，探鱼、捕捞，每一个航次的核心过程都是与自然、海水风浪以及鱼群的博弈，是对做海人的应变能力、创造力的考验。出海充满不确定因素和突发事件，这中间又包含了所有可

---

① 访谈时间：2013 年 8 月 19 日；访谈地点：新村镇渔排养殖户家。

预见和不可预见的细小环节。因此出海抓鱼的整个过程实际上包含一系列理性的思考和决策。做海人的头脑要随时判断，身体也要做出反应，精神和身体得到双重锻炼，因此也具有与从事其他行业者截然不同的精神气质。

在新村港，当一艘渔船捕到大的鱼群，或者价值高的鱼时，船只还未回港，消息已经传来。比如，新村港的一艘渔船曾经一网捕获万斤鲳鱼，价值20万元，还有大船曾一次捕获价值60万元的鲳鱼。这样的消息无疑给做海人注入了"兴奋剂"，之后会有更加具体的内容被谈论。船主的荣耀不只是财富的获得，还有对其技术的肯定和做海本领的表彰，是一船人、一个家族好运相随的象征。满载而归是对一个做海的疍家人的最高褒奖，这不光关系到其技术水平，更关乎家族传承、道德荣誉、神灵相助、祖先保佑等。做海人通过海上劳动寻求（或需要寻求）满足感和特定意义，劳动本身也引发他们外在的、以群体为基础的满足感，从而给予自我支持和价值。[①] 疍家人在做海中的价值和信心得到最充分的体现和满足，在这个行色匆匆的群体中，做海的技艺和最终的收获最具说服力。具有卓越捕鱼技术的老船长，他们所经历的故事，往往会传诵很多年。

疍家老人黎某住在离码头不远的街角，因为得了脚麻的病症，他每天清早花两块钱搭风采车在街上吃早餐，之后到海边码头喝茶聊天，偶尔和几位年龄相仿的老人在街边茶店打牌。但是，这并不是他自己认可的老年生活，从他谈话的表情和口气可以看出他对自己人生的不满和不甘。"我如果现在60岁，还可以搞一条船。"这是他经常挂在嘴边的话。码头的年轻人说："我们这里的老人都不服老，还想和年轻人比一比技术。"[②]

和大部分上了年纪的疍家老人一样，黎某生在船上。他出生于1933年，"祖上是从广东中山县唐家湾用小船来海南的"，到他的孙子辈已经有九代，整个家族在海南岛约有600人，分散在三亚、赤岭、新村几个沿海的港口，都以做海为生。新村是黎氏家族主要的聚居地。

> 我祖上是从广东中山县唐家湾用小船来海南的，那时在现在三亚藤桥港，在内港捕鱼过活。原来有一只小船叫排仔。五岁，（我）和父母在藤桥港送人（摆渡）过活。六岁，我和父亲在铁炉港下面的亚龙湾捕鱼、

---

① 〔英〕保罗·威利斯：《学做工：工人阶级的子弟为何继承父业》，秘舒、凌旻华译，译林出版社，2013，第133页。
② 访谈时间：2013年7月11日；访谈地点：新村镇黎某家。

捞贝。九岁那年，小船被台风打了，父亲从铁炉港背我到陵水新村港找我堂叔父，堂哥每人帮钱买一只旧小帆船，九月至下年三月放滚捕鱼过活，四月至八月到文昌清澜港七洲（列）岛做四角网。我十三岁跟父亲学开船，航海捕鱼，是主力了。①

黎某正式跟父亲学开船是 13 岁，其实在那之前他已经对航海捕鱼谙熟于心，疍家的孩子，生在船上长在船上，耳闻目睹，几岁时就是劳力了，帮助大人拣鱼、拉网、游绳。父亲一放手，黎某就是家里的主力了。小帆船随季风往来于各港口捕鱼，他断断续续读了几年书，合起来总共 11 个月，当船只开到一个港口时，就在当地读几天，然后又开船出海劳动，转到别的港口。

靠这只小帆船，他们在海湾炸鱼，炸了鱼要跳到海里拣鱼，小孩子常常负责此任务，黎某学会了潜水，一口气能潜十几米。当他只有五六岁时，就会自己想办法在港湾抓鱼，自己制造小网，"人家都很吃惊，这么小的孩子可以抓那么多鱼。怎么就这么会（聪明、巧、有某方面的本领）呢？"。有了稍微大一点的船后，在船上搭个棚，就是休息和避风雨的地方。在 20 世纪 60 年代以前，海南疍家人依然以舟楫为家，岸上没有房屋居住，除了卖鱼买东西，他们很少上岸。

潘某出生于 1965 年，十多岁就当了船长，负责掌舵。结婚后，他和老婆有了一只小型玻璃钢船，夏天灯光诱鱼，冬天抓鱼苗。

抓鱼的人有一种感觉，天生的。有的感觉是天生的，有些是学来的。海上看方向……是天生的，很大风，看风怎么吹，浪怎么打，有点感觉。海上看太阳，太阳看不准，怎么到岸？哪里是海，哪里是岸？海上离岸 180 海里，太阳就不准，出去七八海里，三桶半油开回来。剩一桶油时，看到山头，剩大半桶，看到山影，有时走歪了，看到分界岛、双帆山，就能找回来。看油表，要是油没了还看不到山就麻烦了。冬天天冷，海上有雾，像山影，分不清是山影还是雾，要知道开回（需要）多少时间大致到什么地方。抓鱼苗，一百多海里，（到）越南三亚分界的地方，飞船开过去。冬天雌鱼产卵，外面大海的洋流太急，鱼苗靠边跑到冷水和暖水交汇的地方，流水不急。等长大了，再跑回大海，鱼苗一天天长大很快，一

---

① 访谈时间：2012 年 9 月 4 日；访谈地点：新村镇黎某家。

天小米大，五天指尖大。一年抓鱼苗，十几万（元），油贵，除去开支剩四五万（元），过了抓鱼苗的季节，养鱼养虾，买鱼料两万（元）、三万（元）下去，剩下的（钱用来）生活，以前也卖冰，送人装客也搞了两年。[①]

蛋家人潘某性格活泼，在他看来海上抓鱼虽然冒险但也有很多不为人知的乐趣，那些海上航行的遭遇，都是他们生活的一部分。每年抓鱼苗的时候，他都盼望和兄弟们一起出海。在航道上碰见别国渔民是常有的事情，有时候也会互相换东西，例如酒、香烟等，他的讲述刺激又有趣。

吴某已经 70 多岁，虽然已经上岸居住，但他每天还是要下海，到渔排上看一看。他也出生在海上，在海上漂泊了一辈子，60 多岁才上岸。

小时候和父母在船上，八九岁上岸读书，住海边茅屋。父亲有两个大渔船，后来又造了一个 30 吨的船，搞运输，不抓鱼，专搞运输。（我家）开始是个体，1956 年参加合作社、水运公司，水运公司有十三艘船，（也就是）十三户人家。开船，运木材、盐、椰子、海南特产，到广东的广州、阳江、电白、湛江，广西北海、起水（音）、乌石（音）等地。从那边运大米、白酒、糖、油、日常用品、钢筋水泥回来。天气好的时候十天一趟，天气不好的时候一个月一趟。什么港有货就从什么港装货，清澜、三亚……不固定。（在）三亚装盐、椰子，当时莺歌海盐厂是全国第二大盐厂。

全家都在船上，阿婆煮饭、干杂工、带小孩。原来没有收音机，三天到广州，开到半路，有风就避港。那时船上有指南针，从海南开去广州，有时风不顺，开到阳江，再从阳江开回广州。船上东西没了，不够了，就近靠港买东西，碰到有船靠近，也会帮忙。1982 年，从广州开船回来，是机船，开到七洲洋，八级风，浪大，全船人都怕，慢慢开，很小心。以前，没多少汽车，都靠船。1987 年、1988 年水运公司解散了，做渔排，做了 25 年。[②]

"影响个体未来的关键问题不是其工作的内在本质或技术属性，而是工作

---

① 访谈时间：2013 年 7 月 10 日；访谈地点：新村镇码头。
② 访谈时间：2012 年 11 月 13 日；访谈地点：新村镇梁某家中。

中的感觉。"①"抓鱼的感觉"包含着人本身的差异，但更多的是耳濡目染，是伴随成长的劳动实践，是实操过程中的经验积累。"人既是自身生存环境的开创者也是塑造者。环境是人类赖以生存的物质基础，同时也为人类提供了智慧、道德、社会和精神发展的机会。"② 做海人出生就参与海上活动，疍家的妇女用背袋背着婴儿在船上劳作、摇橹拉网是常见的图景。孩童随着年龄增长，开始从事力所能及之事，从捡鱼、游小绳、游大绳，到可以代替父亲掌舵，会看流水天气追逐鱼群，能在海上随机应变。这种能力来自每天涉及的事物。做海作为强调男性气概和强硬的文化，疍家人借此在群体中树立起自己的地位和身份——"这个社会领域使他们的部分自我变得非常活跃并具有成就感"③。

三　手里有鱼：我们只做自己会的

疍家人对于自身群体的认识，来自他们的生活和劳动实践。"绝大多数情况下，人们头脑中对世界的认知是从他们生活和熟悉的地方渐次向外扩展的。"④ 在上岸定居之前，新村疍家人的脚步与眼光都局限于舟船上。年纪稍长的人对自己过去的舟船生活都记忆犹新。此时的疍家人，对于陆地的认识极为有限。他们形容自己"上岸低头行"，这形象地描绘了当时的疍家人上岸时的形象：有事才会上岸，比如买生活用品时，船一靠岸便光脚上岸，低头跑步去办事，办完事情赶快回到船上，至今疍家人仍称走路为跑路。他们上岸就是匆匆赶路，陆地并非久留之地。"陆地是陆上人的。"这种完全陌生的环境，泾渭分明的自然区隔，使疍家人对于陆地自动疏离。所以 20 世纪 60 年代初期，政府鼓励新村疍家人上岸定居时费了一番周折，他们宁愿生活在熟悉的海上也不愿定居在陆地。在较长时间内，海边集市是疍家人唯一与其他人群有交集的地方。集市这样的公共空间，有其作为社会场域的重要性。在这样的场域内，熟人能够碰面聚会，不同人群也在此相遇。除了集会、消费、休闲，公共

---

① 〔英〕保罗·威利斯：《学做工：工人阶级子弟为何继承父业》，秘舒、凌旻华译，译林出版社，2013，第 133 页。
② 陵水黎族自治县新村镇委镇政府：《新村镇志》，海南省新闻出版局内部出版物，1993，第 16 页。
③ 〔英〕保罗·威利斯：《学做工：工人阶级子弟为何继承父业》，秘舒、凌旻华译，译林出版社，2013，第 133 页。
④ 〔英〕凯·弥尔顿：《环境决定论与文化理论》，袁同凯、周建新译，民族出版社，2007，第216 页。

空间的另一个重要作用是传递信息、寻找机会，机会中很重要的一项就是工作的机会。但是集市对于疍家人来说，主要为卖鱼和采购生活用品的场所，他们因为靠岸时间有限，往往匆忙办完事情就回到船上。可以说，过去的疍家人以一舟为家，不存在真正意义上的公共空间。有限的接触使疍家人对陆地生活、人群和事物都感到陌生，对另一个世界充满敬畏。对他们而言，相比大海的可掌控性，陆地更为复杂多面。地理空间的限制，让做海的疍家人只能内向生发而无法向外延伸，疍家人对于外界的认识和互动极为有限。跨越水陆边界的陆地，是完全陌生而不确定的，是不安全而使人焦虑的。

因此，做海对于疍家人也具有双重含义：一是可以凭借熟稔掌握的技术，支撑生计和家庭再生产；二是从自然之躯延伸至思维意识的规训，使疍家人即使从浮生江海到上岸居住，思维惯性依然影响其生产生活的大小决定。

就第一点来说，疍家人的生产和生活完全注重于现实，在长时期之内，疍家人的生活重心是捕鱼和造船。新村港出海方便，距离渔场近。早期近海鱼类繁多，聚集良港的疍家人不仅有捕鱼收益，20 世纪八九十年代，网箱养殖技术的引入，更是为疍家人的渔区生活带来重大影响。养鱼获利丰厚，虽然成本高，亦有其他养殖风险，但比起出海捕鱼的不确定性和危险，网箱养殖更加稳定，完全在疍家人的承受和控制范围内。捕鱼和养鱼，或者据家庭财力和劳力灵活平衡，侧重一方，兼做另一方，成为一部分疍家人的生计方式。与周边农村相比，远在养殖引入之前，渔区的生活就富庶，即便是困难时期，疍家人也有鱼吃，但对于山地的少数民族来说，鱼类是稀缺物，黎族、苗族常常肩挑番薯、米、草药等，赶一夜山路来海边换鱼，换到的多是被选拣后剩的杂鱼。但物以稀为贵，就连腌制鱼后的鱼露，对山居者来说都是稀有物。网箱养殖引入后，新村疍家人不再把生计全部依附在出海捕鱼上，这无疑使他们得到巨大解脱。在从事养殖业初期的十多年间，港湾水质尚好，养殖获利丰厚。无论捕鱼养鱼，疍家人依附大海，即可过上较周边农村和山区优越的生活。一些农村人也开始在疍家人的船上打工。因此，外部无引力，内部无推力，疍家人固守大海，他们的生计和家庭的再生产都依赖做海。

20 世纪 90 年代至 21 世纪初期，蓬勃发展的市场经济给开放的、流动性较强的港口带来了富裕的契机。2000 年后，新村疍家人的经济状况发生变化，主要原因在于近海无鱼可捕、港湾水质污染、养殖成本增高，风险更大，一些疍家家庭已经陷入经济困境。在海港污染的环境问题面前，渔排密集，海水污染日益严重。有些养殖亏损者放弃网箱养殖，靠小船出海，勉强度日。但是，真正离开大海上岸，放弃做海的疍家人屈指可数。

就新村的外部环境来看，近些年新村沿海卷入开发建设的宏大浪潮，从本省的风情小镇建设，到国家层面的国际旅游岛建设，再到各路开发商的"圈地运动"，新村镇沿海周边土地价格翻倍。有外来者买下新村地块，几年之后地价暴涨获取暴利。"如果疍家人要买地，早几年一家都能买一条街。"在20世纪90年代至2000年，最早享受到市场开放利益的疍家人中出现了一批有钱人。但是，他们没有买地建房的传统，也可以说他们宁愿在海上搏命，坐看生财机会给外来人占尽，多钱善贾不适用于疍家人。即使渔业资源减少，近海捕捞难以为继，海水养殖因环境污染和市场鱼价的波动而陷入困境，疍家人依然围绕"海"做文章，不为外在"机会"所动。实际上，在笔者的观察中，做海人不认为其他营生是属于他们的机会，做海人与外界之间好像有一条无形的界线，他们认为除了做海，其他的生财之道和他们没有多少关系，尤其是需要大笔投资的房产类。与世代传承的海上生计相比，上岸几十年只是短短一瞬，一位在新村工作二十多年的外地干部认为，疍家人的一个特点是赚到钱不会计划。他们的收入主要投入渔船渔具方面，很少考虑其他可以获益的投资机会。

当笔者问一位疍家老人为何新村疍家人就是做海，而很少涉及其他行业时，他一语道破天机："谁都想做自己会的。""会"，代表的是熟练操作，又可以应付在它范围内的一切可能性。对于新村疍家人来说，海洋更熟悉，更可掌控。被固化的海陆边界，因20世纪60年代以来的上岸定居工程而逐渐被打破，但是水陆人群只是在某一区域某些方面交织。就最基本的生计问题而言，海陆边界清晰而不被轻易跨越。"谁都想做自己会的"，代表新村疍家人的保守。一方面疍家人认为自己只会做海，他们不光是在生产的技术层面认为自己不懂，在思维上也认为自己除了抓鱼养鱼不会做别的，这在另一层面也反映了其经济理性，确实有人曾经投资其他产业最后血本无归。笔者在与著名养殖户冼某的简短交谈中，能很明显地感觉到，对于海洋情况了如指掌的疍家人来说，尽管在岸上摸爬滚打许多年，但是复杂的社会环境和并无规则可循的投资门道，让他们无所适从。需要深谙关系学的陆地营生，对于疍家人来说，实在是比日益艰难的做海生涯更为冒险和艰难，"还是手里有鱼才安心"。

自然边界限定了疍家人的生产生活空间，也决定了他们对自己未来生活的想象，很难超越海洋所负载的内容。

做海人将生计维系于大海，这并不单纯是出于经济利益的考量。做海已经不只是一种谋生手段，出海、归港、做福、祭海、休渔期的各种聚会，船长水手的每一航次的探险，岸上茶店的聚会，还有一些重要的时刻，比如造大船开往新的海域、每年正月十二声势浩大的祭拜妈祖与三江娘娘等，都为他们的生活带来了乐趣。这种外人认为躁动的生活和冒险，在做海人那里是一种别样秩序，他们从出生起就合着这节拍生活，做海人能在这节拍中找到自己的位置、依靠、认同和安全感。这正如安达曼群岛的安达曼人，其社会生活是社会本身、个人、动植物、自然世界以及精灵世界所具有的力量复杂地进行相互作用的过程，而社会及其成员的安定幸福来源于这些力量。[①]

四　结语

凭借地方性技艺运作的"做海"，作为疍家人的职业，内部蕴含的正是其"职业特性对生活穿透得有多深"的事实，在疍家人浮生海上的时空格局中考量，确实如此。"做海"作为"纯粹赖以谋生之行当"的职业的比例何其小，而作为"安居于其间的一个世界"的比例何其大。[②]

海上实践提供的是相对有限的生活。但是技能、地方性知识、创造性和想象力以及各种形式的智慧汇聚于疍家人的海上实践，造就了当地的族群景观。在新村港作为稀缺的海湾资源，被开发浪潮席卷的同时，作为地方主体的疍家人实际面临被动改造和规划的命运。那些生产生活中的困境和面对开发以及变迁中的焦虑，并没有随一波又一波的方案得到有效解决。

尊重现有的社会惯习，让新村疍家人参与到地方社会的建设管理中，合理有效地开发渔港，有助于将新村港导向持续良性的发展方向。而改变社会与自然之间的互动方式，并不能一味依靠管理部门和渔业专家及技术部门的决策，做海人的参与是最富有活力和有效性的因素。

---

① 〔英〕拉德克利夫-布朗：《安达曼岛人》，梁粤译，广西师范大学出版社，2005，第187页。

② 〔美〕克利福德·格尔茨：《地方知识：阐释人类学论文集》，杨德睿译，商务印书馆，2014，第187页。

文化生态学视野下的
海洋生计与文化适应

——以海南潭门渔民为例[*]

王利兵[**]

摘　要：海南潭门渔民是一个以远海航行作业为主要生计方式的海洋族群。笔者从斯图尔德的"文化生态学"观点和方法出发，考察潭门渔民的海洋适应能力与文化发展程度，可以发现潭门渔民的生计方式与海洋环境密切相关。海洋生态系统是产生潭门渔民特有的工作关系、生产组织方式、社会文化结构模式的原因。

关键词：海洋；渔民；生计方式；文化适应

一　方法与问题

20 世纪初，人类学转向对文化内部要素进行结构功能分析，自此人类学家开始认真观察和研究不同文化要素与其所处环境之间的关联性。被誉为"20 世纪法国民族学之父"的马塞尔·莫斯（Marcel Mauss）对因纽特人村社聚落与自然环境之间关系的研究，首次以个案方式剖析了社会组织对环境的适应。这是莫斯倡导的社会形态学研究的典型案例，同时也是人类学研究环境适应问题的开山之作。在这项研究中，莫斯发现因纽特社会的四季变化与其生存的环境密切相关，尤其是因纽特人赖以为食的猎物，"居民同猎物一样聚集和分散，使社会活跃的运动与周围环境生活的运动共时同步"。在此基础上，他认为，

---

　*　本文原载《南海学刊》2016 年第 1 期。
　**　王利兵，广州大学公共管理学院讲师。

因纽特人的宗教、道德的表达形式和其需求的不同程度与这种分散及集中的社会集团原理是相互适应的。① 后来普里查德在实地调查中同样发现，雨季时尼罗河畔半农耕半游牧的努尔人村落大多分散在一定的区域范围内，而旱季时则多集中在河流两岸。据此普里查德认为，努尔人的非中央集权制的政治体系与其生活方式之间密切相关。② 此后不久，弗斯（Raymond Firth）于马来半岛东岸两个渔业社区所做的经济人类学调查和研究，进一步揭示了海洋环境与经济形态之间的相互关系。弗斯的这一研究不仅加深了我们对于东方小农经济体系的认识，挑战了西方传统的经济学理论，同时也让我们深刻意识到环境对于社会经济的影响之深。③

进入 20 世纪 50 年代，文化生态学的创始人斯图尔德（Julian H. Steward，又译为史徒华）对文化适应这一概念进行了深入研究。他认为，地方性的环境特色可能会决定不同地区形成相似的文化，比如布须曼人、澳大利亚土著、印第安人和刚果矮黑人之间之所以有相同的生计问题，是因为他们的猎物具有相同的特性。④ 斯图尔德在理解文化适应时，不仅注意到文化的整体性，也注意到单一文化要素与相关环境因素的适应关系。为进一步探究环境与文化之间的关系，斯图尔德提出了文化类型的概念，这个概念是指"一般跨文化发生的文化中各要素的集合，而且涉及一种特殊技术以及该技术与它所对付的环境特征的关系"⑤。根据文化生态学的观点，分析环境与文化之间关系时应遵循三个基本步骤：一是分析生产技术与环境之间的相互关系，二是分析以一项特殊技术开发一特定地区所涉及的行为模式，三是确定环境开发所需的行为模式影响文化的其他层面到何种程度。⑥ 斯图尔德的文化生态学虽然是基于陆地人群研究而得出的结论，但是这一理论方法对于研究其他生态环境中的族群文化同样有效，尤其是对本文即将探讨以海为生的渔民群体。

---

① 〔法〕马塞尔·莫斯：《人类学与社会学五讲》，林宗锦译，广西师范大学出版社，2008，第159页。

② 〔英〕普里查德：《努尔人：对尼罗河畔一个人群的生活方式和政治制度的描述》，褚建芳等译，华夏出版社，2001。

③ Raymond Firth, *Malay Fishermen: Their Peasant Economy*, London：Kegan Paul, Trench, Trubner and Co. Ltd., 1946.

④ 〔美〕史徒华：《文化变迁的理论》，张恭启译，远流出版事业股份有限公司，1989，第47页。

⑤ 〔美〕威廉·W. 哈维兰：《文化人类学》（第10版），瞿铁鹏、张钰译，上海社会科学院出版社，2006，第167页。

⑥ 〔美〕史徒华：《文化变迁的理论》，张恭启译，远流出版事业股份有限公司，1989，第49~51页。

潭门渔民是一个以远海航行作业为主要生计方式的典型渔民群体。帆船时代，潭门渔民凭借季风洋流的季节性转换，勇敢而有规律地航行于汪洋大海之上，潭门渔民的传统作业渔场是远离海南岛数百海里的西沙群岛和南沙群岛及其附近海域。众所周知，西沙群岛和南沙群岛是一片面积辽阔的珊瑚礁海域，其间星罗棋布着几百个大小不同的岛屿、沙洲、暗礁、暗沙、暗滩等，海域环境十分复杂和危险，在中国古代被形象地称为"千里石塘""万里长沙"。除此之外，风暴及海盗的袭击又进一步为潭门渔民的航行作业增添了风险。在这片广阔的珊瑚礁海域里，栖息和生活着许多珍贵海洋物种，包括各种价值昂贵且名目繁多的鱼类、海龟、玳瑁、海参、马蹄螺、砗磲贝、牡蛎等，这些都是潭门渔民捕捞作业的主要对象。[①] 为有效应对远海航行风险以及西沙和南沙特殊生产环境，潭门渔民采取了一种特殊的生产方式和技术，即联帮出海与潜水作业，这是与近海渔民截然不同的生计方式，是适应远海航行作业的产物。按照斯图尔德的文化生态学观点，分析和研究影响一特定地区和特定人群的行为模式和文化模式的关键在于其特殊的生产技术，因为"文化核心的本质乃是决定于一套复杂的技术与生产的方法"[②]。具体到本文中，首先需要认识和理解的是潭门渔民联帮出海和潜水作业的独特生产模式。那么，潭门渔民为什么采取这种生产方式和技术？它与潭门渔民赖以为生的海洋环境之间是一种什么样的关系？潭门渔民的生计方式对其行为模式又产生了多大程度的影响？在生产过程中，他们是合作性大于独立性，还是竞争性大于合作性？潭门渔民的生计方式和行为模式对其社会文化的其他方面（组织制度、经济模式、婚姻家庭、亲属关系、心理性格、宗教信仰等）又产生了多大影响？这些方面具体又表现出哪些特点？循着这样一种思路，笔者认为采用文化生态适应的视角或许可以更好地理解潭门渔民社会文化。

---

① 斯图尔德在讨论生产技术与环境之间相互关系时曾提出，不同环境特质对于文化的影响程度各不相同，"只有那些对地方性的文化具有重要性的环境特质才需要我们注意"。（〔美〕史徒华：《文化变迁的理论》，张恭启译，远流出版事业股份有限公司，1989，第48页。）具体到潭门渔民赖以为生的海洋环境时，珊瑚礁资源以及鱼类栖息特点显然是影响潭门渔民生产技术和文化的重要环境特质。Sather 教授在研究海上巴沃人时，同样也曾指出珊瑚礁以及红树林资源是东南亚海洋族群海洋生计的两个重要因素。参见 Clifford Sather, *The Bajau Laut: Adaptation, History, and Fate in a Maritime Fishing Society of South-eastern Sabah*, Kuala Lumpur and New York: Oxford University Press, 1997, p. 328。

② 〔美〕史徒华：《文化变迁的理论》，张恭启译，远流出版事业股份有限公司，1989，第48~49页。

二 潭门渔民的生计方式与文化适应

(一) 生计方式

1. 联帮出海

帆船时期，潭门渔民于每年东北季风来临之际驾驶着木制渔船从潭门港出发，一路南下，途经西沙群岛和黄岩岛，最后到达南沙群岛诸岛礁开展生产作业，其间他们还会顺着季风航行至东南亚国家销售海产品。通常情况下，如果一切顺利且季风准时来临，潭门渔民往返潭门港与南海诸岛以及东南亚之间一次需要6至8个月的时间；如果季风不能够按时来临或是渔船在东南亚因渔获销售等问题错过季风时间，那么往返一个航次可能需要一年甚至更久。在远距离长时间的海上航行和生产生活过程中，渔民难免会遭遇很多困难和问题，比如身体不适、淡水缺乏、船只破损与维修、风浪袭击以及突如其来的海盗等，而这些困难和问题的解决皆需要依靠渔民之间相互协作和配合。正是基于这些现实考虑，潭门渔民先辈发明了一种适于远海航行和作业的生产方式，即联帮作业。所谓联帮作业，是指渔民每次出海作业时以船队联帮的形式出海，潭门渔民称之为"船帮"，也叫联帮制。通常来说，每个船帮的船只数量为5~9艘，每艘渔船上的渔民人数为10~20人，这些人主要分为五个工种，即火表、大缭、阿班、头碇和三板，潭门渔民把这五种工作统称为"五甲"。五甲中的火表负责管理罗盘；大缭是管工，为渔船上的二把手；阿班负责管理中桅；头碇负责管理第一桅和小艇；三板负责水下作业。这些工种的工资依次递减，火表最高，三板最低。每次出海前，船主先垫付每名打工仔一半工资，剩下一半留作入股，待第二年作业之后分红。有时，船主和打工仔之间采取分成制，传统惯例是三七分，船主得七成，打工仔得三成。① 帆船时期，出海作业的潭门渔船规制普遍偏小，以200~800担的双桅船或三桅船为主。② 每次出海时，每艘大船会

---

① 韩振华主编《我国南海诸岛史料汇编》，东方出版社，1988，第405页。

② 相比于内地的帆船，海南岛的帆船吨位普遍偏小，一般很少有超过100吨的帆船。从规模和结构上来看，海南帆船与东南亚地区的帆船相近，都属于小型帆船。至于东南亚帆船为何普遍较小，陈希育教授认为可以从海洋环境角度考虑，即东南亚海域岛礁众多，小型船只在航行作业时更加方便灵活，此外相比大船而言，小船在躲避海盗袭击时无疑也会更加有利（参见陈希育《中国帆船与东南亚贸易》，厦门大学出版社，1991，第193~195页）。笔者认为陈希育教授的这一观点同样适用于解释海南帆船小型化的原因，因为海南岛近海沿岸地区多为珊瑚礁海域，尤其是海南岛东部沿海地区更是如此。具体到潭门地区来说，潭门渔民虽是远海作业，但是西南沙海域同样也是一片岛礁连环的海域，不适合大型船只航行作业。

分别搭载若干只舢板船，每次作业时 2~3 人一只舢板船。出于对出海作业过程中管理与合作的考虑，每次出海组成船帮的船只和船员都比较固定，一般是关系密切的船长组成一个船帮，来自同一村庄的渔民组成一个团体。

帆船时期，潭门渔民的船队在抵达西沙群岛和南沙群岛之后，每艘渔船会分散至不同岛礁作业。在实际作业时，每 2~3 个人一只舢板船，舢板作业的人员以父子或兄弟为主。在渔民看来，以父子结对或以兄弟结对的方式开展生产作业不仅有利于彼此之间的配合与协作，而且在记录和计算渔获时也更加方便。① 不过，这样安排也有不好之处，那就是万一发生事故，其家庭就会失去所有的男性劳动力。通常来说，舢板船作业的海域各不相同，每只舢板船会各自寻找一个礁盘开展作业，这样可以避免渔民之间相互竞争，同时也在一定程度上保护了海洋资源和生态。从作业时间来看，每天天色一亮渔民们就需要起床着手准备出海作业的工具和干粮等，待吃完早饭之后就各自摇桨出发。舢板作业需要持续一整天，其间如果没有特殊事由就不会返回大船。直到下午天色渐黑时，渔民们才会纷纷划着自己的舢板船返回大船停泊处。回来之后，船长和船上负责管账的会计会逐一记录每只舢板船一天的渔获量。当然，这个时候渔民之间也会互相观察对方的收获情况，以了解哪个礁盘的资源比较多。夏季是台风暴雨多发的季节，出海作业的渔民如果发现海面上突然刮起西北风，抑或在午后时分突然听到雷声，那么所有人必须赶紧返回大船内，然后进入环形礁盘内躲避风浪。如果大船恰逢在海上行驶过程中遭遇强台风或大浪，那么渔民需要马上拉下风帆并调转船头，让船只随着风浪漂流，如此可以有效避免船只被风浪打沉。如果情况十分危急，渔民还会毫不迟疑地将辛苦捕捞来的所有渔获及重物抛入海中，以避免船只因过重而沉没。

2. 潜水作业

潜水捕捞是潭门渔民祖辈创造和流传下来的一种海洋作业方式，这种作业方式在潭门延续的时间已经无从考证，或许有几百年甚至上千年（潭门港被当地政府宣传为"千年渔港"）的历史。在潭门，潜水是每一个渔民从小必须

---

① 结对作业的形式在近海渔业中同样存在，比如华德英（Barbara Elsie Ward）教授调查和研究的香港渔村，"罟网捕鱼船是一对一起工作的，在滘西每一艘罟网捕鱼船是由一个单独扩充式家庭提供人力，通常由一对兄弟或父亲和儿子领导，人手可能由雇用的工人组成，但这些人手亦通常是主人的父系亲属（例如有相同姓氏的亲戚），雇员和家庭的其他成员一样居住及食在帆船上，而通常以渔获的百分之四作为薪金，有足够的儿子就能够省却雇员"。参见冯承聪等编译《从人类学看香港社会——华德英教授论文集》，香港大学出版印务公司，1985，第 13 页。

学会的一项技能，因为这是将来个人生存和养活家庭的本领。潭门男孩在五六岁就开始被父亲或祖父带到潭门港里泡海水澡，并在潭门港外浅水区学习游泳和潜水。起初，家长们会用自己的双手托举着小孩的身体或是把轮胎之类的东西套在小孩身上，抑或是将浮漂之类的东西塞进小孩内裤让他们适应水性，如此几天之后，习惯了海水环境的小孩就开始接受包括换气、身体协调等动作要领在内的真正的游泳训练。其实，对于成长在海边的渔民子弟来说，学会游泳并不是件难事，很多小孩在几天之内就可以学会，还有一些小孩甚至根本不用家长指导同样可以自学成才。虽说如此，但是学会游泳并不代表擅长潜水。游泳的要领在于换气，而潜水的关键在于憋气。憋气潜水在潭门俗称为"单气潜水"，意思是指只凭借一口气且同时不依靠任何外力帮助潜水。因此，潜水本领的高低在于单气的能力大小。单气潜水的深浅和时间长短因人而异，有的渔民一次可以下潜七八"响"甚至十几"响"（"响"，通"庹"，潭门人用来计算长度的一种单位，以成人双臂左右伸直的长度为标准，约 1.6 米），在水里待上四五分钟甚至更久；而有的渔民一次只能下潜两三"响"，在水里一次只能憋两三分钟。出现这种差别既有训练时间长短的缘故，也有个人体质的原因，当然也不乏一些经验丰富的渔民掌握了单气潜水的技巧。不管怎样，拥有一身单气潜水的好本领在潭门总会受到很多人的崇拜，因为这是潭门渔民的祖传本领和主要生存技能，谁在这项技能上表现得越优异，就意味着他的生存能力越强，在潜水作业时收获也会越多。

海南岛东部海岸的大陆架坡度极为平缓，水深较浅。在距离海岸四五公里的海底，有成片突起的珊瑚礁群，很长，这段又大又长的珊瑚礁群把海浪挡在外面。这样一种近海海底环境，为潭门渔民自小学习游泳和潜水提供了优越的条件，并且这种环境与南海诸岛一带的海底环境十分相似，因此潭门渔民在家乡练就的本领到了西沙群岛和南沙群岛自然就可以得到很好发挥。南海诸岛，我国汉代古籍记载为"珊瑚洲"。在广阔的南海诸岛海域中，200 多个大小不同的岛屿、沙洲、暗礁、暗沙、暗滩星罗棋布。按照地域分布的状况，南海诸岛主要由岛、礁、沙、洲、滩组成，又可以划分为东沙群岛、西沙群岛、中沙群岛和南沙群岛，其中西沙群岛和南沙群岛是潭门渔民祖辈作业的主要传统渔场。因为西沙群岛和南沙群岛全部由珊瑚礁组成，而很多海洋生物生活在珊瑚礁中，如果用渔网捕捞根本行不通，唯一办法就是潜水捕捉。可以说，潭门渔民世代相传的潜水捕捞作业的生计方式正是适应两个群岛特殊海洋环境的产物。

潜水捕捞是一项难度非常大的工作，尤其是在条件和设备十分简陋的帆船时期。潜水捕捞不仅需要渔民具备丰富的潜水经验，还要求渔民之间密切配合、相互合作，特别是在舢板船上工作的渔民之间更需配合默契、同心协力。正是出于合作生产的考虑，长期以来潭门渔民都保持着以父子或兄弟结对的形式开展生产的传统。帆船时期，潭门渔民为保障每次出海作业的高收益，在选择捕捞对象上一般要挑选一些经济价值较高的海产品，比如海参、公螺（马蹄螺）和蚵（砗磲）。过去在潭门，捕捞上述三种海产品的行为被渔民亲切地称之为"潜水捞三宝"。除了潜水捞三宝之外，潭门渔民偶尔也会捕捉一些鱼虾蟹类海鲜，比如苏眉鱼、红鱼、旗鱼、金枪鱼、马鲛鱼、石斑鱼、龙虾等。

帆船时期，潭门渔民在西沙群岛和南沙群岛潜水作业毫无任何防护装备，渔民每次都是光着身子下水作业。长期在水下作业，较高的水压和海水浸泡会对渔民身体造成一些不良影响和伤害，特别是对骨头、耳朵和眼睛等身体部位的伤害最为严重。在潭门，很多渔民在年老之后会患上腰带痛、脊髓疼痛、骨头坏死、耳聋等潜水病，这些疾病和症状在很大程度上与他们常年潜水作业的职业经历有关。不过，渔民在长期作业实践过程中也逐渐发现了一些保护身体的设备以及自我保护的方法，比如潭门渔民自制用于保护眼睛的"水镜"。这种水镜的制作方法其实非常简单，首先是找一块铁皮，比照着自己的眼睛大小，在铁皮上挖出两个洞，或者是比照自己两个眼睛和鼻子部位的大小直接裁成一个大洞，如果没有铁皮，可以用木头代替，但是木头制作的水镜在水中容易坏；然后再找来一块玻璃，对照着铁皮上洞的大小裁出一块或两块大小相等的玻璃，用修补船只时所用的木碎屑将玻璃嵌入铁皮，在洞口外部用石灰或胶水将玻璃与铁皮结合处粘好；最后用轮胎皮做一条带子系在铁皮上，如此一副水镜就制作完成了。因为水镜的材料和制作都很粗糙，在下水使用时经常会坏掉，所以每个渔民都会制作并随身携带多副水镜，以备更换之用。据潭门渔民介绍，这种水镜曾被东南亚渔民广泛学习和使用。

（二）文化适应

潭门渔民赖以为生的海洋环境及生计方式对其社会文化的许多层面产生了影响，比如家庭结构、婚姻模式、亲属关系、宗教信仰、贸易网络、族群互动等。换而言之，潭门渔民的社会文化诸层面皆可以看作适应海洋环境及其生计方式的产物。限于文章篇幅，以下仅以潭门渔民的亲属关系和宗教信仰为例进行简要分析。

1. 亲属关系

亲属关系在海洋渔业社会中占据着非常重要的地位，它是海洋渔业社会中社会组织的核心。很多渔业社区研究表明，渔民倾向于和亲戚一起工作，尤其是男方家庭中的亲戚。这种偏好的存在具有多方面的原因，如经济原因、社会原因和心理原因等。从经济的角度来说，作为一个关系紧密和利益攸关的团队，大家在工作时会更加用心用力以及自发工作更长的时间，并且在工资、预算和投入等方面也会更加精打细算，进而有利于节省船队的开支，提高船队以及个人的收入。从心理层面来说，因为具有一定的亲属关系，所以团队成员尤其是具有血缘关系的家庭或家族成员之间彼此会更加信任，这种信任和团结在父子及兄弟之间可以达到最高程度，对于在惊涛骇浪的大海上生产作业的渔民以及彼此之间的合作来说无疑是一笔非常重要的资产。①

潭门渔民出海作业时以联帮形式为主，一支船队由5~9艘船组成，船队的渔民总数可以高达上百人。如何组织和管理这样一支人数众多的队伍是一个非常重要的问题。每次出海之前，众人会从联帮船队中挑选一位人气声望较高且经验丰富的船长担任帮主，帮主于每次出海前召集每艘渔船的船长开会商议出海事宜，其中一件重要事情就是船员的招募问题。通常来说，每艘渔船的船员招募工作由船长负责，船长在招募船员时首先从家族内部开始招募，包括自己的家庭成员、具有血缘关系的成员以及具有姻亲关系的亲戚；其次才会从家族以外招募成员，可即使是在家族以外招募成员，船长在确定人选时也会优先考虑与自己或自己的家庭私交较好的朋友或邻里。这样一种招募成员的规则和方式在潭门社会中具有特别重要的意义。帆船时期，潭门渔船出海一个航次的时间在半年左右，这样一种长时间的远航作业要求船队成员必须具有很强的凝聚力和高度团结合作的意识，如此才能有效完成生产作业以及应对在海面上出现的各种突发情况。因此，从家族内部招募船队成员就显得尤为必要，只有彼此熟悉的家庭或家族成员之间才会更加信任，进而在进行生产操作和应对紧急情况时会更加团结一致和有效合作。在具体开展生产作业时，潭门渔民一般是以每2~3人一艘小艇分开作业，每艘小艇上的人员必定是父子或兄弟的关系，这种传统从过去一直延续到现在。不过，这种家族招募制以及父子同船或兄弟同船的生产方式有利也有弊，其不好之处是一旦船队遭遇强台风或海盗等危险情况，同在一艘渔船上的男性家庭成员有可能会同时遇难，如此对于任何一个

---

① Rob van Ginkel, *Coastal Cultures: An Anthropology of Fishing and Whaling Traditions*, Apeldoorn-Antwerpen: Het Spinhuis Publishers, 2007, p. 9.

家庭来说无疑都是灭顶之灾，而这样的悲剧在潭门历史上并不少见。正是出于这方面的考虑，荷兰等欧洲国家的渔业社区就明确规定，禁止父子或兄弟同船出海作业。① 总之，在传统渔业时期，亲属关系对于潭门渔民来说非常重要，它不仅是维持潭门渔民日常生活的重要纽带，同时也是潭门渔业社会组织的核心以及渔民进行海洋渔业生产的重要保障。

婚姻关系对亲属关系极为重要，其中最为重要的方面是通过婚姻，亲属关系和亲属群体才能建立和维持，并在此基础上不断形成更加错综复杂和庞大的亲属关系和网络。对于很多潭门渔民来说，他们的亲属关系和网络并非只限于潭门这个千年小渔镇，而是遍布海外。历史上，潭门渔民借助便利的海上交通网络频繁往来于潭门与东南亚之间，其中一部分人出于各种原因遗留或定居在东南亚诸国，这些移居东南亚的侨胞后来又通过婚姻与家乡不断产生联系和继续往来，由此也就形成了连续不断的亲属关系和网络。这一华侨亲属关系与网络无论是在历史上还是在当下，都对潭门人的生产和生活产生了重要作用和影响。帆船时期，潭门渔民每次于南海诸岛作业完成之后都会选择将一部分海产品运到东南亚诸国销售，由于对东南亚国家的文化和市场不熟悉且在语言上存在障碍，所以过去潭门渔民经常会将海产品委托给侨居当地的琼籍华侨代为销售，或是通过当地华侨的介绍和帮助进入当地市场亲自销售。在过去信息交流不通畅且市场尚不发达的条件下，借助华侨关系和网络无疑是潭门渔民开拓东南亚市场、进行商品交易和文化交流的重要渠道，同时也是潭门渔民智慧的体现。在战争时期及新中国成立后的一段时间里，侨居海外的琼籍华侨又为家乡提供了大量的经济援助，为远在国内的亲人提供了很多物质上的帮助。改革开放以后，潭门渔民获准重新返回自己的传统渔场——西沙群岛、南沙群岛进行生产作业，虽然此时他们的船只无法像在帆船时期那样自由进出东南亚国家，但是延续至今的华侨亲属关系和网络依然为潭门渔民在西沙群岛和南沙群岛的生产作业以及海洋纠纷的解决提供了很多帮助。

亲属关系在潭门渔民日常生活以及海洋渔业生产中有着极其重要的作用。既然亲属关系对于潭门渔民来说如此重要，那么如何去维系和延续亲属关系与网络自然就是他们日常生活中必须面对的一个重要问题。从潭门渔民的文化实践来看，其方法大体有两种：一是通过婚姻的方式，如缔结跨国婚姻等延续和扩大自己的亲属关系与网络；二是通过举办一系列的仪式维系其成员之间的关

---

① Rob van Ginkel, *Coastal Cultures: An Anthropology of Fishing and Whaling Traditions*, Apeldoorn-Antwerpen: Het Spinhuis Publishers, 2007, p. 9.

系，通过各种仪式实践为其成员提供一定的物质保障和道德支持，从而使具有一定亲属关系的成员之间彼此忠诚和团结。以后者为例，清明祭祖就是潭门渔民巩固和加强亲属关系的一个重要手段。潭门人对于清明祭祖十分重视，根据传统，没有出海的渔民以及留在陆地上的家庭成员皆需参加家庭祭祀和宗族祭祀，其内容大体是家庭或家族成员于清明节到来前的某一天携香纸、鞭炮和牲礼来到祖坟前，共同追忆和祭拜已经去世的祖先。家庭祭祀通常只有单个小家庭或大家庭的男性成员一起参加，而宗族祭祀则不分男女老幼，只要是没有出海作业的渔民都必须参加，甚至许多身居外地以及侨居海外的子孙也会前来参加，例如，潭门村麦姓人每年农历四月初五的祭祖仪式上的人数多达上千人，其中既有潭门本地的麦氏子孙，也有迁居海南岛其他地方的麦姓人以及移居东南亚的麦姓侨胞。无论是家庭祭祀还是宗族祭祀，每次祭祀的内容都很简单且时间很短。然而，每次祭祖仪式之前的筹备工作以及仪式结束之后的聚餐却十分烦琐且意义重大。可以说，每一次祭祀仪式的准备工作以及聚餐过程都是对亲属关系的一次最好检验和展现，同时也是维系和加强亲属关系与网络最有效的方法。

2. 宗教信仰

杨庆堃教授在研究中国社会的宗教时指出，没有任何其他因素的重要性能与农业相比，因此在中国社会里出现了许多主导农民意识的自然神，比如社稷神、土地神、龙王等。[①] 从功能主义的观点来看，农耕社会中的自然神崇拜更多是为了祈求风调雨顺、五谷丰登。与之对应，在渔业社会中，同样存在许多主导渔民意识的海洋神，比如妈祖、水尾圣娘、一百〇八兄弟公等。但是与农民奉祀自然神不同的是，渔民祭拜海神的主要目的是祈求出海航行作业过程中的平安，而非渔业生产的丰收。[②] 在笔者看来，这种差异的存在主要是源于在海洋渔业社会中，渔民需要面对更多的危险性和不确定性因素。[③] 对此，马林诺夫斯基也有过相关论述："实际上，他们有成套的航驶原理，借着丰富而复杂的术语，一辈一辈地传下来，一致合理地遵守着，与现代的水手遵守现代的科学无异……话虽如此，他们虽有系统的知识，谨慎地应用着，然究免不了不可预测的怒潮、季节的风暴，以及浮面难见的暗礁，以使知识无用。这种当

① 〔美〕杨庆堃：《中国社会中的宗教：宗教的现代社会功能及其历史因素之研究》，范丽珠等译，上海人民出版社，2007，第100页。
② 在渔民看来，渔业生产的丰歉更多是与个人的"运气"有关。
③ 参见 James M. Acheson，"Anthropology of Fishing," *Annual Review of Anthropology* 10（1981）：275-316。

儿，便来了巫术；造舟的时候用巫术，出行的时候用巫术，遇着真正危险的时候仍要乞灵于巫术。"① 具体到潭门渔民而言，他们是一个远海航行和作业的群体，其面临的危险性程度和不确定性因素比近海渔民更甚，所以他们更加需要神明的护佑，为此潭门渔民甚至还创制和奉祀了一种专门适于远海航行作业的神明，即一百○八兄弟公。

兄弟公，全称为一百○八兄弟公，是文昌、琼海、万宁、海口、陵水等海南东部沿海地区的一种独特的海洋神灵信仰，也是潭门社会中唯一一种海神信仰。有关一百○八兄弟公信仰的来源，笔者在田野调查中曾听到两种说法。第一种是说有一次，潭门渔民共计108人结帮前往西沙群岛和南沙群岛进行作业，途中遭遇大风浪覆舟，所有人都不幸遇难。后来，遇难的108位渔民变身为海神多次显灵于海上救护遇险渔民，于是渔民在平安归来后就自发建庙祭祀这些在海上遇难的108位渔民。这种说法在潭门一带较为流行。《琼海县文物志》记载的一则关于兄弟公信仰来源的故事，就与此有关。

> 传说在很久以前，有一只渔船载一百○九位渔民兄弟，在海上被强台风袭击，渔船将沉，倏地来了鲨鱼一群，顶住渔船，渔船摇晃不止。有一渔民跳下大海，舍身让鱼吞吃。鲨鱼感之，不吃，遂驮回岸。而一百○八位兄弟终遭其难，葬身海底。于是，我县沿海地区及西沙群岛渔民便修庙以祀之。②

第二种是说有一次潭门渔民在南海作业完成之后，满载渔获准备到南洋销售，途经越南中部某岛屿时遇到越南士兵，并被误认为是海盗而遭杀害，共计108人。后人为纪念不幸遇难的108位渔民，遂建庙祭祀。这一说法在潭门一带并不盛行，笔者在田野调查期间也只是从几位地方文化精英口中听说过，而当地渔民对这一传说却不甚了解。不过，《民国文昌县志》对这一传说确有记载：

> 咸丰元年夏，清澜商船由安南顺化返琼，商民买棹附之。六月十日，泊广义孟早港，次晨解缆，值越巡舰员弁觊载丰厚，猝将一百○八人先行

---

① 〔英〕马林诺夫斯基：《巫术 科学 宗教与神话》，李安宅译，中国民间文艺出版社，1986，第14~15页。

② 何君安主编《琼海县文物志》，中山大学出版社，1988，第16页。

割耳，后捆沉渊以邀功利，焚身献馘，越王将议奖，心忽荡，是夜王梦见华服多人喊冤稽首，始悉员弁渔获诬良。适有人持赃入告，乃严鞫得情，敕奸贪官弁诛陵示众。从兹英灵烈气往来巨涛骇浪之中，或飓风黑夜扶橹操舵，或汹浟沧波，引绳觉路。舟人有求必应，履险如夷，时人比之灵胥，非溢谀也。[①]

　　虽然以上两种传说对于兄弟公遇难原因的记录各不相同，但可以肯定的是，兄弟公信仰的来源与帆船时期海南东部沿海渔民联帮出海的传统有关。另外，关于遇难渔民的来源，史料文献多记载当初是从文昌境内的铺前港或清澜港出发，而笔者的调查对象多说是从潭门港出发。其实，不管兄弟公信仰的来源如何，它已然成为以潭门渔民为代表的海南渔民信奉的主要海神之一，并且在历史发展过程中进一步扩散传播至东南亚等海外琼籍华人居住的地方。

　　从潭门渔民的传统来看，其对海神兄弟公的祭拜多集中于以下几个时间和场合：一是传统节日，如春节、元宵节、清明节、七月半等；二是出海前和出海归来后；三是出海作业过程中在船上和岛礁上。与中国民间社会中女性负责日常神明祭祀的传统不同，在潭门社会，传统节日对海神兄弟公的祭拜中，经常可以看见男性的身影。潭门渔民认为，兄弟公是专门护佑他们出海安全的海神，过年过节必须亲自前往祭拜，才能显示诚意，感动海神。至于传统节日里潭门渔民祭拜兄弟公的具体内容，与下述出海前祭拜大致相同。除此之外，过去潭门渔民在春节期间还有"闹"鲤鱼灯的习俗，时间在正月初三至正月十五，鲤鱼灯队伍每到一个村庄，首先要去的地方就是兄弟庙和村公庙，只有在兄弟庙和村公庙前"闹"完之后才能去各家各户闹。由此可见，海神兄弟公在潭门渔民心目中的地位和重要性。

　　出海是彰显潭门渔民对海神兄弟公信仰之虔诚的最佳时机。在潭门，渔妇们通常会在家出海前一天的上午拎着一篮子香烛纸鞭前往兄弟庙祭拜，告知兄弟公家人即将出海，祈求兄弟公保佑家人平安归来。在祭拜完毕之后，渔民一家人会在当天中午一起吃一顿团圆饭，团圆饭中一定要有祭祀所用之鸡鸭猪肉。待渔民出海归来后，渔妇们又会再次来到兄弟庙，告知兄弟公家人已经平安归来，并感谢兄弟公的护佑。如果渔民在出海作业中遭遇大风浪后还能平安归来，抑或是渔民在某一个航次中收获的渔获特别多，那么渔妇们去兄弟庙祭

---

① 　林带英等纂修《民国文昌县志》（上册），海南出版社，2004，第129页。

拜时就会增加供品和香纸鞭炮，以示特别酬谢。

根据传统，潭门渔民在出海前一天需召集联帮船队的所有成员到"兄弟厅"聚议，议论的事情包括出发的时间、粮食、淡水和其他生活物品的准备情况，以及每艘船的人员安排和航行路线等。聚议结束之后，所有成员在"头家"（联帮帮主）的带领下，一起到兄弟庙焚香叩拜，祈求兄弟公保佑他们航程顺利安全。因此，每次出海前，位于海边的兄弟庙必定是全村最热闹的地方，庙前人群熙熙攘攘，庙内香火缭绕、鞭炮齐鸣，好一番喧哗吵闹的景象，此种景象在潭门80岁以上老人的记忆中依然清晰。除此之外，渔民在出海当天还需在船头行祭拜兄弟公和祖先的仪式。这种仪式在潭门地区叫"做福"，寓意大家在出海的时候平安、团结和勇敢。这种出海仪式皆是由船长一人负责，主要目的是祈求海神兄弟公和祖先保佑此次出海航行顺利，渔获丰收。仪式开始前，船长先在船头摆上供品，包括一只鸡、一盘猪肉、一盘茄子、五碗米饭、五双筷子、五杯茶等，这些供品在祭拜仪式结束之后会作为中午的饭菜供大家食用，然后点香叩拜，叩拜完毕之后船长要将燃着的香分三股分别插在船头、船中和船尾，最后船长于船头燃放鞭炮，祭拜仪式结束。

在海上行祭拜仪式多数是因为船只遭遇不好的天气，船员有性命之忧。此种情况下的通常做法是：渔民站在船头朝海里不断投掷大米，以此来驱赶制造大风大浪的妖魔鬼怪，如果风浪巨大，渔民还会拿出一杆秤站在船头做出一副用秤杆抵挡风浪的架势。据当地老渔民回忆，此法非常灵验，屡试不爽。与此同时，渔民还需站在船头朝家乡方向叩拜，祈求兄弟公和祖先施展法力减弱风浪，保佑他们平安。以下是潭门渔民的一次真实经历：

> 1933年5月，潭门渔民FGP①所在渔船在出海返航途中，突然遭遇龙卷风袭击，船帆被吹破，船桅被吹断，并且渔船被龙卷风吹向陆地相反方向，正当众人感觉无望并跪在船头祈祷时，突然船头前出现一道红光，在这道红光的引领下，船只竟然不知不觉漂到文昌的一处海岸边。侥幸归来的渔民在谈及此次遭遇时，都一致认为那道红光的出现肯定是海神兄弟公显灵，后来此事经过传播，当地人对海神兄弟公的信奉愈加虔诚。

这则真实案例说明，在帆船时期，身处汪洋大海之中的一叶扁舟无可依

---

① 出于学术伦理的考虑，文中所提人名都进行了相应的技术处理。

赖，唯有神灵和祖先才是渔民心灵的最佳寄托。宋徽宗宣和年间（1119~1125年），一位奉命出使高丽的使节徐兢，曾写下他在海上42天航程的情况，其中对船员们不同的宗教仪式记载甚详。在总结他们归程的最后一个条目中，徐兢对航海过程中的危险有过这样的评议："臣窃惟海道之难甚矣。以一叶之舟泛重溟之险，惟恃宗社之福，当使波神效顺以济。不然，则岂人力所能至哉？"[①]正因为远洋航行中危险重重，所以在徐兢的记载中，他们一行船员在航行过程中几乎向所有可能护佑他们的神灵都进行了祭拜，并且一路上逢庙必拜。由此可见，出远洋是一桩十分危险的事情，身处大海之中的人只能祈求神祇。同样的情况在潭门社会也存在，以下这首诗文就充分体现了浮生海洋的潭门渔民对各路神灵的信奉：

> 策赐山峰布斗，明芝兴德显神，顺赞天后圣母元君，左千里眼神将，右顺风耳守海将军，掌仓掌库天仙大王，猫注（西沙永兴岛）娘娘马伏波爷爷，一百〇八兄弟公，男女五姓孤魂。[②]

其实，类似这种于海上行祭拜仪式的现象很多。比如，很多史料就记载，随船供奉水神在闽台海上乃是随处可见的现象，诸如妈祖、拿公、水部尚书、临水夫人、千里眼、顺风耳和苏神等水神随船出入福州、厦门、泉州和台湾各海港。[③] 在潭门，笔者也曾看见很多出海渔船在"更楼"（驾驶舱）内贴有千里眼、顺风耳等神像，有些渔船甚至在更楼内专辟一处狭窄空间供奉兄弟公香炉或祖先神牌，诸如此类的做法无疑可以对闯荡南海的潭门渔民起到一种心灵慰藉的作用。

三 结语

从文化生态学视角考察海洋社会人群的适应与发展，是人类学整体论方法的体现，也是对海洋人类学整体研究的一个有益补充。海洋人类学家对于渔民的适应策略、适应过程和渔业社区的动力都已经有过很多研究。这些包含了功能主义解释在内的早期海洋人类学研究认为，海洋（渔业）社会的文化特点

---

① 转引自韩森《变迁之神：南宋时期的民间信仰》，包伟民译，浙江人民出版社，1999，第31页。

② 韩振华主编《我国南海诸岛史料汇编》，东方出版社，1988，第415页。

③ 汪毅夫：《流动的庙宇与闽台海上的水神信仰》，《世界宗教研究》2005年第2期。

是生态适应（ecologically adaptive）的结果，海洋生态系统是产生特殊工作关系、社会结构和文化模式的原因。① 在本文中，潭门渔民作为一个以远海航行作业为主要生计方式的海洋族群，其生产生活的方方面面皆与海洋密切相关。从斯图尔德的"文化生态学"观点出发，可以说正是南海海洋环境的限制和不确定性导致了潭门渔民对于生活特点的应对方式和适应策略。从生计方式层面来看，潭门渔民联帮出海和潜水作业的历史传统显然是适应南海海洋环境以及远海渔业生产的产物，尤其是西沙群岛、南沙群岛独特的珊瑚礁海洋环境决定了潭门渔民只能采取潜水捕捞的作业方式。这种独特的生计方式又从根本上影响了潭门渔民的行为模式，这一点从潭门渔民在实际作业过程中采用父子或兄弟结对模式中可见一斑。在此之外，潭门渔民远海航行作业的生计方式还对其社会结构和其他文化层面产生重要影响，比如潭门渔民的亲属关系网络以及独特的海神兄弟公信仰。简而言之，潭门社会结构和文化模式是适应海洋环境和生计方式的结果。

---

① 王利兵：《海洋人类学的文化生态视角》，《中国海洋大学学报》（社会科学版）2014 年第 3 期。

家族与盐田经营[*]

——以海南岛洋浦盐田村为例

谷 宇[**]

摘 要 海南岛地处热带，全岛遍及各种规模及不同类型的晒盐场，坐落在海南省洋浦经济开发区的"千年古盐田"，近年来随着旅游开发逐渐引来众多关注。本研究采用人类学方法，对海南的一个完整保留中国最传统日晒制盐技艺的古盐场展开研究，试图揭示"盐"这一物态背后所隐藏的经济运行机制与社会结构特点。本文以物为线索，从经济与社会关系角度切入，首先通过对家庭、家族的构成与运作之考察，分析家庭再生产过程中的盐田经营状况以及不同历史时期盐田经营中所展现的家族关系，以具体的个案细微地描述家族与盐田经营之间的关系，指出明确的社会分工所展现出的农工相辅的社会结构特点；其次关注海盐流通与亲属关系的扩展，指明盐田妇女依托亲属关系拓展海盐市场的同时通过海盐的流通扩大了其通婚范围，不断促进盐田村亲属关系的扩展与延伸。这种经济嵌入社会的过程，正是岛屿社会中盐田人进行盐田经营的文化逻辑。

关键词 海南岛；海盐流通；家族；盐田经营；亲属关系扩展

---

* 本文原载《广西民族大学学报》（哲学社会科学版）2014 年第 5 期，得到国家文物局"指南针计划"专项 2011 年项目"中国海南洋浦海盐生产遗址调查与利用研究"（负责人：李水城）的子项目"海南岛洋浦盐田村人类学、社会学和民俗学调查研究"（负责人：麻国庆）的基金支持。本文写作得到麻国庆教授的辛勤指导，以及田野调查同伴周开媛的支持与帮助，特此致谢。

** 谷宇，广东技术师范大学民族学院副教授。

一 引言

盐，"卤也，天生曰卤，人生曰盐"①。中国自然盐与人工制盐的发展经历了漫长的历史过程，最早发现并利用的自然盐是池盐、岩盐，其除了史料及考古遗址佐证外，常现于相关的"盐神"传说之中，而随着人口增加、技术改进等发展，人们需要突破自然盐的限制，开发人工盐，即海盐与井盐的发掘与利用。其中，以海盐发展为甚。中国海岸线绵长，达 3.2 万多公里，盐场遍及沿海地区，至今海盐产量仍占据我国食盐产量之最。

海南岛地处热带，年平均气温为 23℃～25℃，年平均降水量为 1500 毫米，长夏无冬，因而成为天然优良的制盐场。在海南岛制盐发展史中，人工制盐较早的记载始自唐朝，自唐乾元元年（758 年），琼州都督府下辖的容琼、宁远、义伦、振州（崖州）等县百姓已经开始煮海水为盐，销售给远近百姓。唐代的广东、江淮一带已经开始改直接煮海为盐为晒沙土淋滤制卤，再煮卤为盐；至宋代，福建、广东开始改煮卤成盐为晒卤成盐，②后随移民浪潮逐渐将此技术传播至海南岛内，人们最大限度地利用海南高温日照与风力作用，大量开发沿海滩涂，发展日晒制盐。时至今日，海南岛仍然是中国岭南地区重要的盐业产地，海盐产品经广东等销往各地。

中国的食盐仍然由国家管控，以食盐专营有效保证全国范围内盐价稳定与供应。海南岛盐业划入国家专营的时期较晚，自唐代开始百姓煮海为盐，无定额。直到南宋元丰三年（1080 年），广东漕臣请奏设立盐官，提举盐事，考较赏法。③ 明洪武元年（1368 年），改琼州路为琼州，仍然隶属于广西。洪武三年，改属于广东，清朝政府沿袭之。在运销方面，清代之前，海南所产海盐任由百姓自由煎卖，不许冲销。民国四年（1915 年），琼州盐业开放，自由贸易。④ 中华人民共和国成立后，盐田村的海盐生产在经历了集团化经营后，受改革开放的影响，重新回到以家庭为基本单位的个体经营模式，实现自产自销。

目前，海南岛洋浦盐田村的古盐田在洋浦管委会规划下已经开发成为儋州八大旅游景点之一，而传统的"日晒制盐工艺"已于 2008 年经国务院批准被

---

① 许慎著，段玉裁注《说文解字注》，上海古籍出版社，1981。
② 房建昌：《新中国成立前海南岛盐业小史》，《盐业史研究》2000 年第 2 期。
③ 房建昌：《新中国成立前海南岛盐业小史》，《盐业史研究》2000 年第 2 期。
④ 恒宽著，王贞珉注译，王利器审订《盐铁论译注·贫富第十七》，吉林文史出版社，1995，第 606 页。

列入第二批国家级非物质文化遗产保护名录。无论是古盐田的壮观景色还是其独特的制盐工艺都引来众多关注,考古学者从历史与制盐工艺等方面展开调查研究,① 并且专注于考察古盐田的起始年代、地质特征与盐之功效等。② 而在"脱离"国家严格管控的盐田村,盐工曾如何经营这片历史悠久的古盐场并同时传承当地传统而独特的"日晒制盐工艺"呢?

人类学对经济现象的关注向来是放在社会文化背景中加以考察,以波兰尼为代表的实体主义理论更加明确地指出要重视文化差异,将经济现象置于各自不同的文化背景中进行研究。波兰尼以"嵌入"的概念来解释经济与社会的关系,指出人类在十九世纪前的经济活动都嵌入社会。③ 实体论者在《早期帝国的贸易和市场》中提出,原始部落经济是以亲属关系为基础,它完全"嵌入"社会、政治与道德,④ 进而引发"形式论"与"实体论"之争,一时将经济人类学推向高潮。

回到中国研究中,早在 20 世纪 30 年代,费孝通先生以经世致用的为学态度开始调查中国农村,试图通过社会学、人类学研究找到农民的出路与解决中国农村的土地问题,无论是沿海的江村还是内陆的禄村,费先生都是将其地方经济置于当地的社会文化背景中考察,从农民家庭、家族经营的角度切入,揭示当地经济发展与社会结构的特点,进而寻找农民的发展之路,特别是禄村的研究逐渐让费先生意识到发展乡村工业才是中国农民的根本出路。⑤ 林耀华先生以福建黄村黄家与张家两大家族对土地与店铺的经营为考察内容,通过梳理两大家族兴衰史而提出其动态平衡论,⑥ 进而解释中国南部沿海乡村社会之经济运行的逻辑与社会特点。

顺着以上研究思路,从经济嵌入社会的角度出发,是否能够揭示出盐田村盐业经营的运行逻辑与"日晒制盐手工艺"传承千年的动力机制?本文立足于海南岛洋浦经济开发区盐田村所进行的田野调查,以物为线索,从家族角度

① 王仁湘:《走过千年袖珍晒盐场——寻访海南洋浦盐田村》,《中国文化遗产》2008 年第 2 期。
② 崔剑锋、李水城:《海南省儋州洋浦古盐田玄武岩晒盐工艺的初步调查》,《南方文物》2013 年第 1 期。
③ 〔英〕卡尔·波兰尼:《大转型:我们时代的政治与经济起源》,冯钢、刘阳译,浙江人民出版社,2007。
④ Karl Polanyi, Conrad M. Arensberg, and Harry W. Pearson, *Trade and Market in the Early Empires*, MacMillan Publication Co., 1957.
⑤ 费孝通:《江村经济:中国农民的生活》,商务印书馆,2001。
⑥ 林耀华:《金翼:中国家族制度的社会学研究》,三联书店,2008。

切入，对盐田村的家族与盐业生产展开讨论，试图探讨盐业经营的内在逻辑以及这套完整的传统日晒制盐技艺得以流传至今的动力机制，进而揭示出海南岛这一岛屿社会结构的特点。

二 日晒制盐的"千年古盐田"

曙光初现，伴着渔船的鸣笛声，渔民们打鱼归来，此时的盐田里，盐工们第一阶段的劳作——翻耙盐田已经接近尾声，盐田人世代以此为生，同时不断发展传承其独特的日晒制盐工艺——"晒沙土淋滤制卤"。

盐田村位于儋州湾的内海湾，海水潮差为 1~3 米，在海湾内形成了浅水滩涂，利于纳潮制卤。盐田村所在的洋浦半岛属热带季风气候，常年主导风向为东风和东北风，区内年均气温为 24.7℃，降雨量约为 1100 毫米。这样的自然条件造就了一个优良的制盐场，盐田人的祖先善于就地取材，将玄武岩打磨成石槽，用于晒制卤水、获取海盐。

盐田村由谭、陈两大宗族构成，2010 年 8 月 20 日人口统计数据显示，盐田村共 221 户 1042 人，其中谭姓 172 户 816 人，户均人口为 4.7 人；陈姓 49 户 226 人，户均人口为 4.6 人。现在的盐田村北临书方栏村，西与白沙四号安置区仅一墙之隔，南为五山居委会，东则面向大海。儋州湾附近分布着面积达 750 亩的古盐田保护区，东至儋州湾，西至盐田村，南至马鞍山，北至书方栏村南面的排洪沟，其中 300 多亩为盐田面积，目前尚存约 3800 多块砚式石盐槽（见图 1）。

古盐田沿海边分布，2 号公路北侧曾是连片的田地，种植稻谷、地瓜、芝麻等作物，虽然收成欠佳，却是盐田人主要的粮食供给来源。1992 年因洋浦开发，田地全部被征用。盐田滩涂外的海边，分布着六个用来捕鱼的"冲"，由大大小小的玄武岩石块人工堆砌而成，潮涨潮落后，海鱼、扇贝等被留于"冲"内，人们除了将一部分捕获的新鲜鱼类用海盐腌制供自家食用外，还可以挑去市场出售，得到的微薄收入贴补家用。

盐田村两大家族围绕各自祠堂聚族而居，构成了盐田村基本的村落格局。从图 1 中可以看出，早期的谭氏先祖从"119 亩"处逐渐向东北方向搬迁，人口增长后不断建立新屋，久而久之形成当下的居住格局，而图中虚线画圈的区域居住的是陈姓居民，显示出两个宗族在村子内部划分之明显，但是陈姓在洋浦可算作大姓，白沙村、沙塘村、雷车村、五山村等遍布陈姓村民。因而在这样的大环境下，谭氏村民需要不断壮大宗族势力并加强其内部凝聚力，甚至需

注：★：谭氏祠堂　　●：陈氏祠堂　　1号公路：盐田村入口

　　　　　现今陈氏居民居住范围

"119"亩：谭氏最早的居住地。

图1　盐田村村庄格局

资料来源：本图由笔者于调查中手绘完成，后经中山大学人类学系2012级博士生牛冬协助电子化处理。

要与峨蔓镇乃至儋州范围内的谭氏建立联系，通过宗族团结加强其在地方上的社会稳定与长远发展。

据盐田村谭氏老人讲述，谭氏祖先在一千多年前，从福建莆田出发，经粤东渡过琼州海峡，首先到达长流（现今海口市长流镇），后又迁至儋州峨蔓镇，盐田村谭氏祖先二人是四五百年前从峨蔓镇谭家老宅迁移而来，于盐田附近的"119亩"① 定居下来，世代繁衍。后于光绪年间，迁至现在位置，与先到盐田村的陈氏族人比邻而居，逐渐形成一个村落。谭氏人口壮大后，有部分人又迁至儋州市的西华农场菱田村和两院大石村。

史料佐证，在唐朝末期，福建莆田人口过剩，开始大规模地向外移民。潮

---

① "119亩"：1992年洋浦经济开发投入建设，洋浦管理局在征用土地时给这片土地取名，后被盐田村民沿用。

汕、湛江、海南等地区的多数人是从福建莆田迁移而来的。笔者在调查期间曾走访峨蔓镇谭家老宅，其距离盐田村二三十公里，现仍然居住着 23 户谭姓村民，他们以种植水稻、甘蔗和养殖为生。村中的年轻劳动力大多数外出打工，而时至今日，盐业对农业收入的补给确实让盐田谭姓村民的生活更加富裕、人丁兴旺。目前，谭家老宅的庙堂里仍供奉着谭氏众位祖先的牌位，悬挂在村民家中的家谱显示，谭家老宅子孙已经繁衍至四十五世，而盐田村谭姓子孙发展到二十二世，再对比史料记载，大致可以推算出盐田村谭氏于四五百年前迁徙至洋浦，在此开发出新的生存空间，种田种地、临海捕鱼、日晒制盐，进而逐渐定居下来。

盐田村陈氏则不断追忆着祖先从福建莆田渡海而来的历史，想象着自己的祖先也是依海而生，后历经艰险、辗转迁徙才来到儋州洋浦半岛落脚安定下来。据盐田村村民陈周琼老伯讲述，陈氏翻建祠堂时，依照全族人共同的意愿追溯了陈氏宗族的发展历程，后出版《泽世流芳》① 以供陈氏子孙代代传阅。陈氏写道："舜帝乃陈氏大始祖，颍川系陈氏发祥地，在今河南省淮阳县（旧称颍川郡）。因中原战乱，祖先南迁，其后裔从福建省莆田县（今莆田市）渡琼。开儋始祖中孚公，盐田村陈氏始祖为策先公，从雷车村分出，现子孙分布广泛，遍及洋浦、马井、排浦、昌江、那大、海口、佛山、顺德等地。"近些年，一些陈氏族人搬至书方栏村，与盐田村仅一条入海河道之隔，村民现在以出海捕鱼和养殖业为主要生计，两个村供奉着一个祖先，来往密切。就两个宗族的迁移史来看，同样来自福建莆田的谭氏与陈氏先后定居盐田村，但盐田开发与归属的问题，至今尚没有确切答案，有待更丰富的史料与考古资料才能揭开谜底。

盐田作为谭氏与陈氏社会结合的重要纽带，将两个宗族联系起来，正是因为谭氏与陈氏多年经营盐田，才共同将古盐田近乎完整地保留下来。近年来，随着海南国际旅游岛建设，儋州市也积极发展旅游业，推动洋浦"千年古盐田"旅游开发。2007 年，洋浦经济开发区管理局将"千年古盐田公园"建设纳入洋浦区以"公园-绿化走廊-道路绿化带"为特色的绿化系统项目，配套以旅游基础设施。基于旅游开发的机遇，盐田村两户谭氏盐工便在盐田边经营起了"农家乐"——"庭园老盐鸡""盐田谭家菜"，为前来"千年古盐田"旅游观光的游客提供鲜美菜肴，特色菜系当属盐焗系列，由盐田村日晒而成的

---

① 参见陈周琼《泽世流芳》，中国文联出版社，2008。

海盐制作而成，颇得各地游客赞许。

三 盐田继袭与家族经营

在盐田村，家庭是主要的经济单位，盐工以家庭为单位日晒制盐。因此，家庭可以作为一个重要的切入点，笔者通过分析家的内在运行机制，即分家及家庭集团化，关注分家过程所伴随的财产分割、继承与转移，考察盐田村制盐业发展的经济运行模式，同时可以反向分析盐田经营历程中地方社会的家族繁衍及其社会结构特点。

盐田是盐田村重要的经济基础，每个人都无法将盐田无限占有或者永久经营，而需要将其一代一代转移、传递下去。因此，盐田人以亲族世系为继承原则，严格遵守"子承父业"的规则，将女子完全排除在盐业生产之外。当盐田村村民将单系偏重原则运用于盐业生产后，这种单系继承的方式使盐业生产成为男人的职责，产生了盐田村明确的社会分工——男人晒盐、女人种田，进而形成了一个"农工相辅"的社会。由于盐田村的气候条件、土壤结构独特，只能够种植少量的稻谷、小麦、地瓜、芝麻等作物，农业收成并不乐观。因此，盐业生产是其家庭经济的重要支撑与主要的收入来源。

个案 1：

THJ，1930 年生，土地改革前家里曾经有十多片盐田，自己做盐或者雇几个工，没有出租。一般情况下，做盐所获收成会四六分、五五分或者三七分，雇工获得较多的那一份额，产出的盐由家中妇女挑去外村换粮食或者出售，那时候新英、白马井等地的船舶来往于广州、北海等地运输海产品，需要盐进行保鲜储存，因而经常有船驶来盐田购盐。THJ 家里现在还留有存放了十几二十年的老盐，淡黄色，结成块，用于降火，可以治疗喉咙痛、牙痛等。土地改革后，（村里）重新分配了盐田，直至人民公社时期，盐田村建立了生产队，所有盐田由生产队管理，将盐田平均分配给盐工，THJ 分得四片盐田，长子和他一起做，次子主要做建筑工，偶尔帮忙晒盐，到改革开放分产到户，虽然没有分家，但长子已成家并习得了日晒制盐工艺，能够独立进行盐业生产。因此，THJ 的长子另外分得四片盐田，那时家中共十七八口人生活在一起。1982 年，THJ 在老屋附近新建一间房子，夫妻俩搬出和长子分家，同年，和次子也分了家。到 20 世纪80 年代末，由于父亲年老，次子继承了父亲的盐田，开始晒盐，时至今日，兄弟两人各有四五片盐田。

盐田村在土地改革之前，盐田归盐工个人所有，在盐田经营过程中，存在两种形式的产权流动情况：一种是纵向流动，即盐工分家，盐田的产权在父辈与子辈之间流动，儿子从父亲那里继承盐田后，则实现了盐田产权的纵向流动，儿子分得盐田后，成为盐工，开始从事盐业生产；另一种情况是横向流动，即盐田在不同家庭之间买卖，但是据当地盐工讲述，盐田村的盐田只能在家族内部买卖，不能将其卖予外族人。因此，无论谭姓村民还是陈姓村民都将各自所拥有的盐田保留在家族内部。

考察产权流动的同时，需要关注盐田产权与经营权之间的关系，在盐田村进行土地改革前，盐田归盐工个人所有，因而盐工集盐田产权与经营权于一身，但在不同的盐田经营方式下，盐田的产权与经营权并不一定统一，可分为两个类型：一是产权与经营权统一，拥有盐田产权，并自己经营；二是产权与经营权不统一，即盐工拥有产权，但是租赁或者由雇工经营。不同家庭在各个时期会灵活调整各自的经营方式，以增加收入，维持家庭生计。

个案 2：

TMK，1938 年生，20 多岁到 40 多岁这段时间做盐，做盐之余靠在村中给村里人剪头发或者外出打石头增加收入，之后做过几年运输，开船到马井、新英、新洲、排浦等地载客、拉石头，之后回来继续做盐。新中国成立前，盐田村有 30 多个盐工，TMK 的父亲有两个同胞兄弟，兄弟三人都做过盐，前情不详。TMK 的父亲曾有五片盐田，TMK 和其兄弟 TMS 帮着父亲一起晒盐，产出的盐由母亲挑去白马井、新英、新洲等地卖，五两白银换一筐盐。

在 20 世纪三四十年代盐田村闹饥荒的时候，TMK 的父亲曾把盐田租给盐田村一户陈氏人家经营，五片盐田，租出去两年，一共收租五十两银，因为谭氏宗族有规定：盐田不能卖给外姓人，只能在本族内出租或者买卖。如果买卖，需要二百多两银一片。待 TMK 婚后，即与兄弟分家，由于家里没有田地，其只分得三片盐田，自己制作了制盐工具，开始从事盐业生产。

从个案 2 中获知，分家发生在土地改革前，因而盐田分割的同时伴随着产权流动。在分家之前，这个家庭的盐田曾经租赁给一户陈氏人家，产权与经营权相互分离，五片盐田由陈氏经营过两年，但因族内规定不能出售给谭氏以外的人，因此盐田只能在两个宗族内部进行产权的流动。可见，单系继袭决定盐田可以代代向下传承，宗族对其加之限制，即实现了两个宗族对于盐田资源的控制与占有。

自土地改革后，盐田村对盐田与农业用地都进行了重新分配。1958 年始，中国农村实行政社合一的人民公社管理体制，中共中央于 12 月在《关于人民公社若干问题的决议》中提出，人民公社应该实行统一领导、分级管理，之后制定了以生产队为基本核算单位的"三级所有，队为基础"的人民公社管理制度。盐田村归属于三都人民公社咸塘大队盐业生产队，盐田收归国家所有，生产队将其平均分配给盐田村的 35 户盐工，后增至 42 户，到改革开放时期增至 52 户。当时的盐业生产队分为 5 个小组，其中谭氏 4 个组，陈氏 1 个组，每个组八九个盐工，每个盐工基本分得四五片盐田，在生产队管理下，从事盐业生产。可见，国家力量的介入，改变了盐田村的盐田经营方式。

据盐田居民小组 2003 年统计资料，现今盐田村共有 52 户盐工，其中谭姓盐工 49 户，陈姓盐工 3 户。笔者通过田野调查，对这 52 户盐工家庭类型进行了统计。

盐工的家庭结构以主干家庭为主，核心家庭和扩大家庭也占有一定比例，通过对这 52 户盐工的家庭结构及其盐田之继袭方式的考察，笔者发现，子辈从父辈处继袭盐田的过程中，存在以下三种盐田继承方式。

1. 诸子均分

盐田从父辈流向子辈的过程中，如两个或者两个以上的同胞兄弟都从事盐业生产，父辈盐田则在兄弟之间分割，一分为二或者一分为几。在这个垂直流动过程中，每个家庭拥有盐田的份额较上一辈而言有所缩小，目前盐田村每个盐工基本保留三四片盐田，更小的份额可能无法维持其家庭生计。因此，这种继承方式需基于一定基数，否则会使部分子孙排除在盐业生产之外。

个案 3：

TMJ，1961 年生，17 岁第一次结婚，娶五山村人，未生育孩子，捕鱼时使用炸药炸伤了右手，小臂截肢，便不再打鱼。18 岁开始晒盐，因从小跟着父亲做而习得制盐技艺，接过父亲的七八片盐田后，自己制盐。之后父亲生病，TMJ 的大哥辞去南海渔业公司（公司设在白马井）的工作回到盐田村，TMJ 与大哥平分盐田，每人分得三四片。他在 19 岁时便与大哥分家。

个案 3 中，TMJ 只有一个同胞哥哥，家中盐田足够两兄弟分，这个家庭采取了"诸子均分"的方式，将盐田一分为二，同时扩大了盐工规模，两兄弟都成为盐工。如果一个家庭中，所拥有的盐田份额不够诸子均分，那么必然会将部分子嗣排除在盐业生产外，诸子中，外出工作者需放弃盐田继承权，将其让给兄弟以维持生计，或者愿意晒盐、已经习得晒盐技艺的子嗣可优先继承盐田，剩余诸子另谋生计。这种继承方式的后果就是盐田越来越分散，分割到它只能够维持一个家庭而不能再分为止，目前盐田村盐工增加至 52 户，每个盐工盐田数量是四片左右，随着盐田的分散，盐工的家庭收入较原来减少了。

2. 单独继承

一个盐工家庭中，只有一个儿子继承盐田。这种继承方式适用于只有一个儿子的家庭或者诸子中只有某个儿子愿意继承盐田。那么，他直接继承盐田。一般情况下，盐工家庭至少有一个儿子要继承盐田，否则盐田可能会废弃或者流失。然而，他们能够灵活调整盐业经营，确保盐田始终有人组织生产。近年来受洋浦开发区建设、工业盐的冲击、食盐加碘制度的因素等影响，部分盐工转做他行，将盐田借给其他盐工使用或者闲置。现今盐田村大部分青年人不愿意继承盐田，纷纷选择外出务工。因此，许多家庭的盐田处于闲置状态，濒临废弃。

个案 4：

TJG，1968 年生，他的五个同胞兄弟都生活在三都镇，TJG 小时候由父母过继给 TMZ。生产队时期，国家干部、教师等不能分得盐田，盐田要分给没有工作的劳动者，以维持生计。那时 TMZ 分得四片盐田，TJG 偶尔帮忙翻耙盐地、晒盐，其母亲种几亩田地。TJG 到 20 岁左右初中毕业后，回来继承父亲的盐田，开始做盐，做了 20 年左右。其间，一个月有 20 天可以做盐，每天至少收 150 斤盐，老婆坐车将盐拉去干冲、白马井等地去卖，4 毛钱 1 杯（约一斤），现在 5 块钱 2 杯；遇上涨潮、下雨，就开拖拉机去拉石头，一车 20 元，一天能够运十来车，大概 200 块，这是 1997 年、1998 年的情况。

个案 4 中盐工的三个儿子年纪尚小且都在上学，无人继承他的盐田，现在 TJG 在洋浦码头的建筑工地打工，其盐田废弃。可见，这种继承方式对于盐田在家庭内传承存在较大的不确定性，若后继无人，则盐田传承将在这个家庭中终结。本个案中，通过过继，盐田继承超越了家庭传承，在更大的家族范围内得以实现，但继承者的单一性增强了盐田在家族间的流动性，同时也增加了家庭经营的风险。

3. 轮流生产

如果一个家庭中的两个以上的同胞兄弟都愿意参与盐业生产，为了避免盐田份额分割过小，则会采取轮流生产的方式，每人生产一年或者两年。通常这种继承方式存在于以下两种情况。第一种情况：一个家庭所拥有的盐田份额不足以供诸子分割，且至少有两个以上的儿子想要加入日晒制盐，这样的话，这个家庭则采取轮流生产的经营方式，即使分家后，仍然可以用这种经营方式保证他们都能够从中获取收益，增加家庭收入，维持生计。第二种情况：家庭中拥有足够份额的盐田，但是并不分家，在这种情况下，两个以上的兄弟轮流生产，产出归整个家庭所有，支撑整个家庭的经济开支，即便之后诸子分家，也能够分得足够维持家庭经济的盐田份额，保证家庭收入。

分家导致这种继承方式并不稳定，轮流生产作为一种过渡形式存在，在有限的资源下，是盐工的一种理性选择，最终随着分家析产，它可能有两种发展趋势。一种是趋向于诸子均分，盐田份额变小，如果盐田份额足够分割，则分家后，日晒制盐可以供每个家庭的开支；若盐田不够分，但仍然坚持分割盐田，盐业收入就会大幅降低，必须有其他收入来维持生计。不过，这种情况较少存在。另一种趋势是一方或多方放弃继承，最终在分家时，盐田足够诸子分割或者将其保留在一个盐工手中，确保原有盐田份额的产出能够支撑某一个儿子的家庭，继续日晒制盐。

综上所述，结合盐田村盐工家庭结构和其盐业生产状况，笔者指出盐田村存在三种不同的盐田继袭方式，不仅通过对家庭结构与盐田经营的关联分析，指明了盐田村的社会结构特征，而且通过对不同经营方式的比较，揭示了盐田村如何实现盐田的家族传承。

一个家庭，随着人口的增加，新的婚姻关系建立，家庭将不断扩大，并趋向于分散。分家是家的运行机制，在分家的过程中，伴随着人口、财产的流动，新的家庭建立，构成一个家庭的再生产过程，同时也是社会的再生产过程。

个案 5：

据 TMZ 讲述，其父亲 TMW1937 年生，现已去世，曾有 7 个兄弟姐妹，但只有他自己活了下来。小时候家里很穷，搬去干冲，在干冲某小学干工，也学习到一些知识，直到新中国成立后才搬回盐田村，居住在村中，"儒雅风流"。之后娶妻（五山村人），育有三男三女。

TMW 曾在干冲教书，每月工资 28 元，因为工资少，于 1960 年回盐田村开始做盐。当时的咸塘生产队分给其 4 片盐田，长子 TMZ 和次子帮助其做盐，所得全部上缴新英盐务所，3 分钱一斤，盐务所每个月给每个盐工分 35 斤米、4 两花生油，TMW 以此养活 6 个子女。TMW 老婆也种植 3 片田地，1 片为水田种稻谷，其余 2 片种些地瓜，收成一般。除此外，家中养有 2 头猪。

生产队时期，盐田村共分为 5 个盐业生产队，其中谭姓 4 个队，陈姓 1 个队，每 5 年调整一次，重新分配盐田，"老人退出，新人加入"，因此，TMZ 在盐田调整时分得了盐田，次子高中毕业后去山西当兵，回乡后没有工作，向咸塘大队申请，开始做盐。改革开放分产到户，大概 1981 年分盐田时，TMW 和长子、次子每人分得 4 片盐田，小儿子跟着父亲一起做盐，后来继承了父亲的盐田。

1988 年 TMW 买了村里一所房子，重建后，和小儿子一起搬进新屋，TMZ 和次子一家仍然住在老屋，共 13 人。2004 年 TMZ 从老屋搬出来，在村中排洪沟附近新建一间房子，后次子也搬离老屋另建房屋，"儒雅风流"的老屋闲置着。现今 TMZ 家共 11 人，2005 年他又新建一屋，将原来那间留给其长子，长子分家出去，其次子一家、小女儿与其共居。TMW 的次子一家共 14 人，三个儿子都结婚生子，尚未分家。

个案 5 显示，随着 TMW 每个儿子结婚生子，分家是必然的趋势，从本家独立出去，组成自己的家庭。1988 年长子、次子与其分家；2004 年长子搬出老屋后，两兄弟分家；在长子家中，他的长子又与其分家，而 TMW 次子一家至今未分家。在这个家庭扩大、分散的过程中，可见本家与分家所构成的关系。随着父母去世，家庭这个三角结构所发生变化的过程正是体现了家庭的再生产。同时，各家的家庭结构呈现为不同的类型，核心家庭、主干家庭、扩大家庭三种家庭形态在不同的分家过程中不断演变发展。

在盐田村盐业生产过程中，盐田通过单系继袭的原则，在家庭之间、家族内部实现传递，在不同的家庭结构中，发展出不同的盐田继袭方式。分家这一家庭运行机制不仅实现了家庭再生产，同时将盐田与日晒制盐技艺代代传承。笔者获悉，在这一分析过程中，盐田村明确的社会分工使其构成一个农工相辅的社会，独特的日晒制盐技艺，显示其盐业发展的特殊性，凸显了盐田村盐业生产的特点及其社会结构特征。

笔者结合盐田村盐工家庭结构和盐业生产状况，对49户谭氏盐工的考察发现，谭氏宗族内部各个房支的子孙都经营着盐田，第一、二房支盐工规模及所占盐田份额较三、四房支大，其中，第一、二房支的盐工、盐田数量大致相当，每房支14个盐工，每人约4片盐田；第三房支盐工、盐田数量与第四房支大致相当，每房支盐工有9人。可见，盐工在经营盐田历程中，通过分家机制，可以实现盐工的世代交替，盐工已经由新中国成立前的30来户增加到现今的52户，谭氏宗族也因此不断壮大，并拓垦着盐田规模，提高了海盐产量。

而陈氏对于盐田村的盐田经营状况与谭氏形成巨大差距，就目前调查可知，尚有三户陈氏盐工留有盐田，由新中国成立后的十五六户减至三户，陈氏因无人继承，后于洋浦开发时期，盐田被征而流失了盐田，目前这三户盐工中，CEY的盐田也因海边开发鱼塘而被征用，仅剩两户盐工尚且保留盐田。

个案6：

CZL，1954年生，现居盐田村，家里共7口人。新中国成立前，其外婆家在新州有十几片盐田，产出的盐呈大颗粒，用于腌制或者储存鱼类，而盐田村的盐是小颗粒的。当时外婆家雇几个工做盐，CZL的父亲CCX曾在CZL外婆家负责记账、管理一些事务，后父亲返回盐田村。父亲刚回来时都着家里种田，生活贫苦，直到生产队调整盐田的时候，应CCX申请，分给其四片盐田，开始做盐。CZL从小帮助父亲做盐，19岁时正式接手盐田，开始自己做盐。做了十来年，产出的盐由老婆挑去白马井，一斤盐可换一斤米，一斤盐也可换两斤地瓜干。除此外，有五六亩田地，四五亩种稻谷，一年种植一作，剩下的种一些番薯、蔬菜。开发前的盐田村没有充足的灌溉水，所以CZL的农业收成不好。其不做盐后就去打石头，到处做生意。

个案6中，CCX通过姻亲关系，进入了制盐业，在对妻子娘家的盐田进行管理的过程中，日渐习得晒盐技艺。据CCX讲述，其父曾经常跟船，将他们出产的海盐销往内地，这期间，CCX熟知了海盐的产销与管理，便具备了成为盐工的资格。当盐田村的盐业生产队对盐田进行调整时，他才能够分得盐田，成为盐田村的一名盐工。与其他陈氏盐工、谭氏盐工一同从事日晒制盐。之后，唯一的儿子 CZL 继承了他的四片盐田，家族传承使其也加入日晒制盐的队伍，虽然现今 CZL 已经转做其他行业，但是仍然保留着盐田。

在盐田村盐业发展过程中，盐田经营经历了从家庭经营到集团化，再到家庭经营的发展脉络。到 1964 年，广东省盐务局海南分局建立了儋州新英盐场（盐务所），属集体经济性质，负责盐田村的盐业销售，实行统购统销。盐务所派两名工作人员进入盐田村，负责具体的盐业收购工作。为了便于储存海盐，新英盐务所在盐田村盐田中间建立起了八间盐铺，加之盐田村原有的两三间，共十来间。存放于盐铺的盐，盐务局按照当时海盐收购价格收取仓租，例如，生产队长 TKM 记载，1965 年二三月份产盐 160.00 担，存本总盐 107.91 担，仓租盐 922.03 担，收取仓租共计 46.1 元。

新英盐务所除了留足海盐供其食用外，还负责给盐工分发粮食，以"一户一盐"为单位进行发放，即每户必然有一个盐工。人民公社初期，每个盐工每个月可分得：50 斤粮食（大米、杂粮共计 50 斤，杂粮包括面粉、面条等）、4 两花生油，年终时候发放腐竹、香皂等。后随着盐工人数增加，改为每月给每个盐工发放 35 斤大米，其他照常。直到改革开放后，盐田村实行家庭联产承包责任制，盐田经营回归以家庭为单位，盐业生产实行自产自销。

1982 年，盐田村分产到户，盐田归盐工个人承包，以家庭为单位经营，随着家庭经营权的确定，盐田也确定在每个盐工手中，直至今日不再调整变动。在盐业生产中，为了增加产量，妇女偶尔加入，帮忙做一些挑水、收盐等较轻松的工作。20 世纪 90 年代中期，洋浦开发征用了盐田村的土地，妇女完全从土地中解放，家庭副业得到发展，村里除了发展养殖业、建筑业外，存有大量剩余劳动力。因此，妇女纷纷投入盐业生产，夫妻协作，共同经营盐田，不仅扩大了盐业产量，增加了家庭收入，改变了经营方式，对家庭结构也产生了重要的影响。

伴随盐业生产过程而生的是盐田经历了由分到合再到分的过程，最初家庭经营时，盐田归谭氏、陈氏盐工个人所有，盐田分散在家族内部。国家力量介入后，开始集团化经营，盐业生产归咸塘生产大队盐业生产队统一管理，产出的海盐供新英盐务所统购统销。改革开放后，盐田分产到户，但此时盐工仅拥有盐田的经营权，回归家庭经营后，盐田继之分散在谭氏、陈氏的各个家庭中。在时代的变迁中，无不体现民间力量与国家力量的博弈，即使盐业生产处于国家力量支配时期，宗族亦有其灵活性。谭氏与陈氏宗族通过继承、经营盐田，传承日晒制盐技艺，将整个古盐田保存下来。

四　海盐流通与亲属关系的扩展

日晒制盐发展至今，无论盐工采用何种销售方式，都会将盐田村与其他地域联系起来，在盐田经营的历程中，海盐经历了以物易物到统购统销的转变，如今在市场作用下，盐工们将"生态盐"的文化理念融入海盐，提升其价值，随着海盐的流动，自然构成一个海盐的贸易网络，呈现一个动态的贸易体系。

1. 以物易物

洋浦开发前，盐田村的自然条件不利于农业种植，盐工辛勤劳作，每个盐工每天能够产出 100 斤左右的海盐。除了留足自己食用的量外，每日产出的海盐由妇女用扁担挑去周围的村落，以物易物，换得一些大米、地瓜等粮食，补给家中口粮。有时也出售给村民，销售所得可以购买一些家中生活必备品。盐田村因为发展出日晒制盐的传统制盐技术，所以盐田村村民的生活在当地还算比较富裕。

> **个案 7：**
>
> 　　TMR，生于 1935 年，17 岁开始做盐，一直到 2009 年左右，由于年迈而中断晒盐。自幼没有兄弟，从小跟着堂哥 TMY 学习做盐，两家一共有 5 片盐田，后来增加为 6 片，20 来岁结婚后分家，每家 3 片。每片盐田每天能够产盐一百多斤，天气好的时候，最多能够晒出两三百斤，晒出的盐由妇女挑去盐田周围的村镇换粮食或者出售。除盐田外 TMR 家里还有 8 亩多田地，其中有 4 亩多水田，除了种稻谷外，还种植地瓜、小麦、高粱等作物。季节不同种植作物不同：4 月种植小麦，7 月收割；6~7 月种植稻谷；8~9 月种地瓜。

盐田村的盐工们以家庭为基本单位从事日晒制盐生产活动，随着家庭的建立、扩大，每个大家庭趋向于分家，又实现了家庭的再生产。在这一动态过程中，基于婚姻、血缘和法律，相应的亲属关系网络得以形成，而婚姻则是家族重要的基础与纽带，可以将不同的家族联系起来。因为婚姻的选择在文化上具有一定规则，即乱伦禁忌和外婚制。在单系继袭原则下，盐田经营与海盐生产都嵌入了父系亲属关系网络，寄名制扩展父系亲属关系网络的同时有利于海盐的生产，而姻亲关系网络基于明确的社会分工而作用于海盐的销售流通中。

个案 8：

CDX，1941 年生，28 岁开始做盐，在做盐之前，爷爷在洋浦港给别人造船，其拥有 4 片盐田，90 多个盐槽，做盐做了约 45 年，大概有四五年不生产了，盐田荒了，工具也丢了，4 个儿子没有人继承做盐，现在食用的盐是市场买的加碘盐。之前其父亲并没有盐田，CDX 的姨妈（母亲的姐姐）嫁给了谭氏家族的 TML，因此 CDX 的父亲租赁 TML 的盐田进行生产。改革开放后，盐田村第一次分产到户时将盐田分配给 42 个人，CDX 并没有分到，由于 TML 分到的盐田比较多（具体数目不详），就借给他 3 片，产出的盐都归他自己所有。不久后第二次分配盐田时，需要分配的盐工人数增加至 50 多个人，CDX 也分得 4 片。他做盐的时候，一年大概有 5 个月可以晒盐，每天收成 100~200 斤，老婆用扁担挑着盐去卖，少数以物易物，大部分卖出，新英 5 分钱一斤，干冲和白马井就是 1 元钱十几杯。他不做盐的时候，就在家做养殖，操办家里的事情。老婆还种植了 20 来片田地，十五六片田，用来种稻谷，还有 5~6 片旱地种番薯、蔬菜。

从个案 8 可知，姻亲关系将 CDX 与 TML 两个家庭联系起来，在这种关系网络的支持下，CDX 进入了日晒制盐的生产领域，以租赁的方式从事盐田经营，习得日晒制盐技艺，成为一名盐工。姻亲关系是谭氏与陈氏的结合纽带，但这种情况极为罕见。笔者对村中现居谭氏居民婚姻状况调查发现，没有本村谭氏与陈氏通婚的案例，只有 4 人与书方栏陈氏（与盐田村陈氏同宗）通婚。两个宗族间的交往更多地来自共同从事的盐业生产。因此，"盐田"是谭氏与陈氏社会结合的重要纽带。

盐田经营中，男人晒盐，女人主要负责卖盐，每日盐工辛勤劳作，每个盐工每天能够产出 100 多斤的海盐，多则 200 来斤。盐田村正是因为日晒制盐的传统制盐技术以及高产量的海盐出产而远近闻名。

产出的海盐除了换取粮食之外，一部分流向了鱼市。渔民纷纷用当地盛产的盐给海产品保海鲜。1988 年之前，经常有广东、广西北海等地的渔船来往于大陆与海南岛之间，这些渔船所运输的海产品需要大量的海盐储存，在市场对海盐的大量需求下，盐田村妇女也经常挑着海盐去往新英、白马井等码头出售，或者和各个地方的渔民以盐易鱼。在调查期间，经常能够听到老盐工提及他们前往白马井以盐易鱼的事例，直到白马井码头建起冰库，渔民改用冰块保鲜，销往海南甚至内地各个市场。

海盐的流动自然构成一个贸易网络，呈现一个动态的贸易过程。姻亲关系对于海盐流通的作用是显著的，一般情况下，卖盐的妇女会首选自己熟悉的娘家，回到自己从小生长的村庄，利用这种亲缘与地缘关系网络向外出售海盐。同时，海盐的流通能够扩展盐田村的通婚范围，巩固与其他村庄的关系网络。笔者所调查的盐田村，无论是谭姓族人还是陈姓族人都本着"同宗不婚、同村不婚"的原则与盐田村以外的地域团体通婚，奉行"一夫一妻制"。

表1是笔者调查期间对目前尚在村居住的59户谭氏娶妻与外嫁女子的通婚情况，共计205人，从表1统计得知：盐田村人的通婚半径为7~9公里，主要是洋浦经济开发区范围内的新英湾区、干冲区、新都区，其中新英湾区最多，干冲和新都的比例相当，显然以新英湾区为中心，以干冲区、新都区为外围，向外扩散为三都镇、木棠镇、白马井。近年来，由于洋浦经济开发区建设，不少外来人口进入这一区域，加之盐田村外出务工人员的增加，与大陆人通婚的比例有所增加。

表 1　盐田村的通婚范围

单位：人

	片区	居委会	居民组	通婚人数	合计
洋浦经济开发区	新英湾区	咸塘居委会	书方栏	4	74
			中心	7	
			上头	1	
		白沙居委会		15	
		五山居委会	西浦	7	
			五山	7	
			万宅	14	
			唐宅	1	
		新英湾居委会	雷车	3	
			铁炉	5	
			中公	1	
			郑宅	9	

	片区	居委会	居民组	通婚人数	合计
洋浦经济开发区	干冲区	东临居委会	东方	4	37
			临高	5	
		洋浦居委会		7	
		儒兰居委会		4	
		南便居委会	南便	2	
			南方	4	
		夏兰居委会	周宅	4	
		海勤居委会	春阳	1	
		春鸣居委会	笔坡	4	
			银盏	2	
	新都区	太平居委会	唐屋	4	33
			海踢	1	
			沙塘	10	
			新地		
			沙地	1	
		共鸣居委会	符上	2	
			白文	2	
		高山居委会	南边		
			杨辉	3	
			高山	4	
			黄品		
		公堂居委会			
		新都居委会		6	
三都镇				9	9
白马井				13	13
木棠镇				7	7
新洲镇				1	1
排浦镇				1	1
东方八所				2	2
王五镇				1	1
中和镇				2	2
东成				1	1
峨蔓				4	4

	片区	居委会	居民组	通婚人数	合计
长坡				2	2
那大				5（2娶3嫁）	5
临高县				1	1
光村				2	2
昌化				1	1
琼中				1	1
大陆（海南省外各省市）	嫁给大陆人	嫁到大陆		2	8
		大陆人在洋浦		3	
	娶大陆人			3	
合计					205

盐田村相对封闭的自然环境导致海盐的流通范围基本维持在周围几个村落，而这恰恰与其通婚圈的范围重叠，主要集中在新英湾区、干冲区、新都区、白马井镇等区域内的村落。海盐的流通嵌入亲属关系网络，盐田妇女依托亲属关系拓展海盐市场的同时，用海盐的流通扩大了通婚范围，不断促进盐田村亲属关系的拓展与延伸。这种经济嵌入社会的过程，正是盐田人进行盐田经营的文化逻辑。

婚姻缔结，建立起社会中的基本三角——家庭，生育与婚姻不断扩展着父系的亲属关系与母系的亲属关系，这些社会关系使他们构成一个亲属群体，形成了这个家庭的亲属关系网络，达成家庭关系的拓展目标。除此之外，还存在一种家庭关系拓展形式，即"寄名制"，这种拟制的亲子关系在我国南方地区较为普遍。寄名制拓展了家庭关系网络，可以使两个亲属群体实现"亲上加亲"，抑或使两个原本没有联系的家庭建立起关系。盐田村寄名制盛行，伴随其而生的社会关系，逐渐拓展为一个横向的关系网络。经济合作、互帮互助显示出这种关系网络对经济生产与日常生活所发挥的重要作用，利于盐田村人的生产与生活。

2. 统购统销

在人民公社化时期，盐田村盐业生产由儋县三都人民公社咸塘生产队统一管理，在盐田村，咸塘大队下设五个生产队，其中一个为盐业生产队，四个为农业生产队。盐田村盐业产出由新英盐务所负责收购，实行统购统销。盐务所派两名工作人员进入盐田村，负责具体的盐业收购工作。储存于盐田村盐铺的海盐，由新英盐务所派出船只（一般十吨位以下）前来收购，每次收购海盐时，盐务所都给每个盐工留有足以供其使用的盐，其余部分收归盐务所，5分钱一斤，按劳动分配，多劳者多得，每十天结算一次。盐田村的海盐除了新英盐务所收购外，还销往儋州马井供销社、干冲供销社等，实行统购统销与专营。

到20世纪80年代初，家庭联产承包责任制在海南岛推行，随着生产队的撤离，盐田村也实现了以家庭为单位制盐，海盐销售转向自产自销。盐田村与新英的海盐贸易逐渐减少，村民更多的是就近销售。位于新英湾的新英镇，除了具有得天独厚的优良渔港外，其自然条件同样适合海盐的生产，新英盐场成立于1964年，属于集体经济性质。据儋州市盐务局2005年儋州盐场调查情况，新英盐场生产面积达106.67公顷，通过直接晒制海水的方式产出海盐，年产量达2200吨，生产人数共计262人，至今仍然在经营中。

3. 洋浦特色·生态盐

1992年，洋浦经国务院批准成立国家级经济开发区，划定开发区面积为31平方公里，成立洋浦经济开发区管理局，负责洋浦的开发、管理工作。自此，洋浦的城市化建设拉开了序幕。随着洋浦开发的深入，现盐田村村民纷纷离开盐田村搬迁至公寓楼，留在村里的多为老盐工，他们已经年老体弱，无法承担繁重的劳动与传承日晒制盐工艺，以致现今很多盐田已经废弃不用。

洋浦经济开发区投入建设后，市场经济逐渐发展起来，在食盐专营与食盐加碘政策影响下，盐田村日晒生产的海盐渐渐失去市场。洋浦市场的碘盐价格现今为每袋2元，而盐田村的海盐每斤（每袋）3元，价格高于加碘食盐。在市场经济的背景下，洋浦居民纷纷选择市场的加碘食盐，致使盐田村海盐生产失去了广大市场。盐田村出产的海盐没有经过加碘程序的生产，因而被国家食盐监管部门视为不合格产品，我国食盐专营、食盐加碘等相关政策明确规定，普及加碘食盐，非碘盐和不合格碘盐均不能进入食用盐市场。在食盐专营监管下，国家通过法律法规的形式，将盐田村所生产的"私盐"排斥在食盐市场之外。失去市场的直接后果是盐工家庭收入急剧减少。随着监管力度加大，盐田村的盐工们纷纷放弃日晒制盐，进入洋浦，另寻生计。近几年，盐田村古盐场逐渐废弃，每年至多有七八户盐工进行生产，产量低下，进而日晒制盐技艺也将面临失传的危机。

谭氏族人在新干冲区办事处的协助下，开始积极申报"日晒制盐工艺"为非物质文化遗产，借以保护传统的日晒制盐工艺和世代守护的晒盐场。经过多方力量努力，2008 年 6 月 7 日，经国务院批准，海南洋浦千年古盐田晒盐技艺被列入第二批国家级非物质文化遗产保护名录，海南省儋州市文化馆为其制作了广告宣传牌，矗立于盐田观景台边，便于每位来访游客都能够通过阅读"洋浦盐田日晒海盐简介"与"海盐晒制技艺"了解洋浦千年古盐田的历史、概况及其独特的制盐工艺。

在非物质文化遗产的保护与宣传中，盐田村凭借优越的地理位置以及传统且独特的日晒制盐工艺得以发展随着来访游客的增多及游客对于日晒制盐的需求，2009 年开始，新干冲区办事处向盐工免费发放印制有非遗标识的海盐包装袋，以"旅游纪念品"的形式将盐工生产的海盐销售给游客，不仅帮助盐工销售了海盐，而且加大了"千年古盐田"的旅游宣传力度，让更多的人获知日晒制盐工艺，生态盐的包装袋上面这样介绍盐田村经盐工日晒制盐工艺产出的海盐：

洋浦千年古盐田简介

千年古盐田位于洋浦经济开发区新英湾区内，距今 1200 多年，盐田总面积 750 亩，砚式石槽 7300 多个，年产量 500 吨。洋浦千年古盐田是我国最早的一个日晒制盐场，也是我国至今保留原始日晒制盐方式的古盐场。

盐田的制盐工序古老、原始、独特。盐巴是用经太阳晒干的海滩泥沙浇上海水过滤成卤水后，在玄武岩砚式石盐槽上晒成。盐巴白如雪，细如棉，咸味适中纯正，不带苦味，具有纯天然、无杂质、颗粒小、可直接食用等特点，是生活中盐焗系列品种的上乘原料；老盐巴可清热退火，消毒散瘀，是馈赠亲朋的佳品。

除了加包装销售给游客外，盐田村村民也将海盐出售给洋浦的饭店、小商贩等，盐焗系列食品是海南著名的美食，大大小小的饭店都以此为主打菜系。市场销售的加碘食盐制作盐焗系列的话，一是成本较高，它需要用较多的碘盐来制作，村民曾告诉我们，每次用五斤盐焗一只鸡，因为日晒制盐出产的海盐不易熔化，所以每次只用掉 2 斤，还剩 3 斤可以再循环使用；二是加碘盐制成的菜系没有当地产出的大颗粒海盐制作美味。除了盐焗系列食品外，当地还有其他与海盐有关的食品、医用品等，它们都对日晒制盐有所需求。

盐田村日晒制盐发展至今，从生计方式到非物质文化遗产；从自产自销到集团化经营下的统购统销，再到附加新内涵的自产自销；从食用、腌制到旅游纪念，一系列变动中，海盐的流动所形成的贸易网络，将不同区域联系起来。小到盐田村方圆约20公里，大到儋州、海南甚至内地的广东、广西等，随着盐这一物态的流通，勾勒出一个明确的区域体系。在此区域内，彰显着其日晒制盐工艺的区域性文化特色。在非物质文化遗产保护下，将原本被国家视为缺碘的"私盐"转化为"旅游纪念品"销售给游客，不仅宣传了传统的"日晒制盐工艺"知识、销售了出产的海盐，更重要的是将古盐田与日晒制盐技艺近乎完整地保留了下来。

五　结语

海南岛地处南海，盐场遍及整个岛屿，莺歌海盐场是中国南方最大的海盐场。海南岛盐业在中国海盐生产中占有重要地位。洋浦经济开发区盐田村的"千年古盐田"尚且保留着我国最传统的"日晒制盐"技艺，随着洋浦经济开发区建设与碘盐的市场化，盐田村的日晒手工制盐凸显珍贵。

本文以盐为线索，从经济与社会的角度切入，对盐田村家族与盐田经营进行了深入分析。笔者通过对盐田村盐工家庭结构、盐田的继袭原则与类型的阐述，揭示出盐田村在单系继袭原则下，明确的社会分工促使盐田村构成一个"农工相辅"的社会，即男人制盐，女人务农。在分析过程中，笔者从纵向、横向的角度考察了家族与盐田经营的关系，在不同历史时期的社会变迁下，展现盐工如何灵活采取不同模式经营盐田，以维持生计。正是在家庭再生产过程中，盐田实现了在家族内代代流转。可见，家族在盐田经营与保护中发挥的作用十分重要。

古盐田的经营始终嵌在亲属关系网络中，海盐的生产依托盐田村的家文化而运作，分家伴随着盐田所有权和经营权的转让、传递，不断扩大盐田面积与家族规模。此外，海盐的销售、流通同样受亲属关系影响与支配，盐田妇女依托亲属关系拓展海盐市场，同时，也靠海盐的流通不断促进亲属关系的拓展与延伸，无不体现出经济嵌入社会的过程。

无论是从地理位置，还是行政建制、社会经济发展等方面来看，海南岛都地处中国南部边陲，孤悬海外、四面环海的地理特征造成了海岛社会的封闭性，无论是盐业资源的占有、经营还是海盐流通与社会关系网络的范围都能够凸显这一封闭性特征。此外，自汉代在海南建制以来，汉族不断向海南岛迁移。因此，对海南岛汉族社会的研究需要关注其移民背景，汉族与其他民族移民的历史记忆恰恰能够展现出海岛社会与岛外社会的流动过程与关系网络。笔者期望通过这项研究，可以延伸出更多对海南岛地方经济及其社会文化的讨论。

海盐制作中所体现的生态观念

生态观念

—— 以海南岛盐田村为例*

周开媛**

摘　要　本文通过实地田野调查和对文献的稽考，以位于海南岛洋浦开发区的盐田村为例，从盐田构造、自然知识和生产技艺三个角度出发，揭示此地独特的淋滤日晒制盐法背后所体现的传统生态观念，探讨传统生产方式中人与自然之间的关系，并借此反思工业化以来人类对自然、对自身认识的转变。

关键词： 海盐制作；生态观念；盐田村

导　言

在人类漫长的发展历程中，盐作为生存必需品扮演了重要的角色。正如《中华盐业史》中所言，"人之所贵者'生'，所重者'养'，自熟食粒食而后，盐之生化结构，与人之营卫系统，所发生之关系，已为先民所熟谙，如是多方研究采取，自海盐池盐井盐岩盐，次第开发，次第利用……"①。于是乎盐的制作也成为人类生活中必不可少的一个过程。与其他盐类相比，海盐的制作与自然的联系最为紧密，传说自炎帝时起海滨之民便已习得"煮海为盐"的技艺。"煮海"者，尚且依赖于柴、灶，而另一种淋卤晒盐法，则完全将海盐的结晶过程托付于天日，在制盐过程中更需要盐民对自然的深度了解以及与

---

　*　本文原载《盐业史研究》2016 年第 1 期。

　**　周开媛，四川省社会科学院历史研究所助理研究员。

　①　田秋野、周维亮：《中华盐业史》，台湾商务印书馆，1979。

其高度密切的配合。

笔者所调查的盐田村位于海南岛西北部洋浦半岛的东南端，与我国南方地区其他淋卤日晒盐场相比，这里拥有得天独厚的地质与气候条件，略显偏僻的地理位置也使其如今依然保存着相对传统的制盐技艺。然而时代的洪流势不可挡，即使已被评为"国家级非物质文化遗产"，工业化的浪潮也会无情地淹没这片古老的盐田。笔者之所以依然热衷于探究这种濒临失传的古老制盐技艺，是希望借助其所折射出的人与地、人与海、人与自然的关系，揭示一种与现代思维相异的传统生态观。

一 天人合作的典范：盐田的形成及构造

笔者所调查的盐田村位于海南岛西北部洋浦半岛的东南端，西临洋浦经济开发区，东临儋州湾。这里是一处历史悠久的淋卤日晒盐场，拥有上千个天然的砚式晒盐石槽（见图1）。究其形成之源，不得不提到自然的鬼斧神工，若不是恰到好处的地形地势、由火山喷发造成的玄武岩景观、海湾的构造和海水的盐度，这里可能还只是一块寻常的荒芜海滩。但俗话说"三分天注定"，在自然的基础上，如果没有世代盐民们充满智慧的诸多改造，无论如何也不能成就今日之盐田。

（一）自然之功

《中国海域地名志》记载，儋州湾又名"新英湾"，北纬 19°42′~19°47′，东经 109°12′~109°19′。在海南岛西北部，洋浦湾东部。因位于儋县西部，儋县古为儋州地，故名，属溺谷型海湾。北岸为玄武岩，东南为黏土、亚黏土、沙砾层岸，为洋浦湾之内湾，湾口在白马井角处，宽 500 米，水域向东伸入陆地，至新英镇分东北、东南两条海汊。从湾口至新英镇纵深 13.4 公里，腹宽 7公里，弧长 55.0 公里，水域面积 50 平方公里。水深 1 米左右，白马井附近至西部深槽 5~22 米，属正规日潮，潮差 1~3 米。纳北门江和春江水，湾中已多淤积成浅水滩涂，有红树林和海草生长。湾口有白马井港，湾中有新英港、咸塘港以及其他专业港口。其中白马港为著名渔港。[①]

海湾北岸为洋浦半岛，半岛中心点位于东经 109°11′，北纬 19°43′，属热带季风气候，阳光充足，常年主导风为东风和东北风，6 级以上大风率约

---

① 李曦沐主编《中国海域地名志》，中国地名出版社，1989。

为 0.06%，年平均降水量为 1100 毫米，年均气温为 24.7℃，相对湿度为 26%（冬季）~82%（夏季）。洋浦半岛面积约为 350 平方公里，由 100 米以下的台地和阶地平原组成，地势西北稍高、东南稍低，平坦开阔，由"湛江群"黏土、砂质垆坶、玄武岩和石英砂组成，且基岩裸露，不宜农耕。

半岛为基岩海岸海蚀地貌，海域洋面辽阔，深水近岸，水深平均 11 米，最深处达 24 米。海岸线长 150 公里，分布着大小 20 个小海湾。

图 1　盐田远眺

正是由于洋浦半岛西北高、东南低的地势，100 多万年前，位于半岛西北部的峨蔓湾笔架岭火山间歇性喷发时，岩浆沿地势而下流散至洋浦半岛最南端，形成了现今盐田村及其周边地区出露最广的玄武岩景观。玄武岩的四散分布对农耕造成了诸多不便，但上天似乎特别垂怜此地的子民，不宜农耕的土地低平向海，加之气候炎热、海水盐分浓度相对较高等一系列的条件，使其具备了作为盐田的基本条件，而橄榄玄武岩的"斑状结构，气孔化构造"[1] 又正好为晒盐提供了便利。

（二）凡人之力

自然以其伟力捏塑出了盐田粗糙的模子，但它的制盐功能尚不完备。只有

---

[1]　符启基、沈金羽、林才：《海南省笔架岭火山口及峨蔓湾地质遗迹景观开发初探》，《资源环境与工程》2012 年第 6 期。

当勤劳的盐民凭借着自己的智慧将其改造之后，这项伟大的工程才能宣告完成。下面拟从盐田的改造、盐田设施的建造、玄武岩石槽的加工及各部分的数量配比四个方面谈谈盐民对盐田的改造。

首先，从地势上看，整个盐田从海到陆呈平缓上升趋势，同时每一块盐田自身又保持相对平坦，类似于缓坡梯田。对地形如此改造，一来有利于所有盐田在多数月份涨大潮时能被海水湮没以补充盐分；二来平整的盐地不易积水，易于高效晒沙。同时，依照其天然的形状和操作的便利，大多数盐田被改造为扇形或矩形，每片 10~30 平方米不等，地与地之间以石头、沟渠或田埂为界（见图 2）。

图 2 一片扇形盐田

笔者在调查中还了解到，地势高低不同的盐田各有优劣，盐民们在对盐田的分配中形成了一套自己的法则。若盐田地势低、近海岸，则每月涨潮时被湮没时间长，可晒盐的时间较短，而优势在于即使冬春潮水较小时，海水仍可到达盐地，不需专门去海边挑水浇地；而地势高处则相反，每月可晒盐的时间长、产量高，然而冬春时节潮水不及，则需要费更大力气去海边挑水。因此，盐工们在分配盐地时，多数是高低混搭。例如，某户盐工所拥有的四片盐地中，如果有两片靠海，另两片就一定在地势相对较高的地方。近年来，海岸红树林遭到严重破坏，缺少红树林保护的近海盐田逐渐为海浪所侵蚀和吞没，仍可耕作的已不多见。

其次，盐工在每一片盐田内部和周边分别建造和配备了多种制盐设施，包括过滤池（沙漏）、卤水池、盐井、蓄海水池和引导渠等，盐工利用这些制盐设施将盐田进一步打造成高效的制盐场所。各种设施的详情如下。

过滤池（沙漏①）：一般为3米长、2米宽、1米深的方形坑状池，位于盐地内的某一边缘处。由盐泥堆成，位于地表，池中央铺有细竹篾和茅草。

卤水池：石头坑，1.5米到3米见方，在地平面之下，紧挨过滤池，有石缝相通（见图3）。

盐井：大多为1米见方的窄口深坑，坑壁为石头垒成，建于地势较高处，从前多用于贮存卤水（见图4）。

图3　过滤池（沙漏）和卤水池　　　　　图4　盐井

蓄海水池：又被当地人称为"积水洞"，是用来储存海水的水池，大小不一，深者达到两米，浅者仅几十厘米，一般修筑在数片盐地之间（见图5）。

引导渠：引导海水进入盐地的细长沟渠，分布于盐田各处，多与蓄海水池相连，由小石块垒成，高约25厘米，宽40~50厘米（见图6）。

图5　蓄海水池　　　　　　　　　　图6　引导渠

---

① 原为提土旁"塴"，此字在现代汉字中已被淘汰，故以"漏"替代。

再次，用于晒盐的玄武岩石槽也是盐田村的一大特色。盐工们将椭圆形或不规则形状的玄武岩切割成一个平面，再磨出1.5~3厘米的槽沿，使其成为槽平面0.3~1.5平方米、能够晒制卤水的晒盐石槽。当槽沿破损时，一般使用熟石灰或水泥修补替代（见图7、图8）。

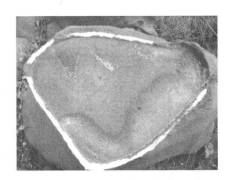

图 7　盐槽群　　　　　　　　　　　图 8　盐槽单体

刚刚来到盐田时，笔者对上千个大大小小的盐槽不以为意，认为它们千篇一律、毫无二致。然而随着相处日长，盐工们告诉笔者，盐槽里面大有学问，比方说磨出的槽边（1.5~3厘米）不深不浅刚刚好，能在一个白天之内将其中的卤水晒制成盐。而且每个盐槽都是各不相同的，它们面积的大小、气孔的多少、位置的高低平斜，乃至裂纹都会对晒出的盐产生影响。就拿气孔为例，一般而言孔小且多的盐槽为最好，因为气孔多有利于通风散热、加速蒸发。而夏天用孔大的石槽晒盐效果更好，因为此时热量充分且南风盛行，但是冬天若用此种盐槽则事倍功半，因为大孔中的水往往最不易晒干。

最后，盐田各部分设施的数量配比也十分合理。一般来说，每一片盐地配有一个过滤池、一个卤水池和十几二十个晒盐用的石质盐槽，其中每一部分的面积、容量都与其余部分相互配合，如一片面积为10~30平方米的盐地中晒出的盐砂刚好能够填满用以过滤的沙漏，而沙漏中滤出的卤水正好在卤水池的可容纳范围内，这些制好的卤水也足够填满周边的十几个盐槽。另外，每三四片盐地中央会设置一个较大的蓄海水池，这些池子地势低于盐地，并通过导引渠与大海相连，所以每当潮水来临时，水池就会自动蓄满，退潮以后盐工们需要海水过滤或清洗盐槽时就能够就近取用了。

经由历代盐工的巧手改造，盐田逐渐从一片散布着块状玄武岩的海滨坡地转变为今日所见的既合天意又省人力的海盐生产场地，可谓天人合作的典范。

二 微"盐"大义：海盐制作中的传统自然知识

如同牧民熟悉草原和牛羊、猎人熟悉森林和野兽一样，盐田村的盐工们对海洋和盐的知识也深谙于心。在传统的海盐制作中，晒沙、收沙、过滤、晒盐、收盐，看似寥寥几步，实际背后却隐藏着一套与海洋息息相关的知识体系。这些知识形成于世世代代的人海相依，吸收了传统文化的养分，融注在渔民与盐工的血液里。

（一）海潮知识

有三十多年制盐经验的 TMJ 大叔打过一个生动的比方：做盐实际就是和潮水赛跑。这是因为与许多大盐场不同，盐田村得地利之便，并不需单独筑渠引海水入盐地，而是仅依凭每月潮涨潮落，便可使盐地覆海水、吸盐分，如此循环往复而从不伤水废土。具体来说，除四月、十月有三潮外，其余月份均有两潮。盐工们熟谙每一次潮水的涨落日期，涨潮时海水没过盐地，土中饱吸盐分，待到退潮时他们便可耙沙、晒沙再拖沙入池以滤出土中盐分，将得到的卤水进行晒制或贮藏，在下一次潮水来临前所有工作必须做完，否则海水一来卤水将被冲淡，意味着前功尽弃。

那么，盐工们依靠什么记住涨潮的日期呢？据笔者的调查采访，儋州湾地区流传着一首《流水歌》，也叫《流水星表》或《海南水星》，记录的就是每月潮水的涨落：

> 正月是寅，寅逢初七、二十一；
>
> 二月是卯，卯酉四更、十九周；
>
> 三月是辰，辰属龙，龙见一刀、十六段；
>
> 四月是巳，巳属蛇，蛇连二、五、九交游；
>
> 五月是午，马交十二、二十五；
>
> 六月是未，未属羊，羊生十头、二十四拖（ao 四声）；
>
> 七月是申，申属猴，猴八当年、二十二；
>
> 八月是酉，酉属鸡，鸡唱五更、十九周；
>
> 九月是戌，戌属狗，初二、十六齐放走；
>
> 十月是亥，亥上一更、十四笔，抽来送去二十七；
>
> 十一月是子，子来（或乐）十二、二十五；

十二月是丑，丑属牛，一个牛头重九斤，二十四人分。①

　　这首《流水歌》意涵丰富，在纪月上使用了汉族传统的十二生肖纪月法，将农历的月份与地支和生肖相结合——以虎月为正月，对应寅，依次下来是卯兔、辰龙、巳蛇、午马、未羊、申猴、酉鸡、戌狗、亥猪、子鼠，以及丑牛。有趣的是，歌中还结合各个动物的特点将每月新一轮潮期（又称水星）按照韵脚编成一句顺口溜。例如："三月是辰，辰属龙，龙见一刀、十六段"意味着三月初一和十六是老潮断绝，新潮始涨的日期，而"十月是亥，亥上一更、十四笔，抽来送去二十七"则是说农历十月有三次潮水，分别开始于十月初一、十四和二十七。

　　实际上准确地说，每月的潮期并不是潮位最低的日子。有句谚语叫"水先星后"，意思是说在每月潮期前的 3 天左右，潮水到达最低位。以农历正月为例，正月潮期为初七和二十一日，这意味着初七这天，潮水涨到最大值和最小值的中间某处，然后在接下来的 7 天里持续上涨，直到 7 天之后到达最高位，而后开始减潮，减到十八日、十九日到达最低位，随后再开始涨，到二十一日这天差不多又回到中间值，于是开始新一轮的涨潮。

　　从《流水歌》中还可以看出，潮水在一年之中是分两次循环的，七到十二月的涨潮日期与一到六月基本重合，除四月、十月外，其余月份即使不完全相同也只相差一两天。然而从水量大小和涨潮的快慢看来，四季之潮是不同的。其中一到三月为小潮（也称"小水潮"），来得慢去得慢，有时减潮需要九、十天，而且水量较小，每到这时地势较高的盐地无法被潮水没过，蓄水池也几近干涸，人们不得不用水桶去海边挑水浇灌盐地；四到十月则不同，尤其是四、五两月为大潮期，水量大，来得快去得快，四月和十月的大潮只需五六天就可以减退，村中老人形容它就像跑步一样快。

　　四时之潮的差异还体现在每日涨潮的时辰上，比如春天从上午开始涨，日日推移，夏天就到了下午，而秋天则为傍晚，到了冬天，潮水就从夜晚开始涨起了。每季潮水的盐度在不同时刻也各有差别，聪明的盐田人总结为：雨后纳潮尾，长晴纳潮头，秋天纳夜潮，夏天纳日潮。

---

① 歌中各月涨潮的（农历）日期分别为：正月初七、二十一；二月初四、十九；三月初一、十六；四月初二、十五、二十九；五月十二、二十五；六月初十、二十四；七月初八、二十二；八月初五、十九；九月初二、十六；十月初一、十四、二十七；十一月十二、二十五；十二月初九、二十四。

直到今天，儋州湾地区捕鱼和做盐的老人们还能用儋州话熟练地吟诵出《流水歌》以及诸多关于潮水的民谚。在笔者看来，它们绝不仅是生产中简单的经验性总结，而是以海为生的人们千百年来在与海洋、自然相处的过程中凝练而成的民间智慧，更是汉族传统文化与海洋生计方式完美结合的典范。

（二）天气知识

盐田里常年耕作的老人们都知道：盐田就像农田一样要看天气的，冬天再想干、再勤劳，也是做不出多少盐的，有时候没估摸好天气，一场雨下来，之前做的就全泡汤了。在儋州地区流行着许多有趣的天气谚语，如：四月十二湿鸭毛，稻秆一定水里捞；六月十二，水浸土地；八月火烧天，二月水浸田；东风吹过西，糯米煮肥鸡；月晕多风，日晕多雨；东虹云，西虹雨，南虹鹁鸪咕，北虹旱石浮。① 做盐也是同样的，只有懂得了藏在风雨云电中的暗语，摸准了老天爷的脾气，才能将制盐的每一步与天气相配合，最终得个好收成。

"风者，天地之翕辟，山泽之郁蒸，发而成声，日箕月毕之占，由来久矣。"② 同样是风，来向不同，则差别甚大，南风常被看作丰收之兆。"在昔虞舜挥五弦之琴作南风之歌，其辞曰：南风之薰兮可以解吾民之愠兮；南风之时兮可以阜吾民之财兮。"③ 对于盐民而言，南风同样是福星，李时珍《本草纲目》中有"待夏秋南风大起，则一夜结晶，谓之盐南风。如南风不起，则盐失利"④ 一说。

60岁的TJZ大叔告诉笔者，盐田村的南风一般开始于农历三月，结束于七月十四。每当南风吹来时，盐分更容易升到土层的表面，棕色的沙层表面像涂了一层白霜，这时盐沙只需两天即可晒干，而在冬天，这个过程少则三天，多则四五天。早晨倒入盐槽里的卤水，也由于有南风的吹拂，下午一点就已结晶成盐，这时可以再加些卤水入槽，待到四五点来收盐时，满槽白花花的海盐让人心里美滋滋的。

南风俗称为"南天"，这一时期虽说有热风吹拂，但时常也会下雨。盐田

① 海南省儋州市地方志编纂委员会编《儋县志》，新华出版社，1996。
② 儋县文史办公室编《儋县志》，儋县档案馆重印，1982。
③ 于浩辑《稀见明清经济史料丛刊·两广盐法志》，国家图书馆出版社，2008。
④ 张银河：《中国盐文化史》，大象出版社，2009。

人总结了一套下雨前的征兆：如果五月起了东北风，则一两天之内必定会下雨；农历六月十二日前后三天必定下雨，如果十日、十一日提前下了，十二日南风一来就可以扛着木耙晒盐去，但如果十一日、十二日都不下，那十三日、十四日必定会下雨；如果云从北方起来，则说明很快会下雨，如果从南边起来，南风就会大一些；如果晚上闪电的电光打在了东边，那里就容易下雨；而如果打在北边，则说明很快便又有南风到来。有句谚语叫"闪东下雨水，闪北啸南风"。TMJ 大叔还告诉笔者，动物比人的反应快，对天气更敏感，如果未来天气反常，蚂蚁会一列列倾巢而出，蟑螂也会在屋子里飞来飞去。

相反，冬春时节则是晒盐的淡季，这时不仅温度低，而且多雾水。冬季的早晨常常被称为"狼的天气"，那是因为此时北风习习、不见太阳，显得阴森无比。

三　人、海、地之间：海盐制作的工艺流程

一个完整的晒盐流程通常需要四到六天，主要的步骤包括耙沙晒沙、收沙过滤、取卤晒盐和收盐晾盐。这其中还穿插着整理过滤池、清洗卤水池、测试卤水浓度、清洗盐槽等辅助性的工作。看过晒盐的人也许能感觉到，这仿佛是一场烈日下虔诚的取经——盐工们伴着工具的节拍在盐地上赤足起舞，与土地、海洋相互问候，流下汗水，收获盐花。他们或许不似印度尼西亚巴厘岛村民赞颂稻米女神那样热烈和疯狂，但是他们以中国人特有的含蓄和内敛描绘出一幅幅动人的画卷。

（一）耙沙晒沙

耙沙通常开始于退潮后的一到两天，这时的盐地饱吸海水中的盐分，天晴时在阳光下润润地泛着银光（见图9）。

盐工们从盐田边的窝棚里取出长耙和短耙，肩扛着踱步到自家的盐地。耙地看似简单，实际很有讲究，一般需要横耙、斜耙、竖耙各一次，意在翻起盐砂，打碎土块，使盐砂尽可能大面积地接触、暴露于阳光下，此举有利于水分的蒸发和盐分的析出。在耙地的过程中，盐工常用的有两种身体姿态：在初次和二次耙地时一般使用胯下置耙、双手交握的体姿，而最后一次则会使用双手握住耙柄以拖动的方式再次碎土。只见他们来到盐地边缘，将长耙耙杆置于两腿之间，一手握前，一手握后，后退着沿水平方向开始耙地，每耙完一行便转身开始翻起下一行，如此"弓"字形的几个循环之后，原本平滑如镜的盐地

图 9　饱吸海水的盐地

被整个浅浅地翻起了一层（见图10）。在运耙的过程中，盐工们并不能过分用力，只能蜻蜓点水般微微抖动，因为盐砂实际的厚度只有3厘米左右，在盐砂之下铺有一层不透水的泥做垫底。初次竖耙之后，盐工再以同样的动作从斜45度角的方向再次翻耕盐地（见图11）。待到斜耙弄妥之后，盐工转换姿势，用双手握在耙柄一端，轻盈地拖动着长耙横向做补充性的翻耕。最后，他们将长耙换作短耙，用齿钉敲碎那些仍显稍大的土块。如此，一片盐地的翻耕才算告一段落。翻耕之后便进入"晒沙"，即将翻过的盐砂暴晒于太阳之下，每日再翻一次，使土中水分迅速蒸发、盐分析出，夏季这一过程需两到三日，冬季则需四到五日。

图 10　横耙盐地

图 11　斜耙盐地

（二）收沙过滤

盐砂晒干后紧接着便是收沙和过滤了。这是极为关键的一步，直接决定了卤水的质量。

由于前一次涨潮会一定程度地损坏过滤设施，沙漏边缘易塌陷，所以在开始收沙前盐工们需要修理过滤池（沙漏）。盐工们先将一桶海水浇在破损的过滤池内外，将沙漏中央茅草上多余的积土堆向池侧，然后用短耙横竖交替着碎开过滤池周围的土，之后用耙背竖向敲打池的内壁和外壁，并用赤脚踩踏，将池壁夯实（见图12），紧接着横过耙背将池壁上沿夯实，以左脚做支点，右脚外侧从下往上刮去浮土，再轻轻踏平，最后再取一桶海水沿着边倒在刚刚整理好的过滤池外壁和内壁之上。

图 12　盐工用脚将过滤池池壁踩实

整修好过滤池之后，盐工们开始收沙：首先站进过滤池中，双手握住矩形木挡，将距离过滤池最近的一圈盐砂拉入池中，再用矩形木挡呈辐射状由远及近地把一条条的盐砂拉到池边，并用方形木挡铲起抛入池中，此时晒干的盐砂已全部入池，在池中堆成了一座小山（见图13）。

收沙结束之后，盐工们用六齿短耙将过滤池中的盐砂堆耙松、平整，然后用木挡再次夯实，并在池壁与盐砂间掘出一条细沟，之后用双脚将砂踏实，具体做法为双手叉腰，低着头有节奏地用右脚脚后跟先踩出一个凹坑，左脚再随之抹平，从外向内呈"回"字形着圈地踩踏，这一场景好似一曲热烈的锅庄舞，甚为感人。最后盐工们再用足缘加深边沿的细沟，之后放一捆茅草在平

图 13　收沙

注：上图将池边的盐砂拖入池中，左下图将远处的盐砂拖到池边，右下图将盐砂铲入池中。

整过的盐砂表面。

　　盐工们告诉笔者，这每一步都是必不可少、有根有据的。之所以将盐砂堆夯紧、踩实，是因为海水经过沙层时会汲取其中的盐分成为高浓度的卤水。若盐砂颗粒之间缝隙过大，导致海水渗透过快，最终形成的卤水盐度就会过低，在池壁与盐砂之间掘出一条细沟则是为了防止倾倒海水时溢出过滤池之外；而在盐砂表面放一捆稻草的原因也很简单，那是为了缓解倾倒海水时造成的冲击力，以保持盐砂堆紧凑的结构（见图 14）。

　　接下来开始向池中注入海水。由于卤水池中此时有积水，所以先将卤水池中原有海水舀出（见图 15），通过茅草浇在盐砂表面，而后从蓄水池中挑水倒入过滤池，直至注满整个过滤池。此时海水刚刚开始渗入盐砂层，半小时之后才会缓慢地从过滤池和卤水池中间的石缝中流出。盐工们这时开始清洗卤水池底部，用水瓢舀出泥沙，撒回盐地，直到整个卤水池干净清明、空空如也。

图 14　通过茅草浇在过滤池中盐砂表层

图 15　将卤水池中的海水舀出

剩下的工作在过滤池完成，海水缓缓地穿过厚厚的盐砂层，汲取砂中丰富的盐分，华丽地变身为卤水，而后经由石缝流入卤水池。因为砂层既紧又密，所以海水全部过滤为卤水大约需要整整一夜的时间。

（三）取卤晒盐

收沙过滤后的第二天是取卤晒盐的日子。经过一夜的过滤，过滤池中的海水已经全部渗入卤水池。

取出卤水之前，一般还需用"黄鱼茨"测试卤水的浓度。黄鱼茨（见图16）是盐田边一种极为常见的植物，但是老盐工们却视若珍宝。每当有外地人来到盐田，老人们都忍不住向大家展示它的神奇之处：先掐下一段黄鱼茨的茎，使劲投进卤水池或卤水缸中，这时如果卤水达到足够盐度，该茎就会自动漂浮到水面，但若因下雨或别的原因，缸中掺有淡水，黄鱼茨则会悬浮在水中的某个位置，其下为卤水，其上为淡水，这时盐工们只需按照植物的提示，舀出表层的淡水即可。一般来讲，较老的茎比嫩茎下沉得更多，所以有经验的盐工都更喜欢摘老茎用来测试卤水。

图 16　黄鱼茨

待舀出不合盐度的淡水之后，剩下的卤水就是晒盐的精华原料了。只见盐工们用水桶将它们舀出，挂在扁担上，挑向自家的盐槽。此时的盐槽早已被洗刷并晾干，黑灰色的玄武岩摸上去温温热热的，散发着一股阳光的味道。只见盐工们走到盐槽跟前，微微躬下身，两手握住桶沿向盐槽中缓缓倾倒卤水，一个接着一个，不多时形状大大小小、位置高低不同的盐槽中都注满了清亮的卤水，从高处看像是一串小小的玻璃镜（见图17）。

图 17　盐工正在将卤水注满盐槽

如果遇到天气不佳或者卤水过多盐槽不够用的情况，多余的卤水通常会被贮存在卤水缸中，留待天气尚可时再行晒制。

而盐槽中的卤水则在阳光下开始剧烈地蒸发，在夏季天晴时，一般早上八九点倒入的卤水，中午时分便开始结晶，此时可以在槽中再加入少量卤水，等到下午四五点时盐槽中就已结满了晶莹的盐花（见图18）。

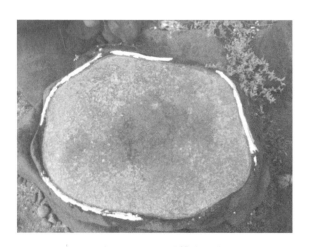

图 18　经过一天晒制后盐槽中结出的盐花

（四） 收盐晾盐

收盐和晾盐是整个制盐流程的最后一步，因为工艺并不复杂，所以盐田人常常会全家总动员。

到了下午四五点，盐工们带着家里的老伴、孩子提着刮铁、收盐筐和晾盐筐，怀着丰收的喜悦信步来到盐田。只见他们走到一个覆满洁白盐花的石槽前，弯下身子，一手撑在盐槽边缘，另一只手紧握刮铁上缘从槽边向中心弧线形地刮起来，不多时在石槽中央便形成了一座小小的白山（见图19）。盐工们并不着急立刻收起，而是一个盐槽接着一个盐槽地刮，直到所有的盐槽中都堆起小山时才不紧不慢地提过收盐筐，将它们扫入筐中（见图20）。

图 19　盐工正在用刮铁收盐　　**图 20　盐工将收盐筐中的盐倒入晾盐筐**

收盐完毕后接下来便是最后一步——晾盐了，它的工艺虽不复杂，但却关系着食盐是否可口和卫生。一般来说，盐工们先将收盐筐中盛满的湿盐倒入晾盐筐，待筐子装满之后，用塑料布覆盖在表面，放在通风处阴干。盐田人告诉笔者，之所以需要晾干，一方面是因为湿盐的味道苦涩，不能直接食用，而晾干之后却咸中泛甜、美味可口；另一方面选择风干而不是再继续暴晒的原因则出于卫生的考虑，盐田村的盐都是当日晒、当日收的，如果一直暴露在外界就容易掺入杂质和污水，对人的健康是极其不利的。

在晾盐过程中，从竹筐中滴落的卤水在当地有个专门的名字——"盐尿"（见图21和图22）。TMJ大叔告诉我们，之所以叫这个名字，那是因为卤水顺着缝隙滴滴滑落，像极了小男孩在一点一点地撒尿。一般而言，100多斤的一筐盐能出8斤盐尿，由于其盐分浓度过高，并不宜直接晒制食盐，从前大多撒回了盐地，而今越发具备经济头脑的盐工们常常以6毛钱一斤的价格卖给市场做豆腐的商人们。据他们说，一斤卤水能点100多斤豆浆，盐田村的卤水质量好，制成卤水豆腐也特别香。

图 21　晒盐筐和"盐尿"　　图 22　正准备售卖的"盐尿"

当全部工序都完成之后，次日盐工们会回到盐田中，再次挑水过滤，或从盐地中加入新土再行过滤，但此时土中盐分较之头一次而言已经有所降低。所以同一片盐砂最多能够过滤三次，三次之后盐分几乎枯竭，滤出的卤水已无法达到足够的浓度。此时将过滤池中被海水渗透过的盐砂铲出，再次平铺到盐地上，待到下一次涨潮时海水自会没过盐地、浸泡盐砂，为它补充新一轮的盐分。

结　语

这是一个良性循环的生产过程，也是一个天人合一的生态系统。在其中盐工合着海的节拍，触摸着天空的脉搏，他们凭借世代相传的经验与独创的智慧创造出盐田，摸索出自然的规律，并一点一滴地发掘出隐藏在土地中来自海洋的馈赠。而如此制出的盐仿佛也是有生命的，它们和盐工之间建立了紧密的联系。大多数做盐的老人能够毫不费力地说出家里老盐巴的年龄，3年、5年、7年……就像在说自家的孩子一般。而现代工厂永远生产不出老盐巴，它们只能生产出既不能用"老"，也不能用"新鲜"形容的工业产品。我们应当意识到，只有人花费汗水亲手造出来的东西才是有时间维度的、有生命力的，才是真正能与当地人的生活紧密交织在一起的，而工厂生产的产品，再精致，也是死的，也仅仅是东西而已。所以工业时代的到来让我们失去的并不仅是由氯化钠所构成的盐，还有老盐所隐喻的有生命的物和有生命的人。

侨乡公共文化空间的变迁
与侨乡范式的式微

——基于海南文昌冠南墟的人类学考察*

陈　杰　黎相宜**

摘　要： 本文在列斐伏尔的空间理论基础上，从空间呈现、空间实践以及呈现性空间这三个维度讨论海南冠南侨乡的公共文化空间变迁，并讨论其与侨乡范式的关联。文章指出，伴随着有关"侨"的一套知识体系、价值观念与社会关系趋于弱化，依靠海外华侨的文化馈赠支撑公共文化空间发展的"侨乡范式"逐渐式微。

关键词： 侨乡公共文化空间；侨乡范式；空间呈现；空间实践；呈现性空间

一　人类学意义下的空间与侨乡范式

在 20 世纪末，空间研究逐渐成为学术界关注的重点之一。空间理论的代表性学者列斐伏尔试图建构一般意义上的空间理论。① 他把空间关系视为实践、表征和想象诸多因素的综合体，它不仅是社会容器或属于纯粹的智力范畴，而且是社会生产和再生产的过程。这个空间生产过程成为国家计划和调控

* 本文精简版《海南冠南侨乡公共文化空间的变迁——兼论侨乡范式的式微》发表于《广西民族大学学报》（哲学社会科学版）2014 年第 5 期。本文受益于麻国庆教授的指导，并得到同门学友及评审编辑的宝贵意见，特此表示衷心的感谢。

** 陈杰，广州市社会科学院社会研究所副所长、副研究员；黎相宜，中山大学国际关系学院副教授。

① Henri Lefebvre, *The Production of Space*, translated by Donald Nicholson-Smith, Oxford: Blackwell, 1991.

地域创新与政治斗争的工具。① 但列斐伏尔只停留在理论分析层面，并没有进入经验研究的层面。人类学视野下的空间研究不仅有助于从实证角度促进空间理论的发展与创新，而且能为我们提供关于人类学研究议题的新的着手点与探讨方式。从人类学的角度来说，空间是社会文化不可或缺的基本要素，又有其独立性或内在的逻辑。空间的分类系统为我们提供了解及掌握该社会的意象及关键性概念的意义。② 人类学早期关于空间的研究主要集中探讨空间是否具有独立性以及空间形成的机制两类议题，③ 而后来的研究越来越倾向于讨论后者，认为空间依附于"社会"，把抽象空间化约为人类可观察的实践行为来研究。在早期的民族志中，空间只是一种既定的地域因素。在中国传统的乡土社会，村落是一个相对封闭的社会生活空间，费孝通就将村落视为理解中国社会的一个"完整的切片"④。埃文思·普里查德则不认为空间是一种简单的地域性要素，而是认为其体现在经验与观念两个层面，将努尔人社会划分为物理、生态、结构三个维度，努尔人对这种空间分布赋予了不同的价值观念。⑤ 弗里德曼、施坚雅则试图突破地域的限制，主张以市场、组织、行动等社会活动对空间进行考察。⑥ 克洛德·列维－斯特劳斯（又译为克洛德·莱维－斯特劳斯）提出"家屋社会"的模式，强调家屋是有生命的，且与人之间具有相互比拟的关系，从而开启通过空间象征/意义研究社会结构模式的进路。⑦ 相比其他领域的学者，人类学家更加侧重于探讨公共空间的文化意蕴，习惯于挖掘其与私人（或家庭）空间的关联以及人们具体的时空观念与社会记忆。⑧

上述以传统村落为基本研究单位的空间研究大多还是将空间（村落）视作人类活动呈现物质的、静态的场所。⑨ 然而在全球化、现代化与城市化的语境下，传统村落不再是以封闭的农业为基础的自给自足的社区，而是与多样化

---

① 申群喜、梁文生：《香山与中国近代转型——19 世纪中外关系的空间学审视》，载申群喜、梁文生主编《空间人物形象》，江西人民出版社，2005。
② 黄应贵：《空间、力与社会》，《广西民族学院学报》（哲学社会科学版）2002 年第 2 期。
③ 秦红增、梁园园：《侗族村寨的空间结构及其文化蕴涵——以广西三江高友侗寨为例》，西南边疆民族研究，2009。
④ 费孝通：《江村经济》，商务印书馆，2003。
⑤ 〔英〕埃文思·普里查德：《努尔人》，褚建芳、阎书昌、赵旭东译，华夏出版社，2002。
⑥ 〔英〕莫里斯·弗里德曼：《中国东南的宗族组织》，刘晓春译，上海人民出版社，2000；〔美〕施坚雅：《中国农村的市场和社会结构》，史建云等译，中国社会科学出版社，1998。
⑦ 〔法〕克洛德·莱维－斯特劳斯：《结构人类学》，谢维扬等译，上海译文出版社，1995。
⑧ 戴利朝：《茶馆观察：农村公共空间的复兴与基层社会整合》，《社会》2005 年第 5 期。
⑨ 尤小菊：《略论人类学研究的空间转向》，《西南民族大学学报》（人文社会科学版）2010 年第 8 期。

的社会空间并存，并且在一定的地理区域内叠加的空间。社会的快速转型引发了学者对于乡村公共空间的关注，他们指出，随着社会转型、市场和电视文化的扩展，乡村公共空间的发展受到了影响，农民的私性文化活动有了长足发展，而公共文化生活总体趋向衰落。①

在人类学的村落研究中，侨乡研究有其特殊的地位与意义。侨乡研究最早可见于陈达的《南洋华侨与闽粤社会》。② 传统中国人类学的村落研究更关注安土重迁，即"居"的状态，但东南沿海的人们很早就在"耕读传统"上展现出面向海洋、具有外向性特征的精神风貌。可以说，"游"的传统同样是理解中国乡土研究的关键，③ 其中，侨乡公共文化空间的研究更是成为观察侨乡甚至是华南中国的视角之一。然而，这方面的讨论在很大程度上被过往研究忽视了。与传统村落相比，侨乡公共文化空间更多地表现为一种开放的、流动的以及嵌入跨国网络的空间形态，其形成与发展在很大程度上是依靠从他国、区域网络中源源不断接收的信息、货币、物品、价值、观念等资源，但与此同时它又无法离开与人类学所关注的"乡土中国"④ 的要素的结合，如道德传统、家庭伦理与宗族形态等。这种文化空间凝聚的是地方文化传统以及由往来于其间的移民与侨眷、侨乡地方精英所组成的公共事务"双边共同体"⑤。尤其是海外移民对于家乡的文化馈赠⑥（cultural remittances），如捐资建设或修缮地方的学校、图书馆、宗祠、寺庙及赞助各类民间文化活动等，促进了传统文化与组织（如宗族）在侨乡公共空间中的复兴以及公共物品与资源的繁荣。⑦

改革开放后，海外关系陡然成了一种人人趋之若鹜的社会资本，侨乡人不仅可以名正言顺地以拥有海外关系为荣，而且纷纷通过海外关系争取最大的发展优势。在这一时期，政府强调"侨"牌经济，以及侨乡地区"文化搭台、

① 吴理财、夏国峰：《农民的文化生活：兴衰与重建——以安徽省为例》，《中国农村观察》2007年第2期。

② 陈达：《南洋华侨与闽粤社会》，载李文海主编《民国时期社会调查丛编》（华侨卷），福建教育出版社，2009。

③ 参见王铭铭《居与游：侨乡研究对"乡土中国"人类学的挑战》，《西学"中国化"的历史困境》，广西师范大学出版社，2005。

④ 参见费孝通《乡土中国·生育制度》，北京大学出版社，1998。

⑤ 王铭铭：《西学"中国化"的历史困境》，广西师范大学出版社，2005，第203页。

⑥ 黎相宜、周敏：《跨国实践中的社会地位补偿：华南侨乡两个移民群体文化馈赠的比较研究》，《社会学研究》2012年第3期；Juan Flores, "The Diaspora Strikes Back: Reflections on Cultural Remittances," *NACLA Report on the Americas* 3（2005）.

⑦ 宋平：《传统宗族与跨国社会实践》，《文史哲》2005年第5期；麻国庆：《作为方法的华南：中心和周边的时空转换》，《思想战线》2006年第4期。

经济唱戏"的策略。而侨乡社会的本土力量则巧用"海外关系"，使"海外关系"这一特殊资源为侨乡的民间民俗、宗教复兴等各种民间活动保驾护航。侨乡的特殊性不断刺激着当地的村民、政府及相关社会单位，使他们也乐于参与建构塑造并强化这种特殊性进程。因为，从审批出国出境、复兴宗族组织到重修祖坟、宗祠、寺庙，都可以在"侨乡特殊性"的旗号下享受某种"特殊照顾"，这种由村民、政府、海外乡亲组成的多重网络是一种无形的社会资本。侨乡的公益事业大多得靠海外的华人、华侨与港澳台同胞的资助，包括建造道路、学校等公共基础设施以及祠堂、庙宇、公墓等民间信仰场所。

侨乡的发展经常被认为是华侨的侨汇和他们的其他经济支持的结果。在改革开放初期，侨乡确实在"地区倾斜"优惠政策的支持下，从海外关系中获得启动经济的资本。我们将侨乡这种经济发展、社会整合、政治动员、文化逻辑的体系称之为"侨乡范式"。然而，随着中国改革开放持续深化并主动积极融入世界体系，这种传统的"侨乡范式"只能是特定历史阶段的产物，其先导或示范作用只能在一定历史条件下、在一定区域范围内产生。[①]

近年来，一些传统侨乡（如广东的潮汕、梅州及海南的东部地区）随着第一代移民的"落地生根"及后续新移民的大幅缩减而逐渐减少，华侨华人无论是在文化馈赠、投资，还是其他跨国实践上都大量减少。实际上，从海外移民与侨乡社会的联结程度来看，侨乡的没落，更确切地说是侨乡"特色"或侨乡"特殊"意义的衰退，已初现端倪。[②] 海外移民的文化馈赠是侨乡公共文化空间发展的重要支柱，它的减少甚至消逝，也意味着"侨"在公共空间所扮演的角色呈现弱化趋势，这既反映了地方民间传统的一种变迁，也显示侨乡作为一种范式所面临的重大变化。

在走访海南各地侨乡时，我们苦苦追寻关于"侨"的一切事物与话语，但即使戴上这个"有色眼镜"，得到的认知也是让人失望的。侨乡范式确实是在式微，我们似乎只能从破败荒芜的乡村侨校、狭小没落的乡村书报社、页脚发黄的华侨信件和被尘土所遮盖的芳名录中，依稀勾勒出"侨乡"的"应然"

---

① 程希：《侨乡研究：对华侨、华人与中国关系的不同解读》，《世界民族》2006年第5期。

② 参见程希《华侨华人：作为研究对象的"特殊性"与"学科建设"中的定位问题》，载李安山主编《中国华侨华人学——学科定位与研究展望》，北京大学出版社，2006；黄晓坚《一叶知秋——从澄海侨情变化看潮汕侨乡的蜕化》，第四届世界海外华人学会国际学术研讨会论文，台北，2001；黄静《潮汕与中国传统侨乡：一个关于移民经验的类型学分析》，《华侨华人历史研究》2003年第1期；黄晓坚《广东澄海侨情变化与思考》，《华侨华人历史研究》2001年第4期。

图景。华侨们当年的"光宗耀祖"与"衣锦还乡"的事迹出现在人们日常生活话语中的频率逐渐减少，只有当我们作为"他者"好奇地问起时，乡民们才会像给孩子们讲故事一样侃侃而谈。我们的田野点文昌冠南乡作为海南岛的一个普通乡村，与其他村落相比，并没有更多的特别之处。当然，这种平静会被偶尔节日或喜事的喧闹打破，比如清明节或花灯节，或是某些华侨回来祭祖、探亲、建房。但随着第一代移民渐渐离世，第二代乃至第三代移民与祖乡的联系趋于淡化。这一切似乎都在预示着"侨乡"作为一种特殊的村落共同体即将成为历史。

二　田野点：作为侨乡公共文化空间的冠南墟

列斐伏尔认为空间包含空间的呈现（representation of space）、空间实践（spatial praxis）和呈现性空间（spaces of representation）三个维度，隐藏于三者背后的是各类知识体系、社会关系以及价值观念等。[1] 本文尝试以华南地区的一个衰退型侨乡[2]——海南文昌冠南墟为例，利用上述三个空间概念探讨侨乡公共文化空间的变迁，借以探索如何在人类学意义下将社会生成的空间分析用于日常生活的空间实践，讨论其与侨乡范式的流变之间的关系。

我们以海南岛文昌市会文镇冠南墟为田野调查的中心，于 2008 年至 2011 年进行多次田野调查，具体的资料搜集方法包括参与观察、深度访谈等。冠南为一行政村，亦因地理位置而成一墟市，名曰"冠南墟"，墟市之上商贾成行，公平贸易，在历史上长期以来是周边村落乡民们日常生活的核心空间。乡民们在冠南墟和自己居住的村落之间频繁穿梭，他们大部分的工作营生、社会交往、闲暇娱乐可以在这里完成。冠南墟有着岁月积累的、交互重叠的社会关系，并让各个自然村彼此独立又相互联系。这类社会关系的缔结和社会结构的传承与变迁，不仅承载了邻近村落的人口、物质、信息的流动，也是乡民们培育地方认同和凝聚地方资源的社会空间。

19 世纪中叶伊始，冠南墟周边就有大量的乡民前往南洋新加坡、马来西亚等地谋生，其移民活动一直持续到新中国成立才基本停止。大量的海外移民带来了侨汇、外来的价值与观念，这给冠南乡村的公共文化空间注入了活力，

---

[1]　Henri Lefebvre, *The Production of Space*, translated by Donald Nicholson-Smith, Oxford: Blackwell, 1991.

[2]　黎相宜：《道义、交换与移民跨国实践——基于衰退型侨乡海南文昌的个案研究》，《华侨华人历史研究》2015 年第 3 期。

使其逐步呈现以侨乡文化为主要特色的空间形态。虽然近百年来，国家与社会之间的张力剧烈变化，但乡村的公共文化空间一直是地方社会资源整合的焦点所在，也是接受海外华侨华人文化馈赠的重点。在冠南墟最显要的位置，坐落着一间小小的乡村书报社——冠南书报社，其建于1916年，历经风雨，古老又弥新。这里凝聚了冠南地区近百年的文化记忆。冠南学校门口有一藏字对联：冠冕盈赏多福禄，南侨济国力图强。这副对联充分肯定了海外华侨及地方热心人士的善举。本文试图以冠南地区乡民的公共文化记忆为线索，勾勒海外华人与乡土社会之间动员与被动员的传统。冠南书报社在中国乡村社会也属罕有的乡村书报社，因其历史久远、影响深远，在当地乡民心目中占据了非常重要的位置。在冠南书报社聚集的社会贤达除了为书报社捐书建楼外，还先后捐建了冠南小学、冠南中学，于是这里便成为理解侨乡公共文化空间变迁的关键。

三 空间呈现与空间实践：侨乡公共文化空间的复兴与延续①

在列斐伏尔那里，空间呈现是一个支配性的空间，有一套知识、社会关系承载着对于空间的认知。而承载着对于侨乡公共文化空间认知的是一套延续了中国乡村自我维系与再生产的乡绅传统。历史人类学者陈春声指出，海外华侨尤其是侨领在侨乡的许多方面起着与传统时期乡绅同样的作用，要承担起村庄内部救济贫困、提供乡村公共福利等责任与义务，② 在侨乡的公共事务管理中扮演着日益重要的角色。当然这其中不仅隐含着光宗耀祖、衣锦还乡的动机，还隐藏着落叶归根、爱国爱乡的情怀。在传统侨乡，这些正好呈现了海外移民与侨乡人对于彼此的社会关系以及作为空间的侨乡的基本认知和意识。而这种空间呈现也为侨乡人与海外移民在空间中的各种活动，即空间实践③提供了框架。

---

① 本节主要从空间呈现与空间实践的维度来剖析"侨"与侨乡公共文化空间复兴之间的逻辑关系，下一节则主要从呈现性空间的维度来描述空间衰落后的社会机理，但三个维度是同时存在于历时性空间当中的。

② 陈春声：《海外移民与地方社会的转型——论清末潮州社会向"侨乡"的转变》，载徐杰舜、许宪隆主编《人类学与乡土中国——人类学高级论坛》，黑龙江人民出版社，2005。

③ 空间实践是指人们在空间中的各种活动，是人界定自己的空间以及与别人距离的基本能力（competence）。参见 Henri Lefebvre, *The Production of Space*, translated by Donald Nicholson-Smith, Oxford: Blackwell, 1991。

（一）空间的复兴：报社复办

国家政权深入社会底层的努力历经晚清、民国，并在 20 世纪中叶达到了顶峰，[①] 这深刻影响了侨乡地方社会与公共文化空间的发展。冠南书报社的历史变迁与当时的宏观结构背景密切相关。冠南书报社又名怀乡楼，建于 1916 年，历经发展、完善、战毁、复办、重建，古老又弥新，影响深远。由爱国华侨林尤烈、王声璋等人倡办，王禄胜管理。日本侵琼后社址被毁停办。1951 年，由林师时等人募捐和筹款重修阅览室和书库，由华侨黄永振先生捐助阅览室桌椅、书柜等家具，华侨、社会人士等演戏募捐，订购了各种书籍、刊物和报纸。书报主要供当地群众阅览。1983 年 11 月 14 日，爱国华侨林猷昌、王士海等人倡议迁建冠南书报社，随后得到了新加坡、吉隆坡、砂捞越等埠 98 名华侨的支持，先后捐款 3 万余元，于 1985 年重建"冠南书报社"大楼一栋（现址）。书报社共两层，钢筋水泥结构，面积为 164 平方米，一楼大门额上悬挂由商承祚先生题写的"冠南书报社"木匾[②]（见图 1）。

图 1　商承祚题匾

资料来源：此图由冯飞于 2008 年 7 月 9 日所拍。

---

① 王笛：《茶馆：成都的公共生活和微观世界（1900～1950）》，社会科学文献出版社，2010。
② 2010 年 2 月，曾任冠南地区南岛小学、新村小学校长的陈学茂先生口述，当年一个文昌中学老师兼作家，到广州专门拜访文化名人商承祚并请其题了"冠南书报社"牌匾。

报社新址的建成是当地一大盛事，大厅里挂了不少当时各方祝贺的牌匾、题字，留下了历史的记录。一些题词很是可读，如新加坡华侨亦夫题"远爱祖国文化，敬仰冠南报社"，鸿潮书的"欲知千古事，须读五车书"，云风题"努力读书看报，建设两个文明"等，浓浓的诗书氛围在闹市的喧哗中兀自显现（见图2）。

图 2　冠南书报社

资料来源：此图拍于 2010 年 2 月 21 日，与拍于 2008 年的图 1 略有不同，冠南书报社获政府资助，大楼粉刷一新。

走进冠南书报社，挂在墙壁顶角边的一大排人像都是为筹建报社新楼捐资的海内外乡贤。墙壁上还镌刻着当时海内外（按国别分）热心人士的朱文名录。王士海、林猷昌、王大师、龙兴任等一大批为筹建报社新楼捐资、在当地久享盛誉的海内外乡贤的名字与照片至今仍陈列于当地中小学校的芳名室内。这些乡贤对于发展当地教育、传播新文化的热忱与慷慨付出，其意义之宏大不用赘言。邑儒龙兴任为楼作序并书"冠南书报社筹建新楼序"，全文如下：

由于"五四"新文化运动震撼及全国，当时冠南地区先进人士及爱国华侨，为了热忱发展乡梓新文化教育事业，则慷慨输将而创办冠南书报社一间，俾地方群众读书阅报，以增长知识和见闻，加强其接受新文化之陶冶，树立其爱国爱乡思想，以及作为移风易俗，促进社会文明风尚。所创办冠南书报社之善旨明矣！……追十一届三中全会的精神指引下，落实党的各项政策，并号召建设物质、精神文明，就使全国文教科技事业和工农业生产蓬勃发展，人民要求学习文化之思潮日趋强烈，于是冠南地区热心于教育事业之耆老，如陈云桥、王大畋等，响应此一号召，提出复办冠南书报社的要求，赢得地方党政高度重视，随（后）获退还原社址房屋，准予复办。与此同时海外之爱国爱乡华侨、香港同胞，则纷纷函电表示积极支持此一善举，如新加坡、马来西亚、澳大利亚和香港等地之爱国爱乡侨胞、热心人士如王大蔚、林猷昌、王士海、龙学品、王大师和梁振香先生等，则分别发动其各自地区之热心侨胞，为竭力支持复办冠南书报社和建设新楼而踊跃捐献，计筹募共得人民币二万多元，俾此座新楼得以落成于斯，成为千秋不朽之伟大勋业，勒立碑志之永念，是为作序。

龙兴任谨撰　乙丑（1985 年）夏①

从此序可看出，冠南书报社的空间是由一整套关于乡绅传统、侨乡、华侨的知识与社会关系承载的。改革开放后，我国以经济建设为中心，从政府到侨乡社会都开始意识到华侨华人有可能成为中国社会转型现代化建设的重要动员力量。②"海外关系"在冠南地区被视作一种重要的社会网络和资本。人们希望通过这种关系血浓于水的意涵激发海外乡亲对祖国的认同意识。冠南侨乡的自我认同对华侨华人认同建构产生了影响。一方面，冠南侨眷不断颂扬海外族亲长期以来对家乡的贡献，这表明了侨乡对自我身份的认同；另一方面侨眷也希望这张"感情牌"能够唤起冠南华侨对家乡的责任感和认同意识，从而进一步延续中国传统乡村的士绅传统。这种对于"侨"的认知变化潜移默化地改变着侨乡人与海外移民的空间实践。

同时，侨乡社会也在实际动员华侨的过程中不断反思动员的方式以及效果。自冠南书报社复办之后，林道海、王大畋等地方精英经常聚集在书报社开会，反思及总结复办成功的经验，以期未来更好地动员冠南华侨的力量（见图 3）。从《文昌县冠南书报社复办的点滴体会》一文中便可略见一二。

---

① 上述材料根据 2010 年 2 月在冠南书报社所拍照片整理而成，作者龙兴任系文昌会文镇归侨，退休后仍为家乡公益事业奔忙，凭个人德望与海外关系，直接与海外社团、乡贤通信联络，1993 年还只身到新、马筹款，经他联络、发动、引导的乡侨 280 人，捐款 50 多万元，用于兴建冠南和龙文两所小学教学楼、重建冠南书报社、创办冠南华侨初级中学。其事迹见《文昌县志（侨务外事·归侨）》。

② 黎相宜：《动员与被动员：华人移民与侨乡社会发展》，《广东技术师范学院学报》2011 年第 8 期。

图3 冠南书报社一角

资料来源：此图拍于 2010 年 2 月 21 日。

文昌县冠南书报社复办的点滴体会

冠南书报社相传是爱国华侨林尤烈先生于抗战之前创办的。经过抗日战争、解放后各个政治运动和极"左"路线几个时期的几次灾难性摧毁，(书报社) 名存实亡。在此次复办之前仅存一间小小的屋壳，且被白延供销社占用。现得复办起来，有下列几点体会：

一、党中央英明决策的感召

党的十一届三中全会的各项拨乱反正政策，拨开了云雾，透出阳光，照暖了各阶层人们的心房。冠南书报社就是在这样的阳光雨露中培育复活的。

当地党政与有关领导部门的支持，冠南地区父老发余热放余光。

(1983) 83 年的某一天，几位德高望重的冠南父老偶然欢聚一起，漫谈当前的喜人形势和动人心弦的事迹，同时谈及大家如何为党的事业增添砖瓦，过有意义的晚年等问题。书报社的复办就是在这样的漫谈中提出的。复办决定后，就向当地党政和白延供销社提出书面申请，很快就得到佳音。当地区乡领导亲自过问，白延供销社无私地退还了社房。在新建大楼的前后，区乡领导还多次亲自到冠南解决社址等问题，大大地鼓舞了我们办社的信心及决心。在旧址复办开幕和庆祝新楼落成的喜悦时刻，海南作者协会、县委报道组、县文化局、县教育局、区党政、区文化站等单位都派员亲临祝贺，做指示并赠送图书、镜屏、条幅等作为留念礼物。还拍摄了不少镜头，相关文章见报于海南日报、广东侨报和琼州乡音刊物上。那罕见的喜人情境在冠南轰动一时，意义深远。

二、肝胆相照群策群力共同前趋

书报社开始复办之际，摆在我们面前的（问题）是如何扩大文化宣传工作。要解决这个问题，关键是钱如何筹集。几位年迈的常委继续发扬"老骥伏枥"的精神。年逾八十、德高望重、身残心红的林道海父老；将近九十高龄向来热心公益事业的陈云桥父老；心地良善、助人为乐、持事慎重的龙砚农老前辈；年逾古稀，为公工作孜孜不倦的王大旼同志；七十开三、办事细心、一丝不苟的王俊颜先生等几位常委继续深入讨论研究。最后统一认识：只要我们真诚相见，团结一切可以团结的力量，在当地党政的领导支持下，筹款建大楼，扩大文化宣传活动室不成问题的。在这种思想的指导下，第一步，我们一方面广纳书报社会员，一方面写信与南洋各地举足轻重的爱国华侨加强联系、申述情由、道出设想，以拨动一向热心桑梓教育事业的赤子之心。不久，就陆续收到各地华侨支持的喜讯。如马来西亚的王士海和林猷昌两位先生，他们摆设酒席，宴请亲朋至友，带头乐捐，带动群众；又如新加坡的王大蔚和香港的梁振香、张家爵三位先生，他们四处游说，见孔插针进行捐募。南洋、香港仅第一次就捐助了将近人民币壹万元。第二步，我们召开全体会员大会，汇报南洋各地爱国侨胞慷慨输将的情况，并提出新建大楼的设想。同时指出，现款要建平房够用，可是要建大楼还差甚远。怎么办？让大家先充分酝酿议论，后提出意见。

当时大会上的意见分为两类，一是持重型，主张量入制出，按钱买肉，建造平房，这是少数；二是开拓型，主张建大楼，理由是钱虽然不够，但只要我们对于社会教育事业的热心和真诚，办事公道，光明磊落，取信于人，所欠之款是不难筹募的。这是多数人的意见。同时也有人提议：今日与今者立即行动起来，按自己的能力掏腰包。这意见一提出，立即全场响应。当时几位常委当机立断"御众智，乐众势"，决定新建大楼一座，并带头乐捐，当场共捐助人民币835元，会后又发动其他群众，并继续写信与南洋等地华侨联系，说明新建大楼的意义及捐募奖励之办法。由于我们的事业是正义的，数目公开，方法对头，不浪费公家一文钱，赢得南洋侨胞的信任，尔后又接续寄回人民币2万多元。海外侨胞捐助的人数一共有98名，捐助人民币3万多元，其中最多者5360元，结果一座有两层、面积220平方米的新社大楼终于建成了。为了纪念华侨的功绩，这座大楼被命名为"怀乡楼"。

三、结合党的工作中心面向农村

"文化工作要为党的中心工作服务，农村墟镇书报社要面向农村"，这是我们办书报社的宗旨。我们目前的主要工作是开展群众性的读书看报活动。现在本社订有各种报刊共25份，购买和征集的书籍7000多册。伊始，为了诱导读书的兴趣，我们偏重于购买武打小说、历史小说等书籍，往后我们为了提高群众的政治水平，又尽可能地结合党在各个时期的中心工作，订购了有关的书籍和报刊，如结合治安工作，就多买些法制刊物；结合统战工作，就增订《团结报》和《广州文摘》；结合解决家庭纠纷问题，就多订购些家庭生活刊物；结合计划生育，也订购了不少有关刊物资料。我们还结合当地农村种植、饲养的事迹，举办了各种类型的科学讲座，为农业改革出了点力气。我们同时也意识到，要做到这些，困难不少，但是我们还是积极创造条件力争达到目的。

四、成绩不负有心人

有心人首先是中央、当地党政、有关上级、爱国侨胞、香港同胞、当地广大群众，故所取的一切成绩有以下几点。其一，在文化交通比较落后偏僻的冠南小墟镇屹立着一座具有一定规模的书报社大楼，取得了当地党政领导、归侨、香港同胞和地方群众的一致赞誉。其二，扩充了设备和图书购置，方便群众读书看报。至今为止，已购置长桌五张，长椅六张，斜座椅18张，书柜4个，图书7000多册。其中有爱国华侨王振威先生寄回台湾出版通过海关检查放行进口的40册，王大蔚先生寄回的"文昌县志""海忠介全集"等书籍。这些书都是目前书店难以买到并较有地区特点的书籍。由于阅览地方大了，设备与图书增多了，每天的读者也日渐增多。其三，讲文明礼貌的人日渐增多，歪风邪气相对减少。不久前剧场的"直升机""沙雨石雹""拳脚交锋""看霸王戏"等恶作剧销声匿迹，奇装异服、邋遢很少出现，现在的老人和小孩要上圩（墟）或看戏也用不着担心了。

五、存在问题及期待

经费不足。几年来我们发动内外捐助仅仅完成了大楼的建设，但内部的经常性活动设备大感不足，我们期待有关领导能给我们在经济上的大力支持。

藏书不多。本社的基本建设在外观上已有一定的规模，但在藏书上还不及万本，表里极不相称。我们期待有关领导发动各出版社捐助些各方面有价值的书籍如历代和现代各作家的全集等，以满足本地群众的需求。

本社所设想的各项活动，由于人力、财力、物力都很缺乏，以致不能及时开展起来。我们期待各级有关领导经常给我们指导和关怀。

1986 年 12 月 7 日

冠南华侨初级中学①

与此同时，受国家目标及治理方式变化的影响，侨乡地方社会结构经历了一系列变迁。冠南地区的人们开始利用"侨"的文化象征符号重新界定、处理与海外移民之间的关系，希望借这种关系中血浓于水的意涵来激发海外乡亲对家乡的认同和责任感，延续提供公共资源的乡绅传统。拥有"海外关系"的地方精英也从被打击贬低的异类分子变成为被团结的对象。王大旼因其学识、威望、能力，以及与多位侨领为少年时挚交，逐渐成为联系侨乡与海外的重要社会网络节点。② 其中，他与马来西亚的侨领林猷昌关系甚笃，并一直通过侨信保持着密切的联系。

与上述侨乡人的空间实践和国家宏观目标及治理方式紧密联系相比，移民的空间实践更多受到道义责任、荣归故里、光宗耀祖等多重意识和感知的支配。上文提及的林猷昌是冠南地区著名的马来西亚侨领。他在冠南书报社的复办及冠南华侨中学的筹建中扮演着极其重要的角色。林猷昌的财力在众多侨领中并不是最显赫的，但他荣获雪兰莪州苏丹封赐的拿督勋衔③、德高望重，在东南亚华人社会的人脉极广，曾多次号召海外华侨捐资，助力当地文化事业。捐赠事宜多是他通过与侨乡地方精英王大旼、林道海的书信往来进行磋商而达成的。旧时，侨信记载着许多侨乡与移民之间交往的历史，展现了移民在跨国道义关系中所扮演的角色。从下面几封侨信中我们就可以窥探地方精英与海外侨领如何围绕着公共文化空间进行文化馈赠的空间实践。

---

① 本节书信及文字资料都由冠南书报社主任张法汉提供，文字保留原样，以下均同。
② 上述材料根据 2010 年 2 月在文昌市会文镇冠南墟对张法汉等人的访谈及田野笔记整理而成。
③ 在马来西亚，拿督最初是对一省或一州最高行政长官的称呼，相当于中国的省长或美国的州长。后来拿督这个职位逐渐有了新的含义，成为一种荣誉勋衔。

当然，书信中并不仅仅谈捐资的事情，也夹杂着私人情谊。如林猷昌于1989 年写给王大旼的信中就提及了修建自家房屋的事情：

信一

冠南市书报社、王大旼先生：

　　久未去信问候。相比一切如意。前些日子代我垫付马币三仟贰佰元给任媳王爱梅作修理房屋之费用，原来托邑人王莆诚君于二月份返乡时亲身带回，乃因别的事故，致吾君决迟延到明年遇到合适之人。将此款带返。无论如何，请你放心，稍微等候，我会尽速托人将款项交回，如引起不便之处，当望见谅。并候台安。

弟拿督林猷昌谨启

一九八九年三月十八日

1988 年冠南这边以冠南华侨初级中学董事会的落款向海外发出《为筹募"文昌县会文镇冠南华侨初级中学"建校基金启事（1988）》一文。林猷昌收到动员书后，四处奔走，利用自己在东南亚社会的名望，号召冠南的华侨们捐资助学。当然，林猷昌也是有重点地选择一些重量级的华侨作为动员对象，实力雄厚的澳大利亚著名侨领王大师就是典型。林猷昌与王大师私交甚好，他为了冠南建校之事，亲身前往澳大利亚动员王大师。从其 1989 年 8 月寄给林道海、王大旼的信中可以看到：

信二

林道海、王大旼先生：

　　敝人于八月六日前往悉尼专程拜访侨界领袖王大师乡兄，向其筹募建设教育大楼基金，大师贤兄实力雄厚，深明大义，热心乡梓教育事业，师兄与敝人合捐两层教育楼一座，敝人除呈面深致谢意外，更在返回墨尔本之后修函，再度重谢。

　　两层教育楼建筑基金已经有着落，对贵校来说无疑是项喜讯，吾等祈望更多有实力之侨界乡贤能鼎力资助，使冠南华侨初级中学之规模更大，设备更完善，有更多之乡梓子弟受惠。为此，敝人建议去函征求大马乡贤陈德裕、王莆诚、龙学品等各捐马币三千元，相信上述三位会慨然应允。

此外，有间敝人与王大师乡贤合捐教育大楼事，请对外暂不宣布，以免有沽名钓誉之嫌，待筹募到更多款项之时，方一并宣布。

乡中各人安否？请代问候。

顺颂

文安！

弟拿督林猷昌谨启

一九八九年八月八日

直至 1990 年初，王大师返回冠南，王大师与林猷昌合捐教学楼的事情才得到真正落实。从林猷昌 1990 年 3 月寄给林道海、王大旼的信中可以看到：

信三

林道海、王大旼乡先生：

近来可好？一切愉快顺遂为祷。有关弟与王大师君合捐教育大楼一事，大师先生近日将由澳洲返梓，届时将前往拜访台端二位，并办理一些手续。

至于弟捐建教育大楼之费用，除以前所捐之款项外，余数为人民币壹万柒仟伍佰元，以及大旼先生为弟垫支之马币三仟贰佰元（给王爱梅女士修补房屋费用）弟已嘱咐符气标先生一并当面清还，有劳两位费神之处，谨此再申谢意。

顺颂

时祺！

弟拿督林猷昌谨启

一九九〇年三月二十一日

从上面信中可以看到，在交代完学校筹建的事情后，林猷昌随后说起王大旼为其垫付的修房钱。这说明侨领与侨乡精英之间的交往通常呈现"私事"与"公事"混杂的特点。与一些动员书不同，这些信件都由私人收藏，并不公开，因此信中往往会有一些比较直接的动员策略表述。林猷昌在上封信寄出10 天之后又向冠南寄了一封信，信中对于应该动员的对象进行陈述：

信四

林道海、王大旼乡先生：

有关筹募冠南市书报社基金贰万元款项事，弟建议由二位召开书报社筹募基金小组会议，并请道海兄代表弟出席会议。目前时近清明，山川村王氏扫墓，趁着由海外归来之吾冠南乡亲澳洲王大师及星洲王振高、王大法皆在场之际，请求上述三位王氏乡亲连同弟各捐人民币需伍仟元即可达致筹款基本目标。如果王氏诸位认为数目大，可连同吉隆坡之龙学品、陈德裕、王莆诚共七人每人捐人民币三千元即可。悉尼王大师君富甲一方，为人慷慨，而振高及大法先生皆为成功商人，经济富裕，平日热心公益，对栽培邑人子弟、鼓励读书深造方面，他们亦会责无旁贷，尽力而为。

由于上述二位王先生在乡逗留时日有限，故请接此信后从速召开书报社筹募基金小组会议，及与三位王先生联络，恳请捐款。如此则能水到渠成，一劳永逸解决冠南书报社之经济问题，也纾解弟为书报社之生存及发扬光大所负之心愿……

弟拿督林猷昌谨启

一九九〇年三月三十一日①

在上信中，林猷昌通过自己对东南亚冠南籍乡亲的了解，将潜在的动员对象（哪些乡亲能够被动员）及动员的效用（哪些华侨有能力进行捐资）等告知林道海、王大旼。从此信中，林、王二人能够通过侧面了解潜在的捐赠者，并采取针对性的动员策略。

改革开放初期，侨乡地方政府、民间社会与海外移民不约而同形成一种默契，各方人士一方面积极为地方公共事务出谋划策、奔走努力，比如洽谈华侨捐赠或投资项目；另一方面在各方的密切接触之下也包含着许多家事、私事与人情往故。人类学理论视野下交换体系在地方侨事中彰显出具体而复杂丰富的面貌。

复办后，冠南书报社作为公共文化空间深刻地影响着 20 世纪八九十年代的侨乡社会生活。一些穿戴整齐、皮鞋光亮、头发焗油，讲话文绉绉的乡老每天喝完早茶来到书报社，自在地浏览时报、聊天、评议时事，轻松休闲地打发

---

① 本文的书信及文字资料都由冠南书报社的管理者于 2010 年 2 月提供。

时间；小孩子放学后来到书报社阅读少儿图书，三三两两地在书报社嬉戏……这些都建构起侨乡的地方文化图景。我们从网络上寻找到一篇描写当年书报社对当事人求学生涯影响的小文：

> 我个人的求学历程中留有冠南书报社的印痕，我对冠南书报社有一定的发言权。
>
> 我读中学时，求知的欲望旺盛，而书报社犹如一座设在家居旁边的小型图书馆，恰好满足了我读书的需要。每当节假日，我便身陷其中，家人每到开饭时候，不往别处寻，只在报社中喊一声就找到了我。当时报社只是一间小瓦房，几个大书架列排两旁，看书的桌椅摆在中间，看书的人进进出出要小心地慢行、避让。除了能够看书，报社还成了人们聊天、评议时事的言论阵地。一些穿戴整齐、皮鞋光亮、头发焗油，讲话文绉绉的乡老，在报社里给我留下很深的印象。我或在一旁悄悄地翻一本《人民画报》，或侧耳津津有味地听他们海阔天空的悠悠慢聊，一刻光阴就在这不知不觉中打发了。
>
> 报社的内进有一间小房，也摆有一两条长椅供人们看书、休息。拿了挑选出的一两本书，或坐或躺，我的许多中午时光就在那一间里度过了。当时凡在学校知道的书，都在报社里找来看，读了不少的书，读得杂乱，囫囵吞枣的不求甚解，感觉对启智、明理、达观也无大益处，除了兴趣不减，俨然一个小书呆子。有时碰到报社闭门（管理人休息），一整天的失落在第二天才能结束。[①]

通过当年的书信和当事人回忆的文字材料，我们可以依稀想象到当年冠南书报社这样的公共文化空间对于当地社会的文化浸染。妇孺老少在这个公共空间中，潜移默化地共享了地方文化记忆，文昌文化之乡的民风也得以代代传承。1991年，冠南书报社被海南省人劳厅、海南省文体厅评为先进文化室。离书报社最近的冠南村已经消除了文盲，并走出了100多名大学生，其中有4人上了清华、北大。[②]

---

① 节选自《冠南书报社侧记》，南海网，2005年10月21日，http：//nanhai.hinews.cn/thread-17291-1-1.html。

② 详见《书报社渐变民风海南一小渔村跃出百余大学生》，新华网，2003年6月1日，http：//www.hq.xinhuanet.com/news/2003-06/01/content_556316.htm。

侨乡人与海外移民在空间中进行各种社交与文化活动，并且形塑了自己对于这个空间的认知。在这个空间中，侨乡人很容易感觉到自己生活在一个与海外世界有着紧密联系的跨国网络之中，并潜移默化地共享了地方文化记忆。

（二）空间的延续：侨校建立

作为侨乡公共文化空间复兴的标志，冠南书报社的复办给冠南墟的地方精英带来很大的鼓舞，这让他们开始思考如何延续这种行之有效的空间实践，更好地促进冠南的发展。1985 年，冠南书报社重建后不久，地方精英林道海、王大旼等人开始在书报社里开会筹办冠南中学，很快冠南华侨初级中学筹建委员会顺利成立，当时的启事如下：

为筹募"文昌县会文镇冠南华侨初级中学"建校基金启事（1985）

国家的强大，首重推广教育；社会之进化，在于多出人才。培育人才必须广设学校，此乃理之必然也，我县根据我国教育改革的基本精神（九年制义务教育由地方来办），在一次全县教育工作会议上决定把一个初级中学点放到白延冠南地区来办。理由是：冠南地区偏僻，人口众多，学生来源面广，交通很不方便，学生读中学要走十几公里遥远的路程，往返上学疲于奔命。既影响学生学习情绪，又增加家庭经济负担，是以许多学生中途辍学，这是造成我区文化落后的根本原因。

为了扭转此局面，除冠南地区创办中学外，别无他途，区乡政府接受了这个光荣任务后，立即进行部署，曾于十一月二十一日假座冠南书报社召开两区五乡的头脑联席会议，并邀请各乡亲父老共同讨论研究，同时成立"冠南华侨初级中学筹委会"，选出常委一十七名组成领导机构，分设主席及秘书、宣传、基建、财会四股具体分工进行工作，争取在一九八六年秋正式开办。师资由县教育局统一分配；经费主要靠我们地方自筹。看来任务是比较艰巨的，但我们认为：本地区有良好的群众基础，有雄厚的社会力量，有热心桑梓教育事业的爱国华侨，还有冠南小学原有的校舍教室等有利条件，计划第一年先招足六个班额，以后逐步扩大。目前只需三至四万元增建两座教室，几间宿舍，数十副桌椅，即可兴办起来。挖掘各方面的经济潜力，就是再大的困难，也能迎刃而解。为此，特向海内外各界人士疾呼：恳请本着一向热衷办学的精神，群策群力，解囊输将，俾集腋以成裘，共襄善举，完成上级赋予我们的神圣任务！

文昌县冠南华侨初级中学筹建委员会

一九八五年十二月十四日

从上文可以看出地方精英的策略，他们的想法需要得到国家力量认可，同时他们也意识到"国家"只可能给政策与师资，建校的钱只能自筹。而自筹资金首先需要冠南自己成立一个"筹建委员会"。从筹委会组织成员名单可以看出，筹委会成员都是当地精英且与海外华侨联系紧密的关键人。冠南华侨初级中学筹建委员会成立一个月后，首先向海外乡亲发了一封热情洋溢的《为筹办"冠南华侨初级中学"告海内外同胞书》：

……我县根据我国教育改革的基本精神（九年制义务教育由地方来办），在一次全县教育工作会议上决定把一个初级中学点放到白延冠南地区来办……师资是由县教育局统一分配；经费主要靠我们地方自筹。看来任务是比较艰巨的，但我们认为：本地区有良好的群众基础，有雄厚的社会力量，有热心桑梓教育事业的爱国华侨，还有冠南小学原有的校舍教室等有利条件，计划第一年先招足六个班额，以后逐步扩大。目前只需三至四万元增建两座教室，几间宿舍，数十副桌椅，即可兴办起来。挖掘各方面的经济潜力，就是再大的困难，也能迎刃而解。为此，特向海内外各界人士疾呼：恳请本着一向热衷办学的精神，群策群力，解囊输将，俾集腋以成裘，共襄善举，完成上级赋予我们的神圣任务！

文昌县冠南华侨初级中学筹建委员会

一九八五年十二月十四日

捐款奖励条例：

捐款数量不计多少，一律在墙壁上勒名留念。

捐款达壹万元以上者，除以一间教室命名及挂玉相留念外并照顾两名亲属子女三年免收学什费读书。

捐款达伍千元以上者，除以一间宿舍命名及挂玉相留念外并照顾壹名亲属子女三年免收学什费读书。

捐款达三千元以上者，除挂玉相留念外并照顾壹名亲属子女三年免收学费读书。

　　《为筹办"冠南华侨初级中学"告海内外同胞书》与《为筹募"文昌县会文镇冠南华侨初级中学"建校基金启事（1985）》全文内容基本一致，但前者文后附有捐款奖励条例。从捐款奖励条例中可以看出，移民的文化馈赠作为重要的空间实践与冠南地方精英的动员策略密不可分。首先，侨乡用"爱国""爱乡"的话语将海外乡亲纳入文化馈赠的道义体系。① 其次，"捐款奖励条例"通过镌刻等方式给予捐赠者以名誉资源，并制定了名誉资源的轻重与捐赠款项的多少成正比的规则，以此来鼓励海外乡亲为获社会地位补偿②捐赠资金。可见，移民的空间实践还受到其对于光宗耀祖、衣锦还乡等传统价值的认知。此信发往海外后，海外乡亲合捐了人民币485710元。而后，冠南华侨初级中学于1988年成立。但此时的冠南华侨初级中学还没有像样的教学楼，教室还要借用冠南小学的。

　　与此同时，空间实践仍然在延续，重要人物更是在其中发挥了关键作用。为了扩大学校的办学规模，侨领林猷昌继续四处奔走，利用其声望号召冠南籍的海外乡亲捐资助学。为冠南建校之事，林猷昌亲身前往澳大利亚动员与其私交甚好、财力雄厚的侨领王大师，从其给家乡的侨信（见信三）中可以看到。

　　在书信来往中，林猷昌也会适时表达自己的心愿，如1990年7月寄给林、王的信中提及自己所捐资部分用作奖学金的安排，以及提出以其父兄名义镌刻在教室的要求：

　　林道海、王大旼先生

　　　　五六月来函均已收悉，为了达致筹建教育大楼，栽培乡梓子弟之心愿，台端二位及校方理事会同仁的确劳神尽力，精神可嘉。……

　　　　函中所提其中壹万元捐款已移作其他用途事，敝人也不欲太坚持，而愿再补壹万元，凑足共伍万元，唯此壹万元需留待今年底敝人返乡时奉上，未知可否？至于早些时候捐出已移作他用之一万元，可否以先父及先兄之名义捐出而以教室命名？另外之贰千元，则作为冠南小学及冠南华侨初级中学之奖励金，谨此问候乡中诸人安好……

　　　　　　　　　　　　　　　　　　　　　　　弟拿督林猷昌谨启
　　　　　　　　　　　　　　　　　　　　　　　一九九〇年七月九日

---

① 参见陈杰、黎相宜《道义传统、社会地位补偿与文化馈赠——以广东五邑侨乡坎镇移民的跨国实践为例》，《开放时代》2014年第3期。
② 黎相宜、周敏：《跨国实践中的社会地位补偿：华南侨乡两个移民群体文化馈赠的比较研究》，《社会学研究》2012年第3期。

侨乡人将捐资者姓名镌刻在学校建筑上，实际上是一种重新创造历史记忆的空间呈现实践。这种空间实践在"发展经济"与"政治统战"的官方话语下得以顺利展开。改革开放初期，地方政府财政支持不够，难以提供足够的公共教育资源，为了获得侨资，地方政府逐步开放空间让地方重新书写历史，华侨华人因而得到在乡村公共文化空间中被认可的机会。

此外，侨信在各方空间实践中扮演着重要角色。首先，侨信的往来能够让海外移民了解侨乡的具体情况并参与到家乡的事务中，缩短了心理上的空间距离，维持他们对家乡的想象及从未离开家的感觉，使其产生一种"既在此处又在彼处"的心态，从而把海外移民和家乡联系起来，成为一个虽分属不同地理空间却有着相同生活体验的跨越国界的想象共同体。这种跨国想象为空间呈现以及空间实践的延续奠定了基础。其次，侨信通过情感渲染、符号象征等话语机制，在海外移民中营造一种家乡与寻根的意识，让其感知到自己对家乡的道义与责任，从而促使其源源不断地为家乡公共文化空间注入资源，这是"侨乡范式"得以维持的重要动力机制。

四 呈现性空间：侨乡公共文化空间的衰落

支撑侨乡公共文化空间复兴与繁荣的是有关落叶归根、爱国爱乡、血浓于水的知识体系，以及侨乡人与海外移民在这种意识支配下的各种空间实践。然而，当承载着对于空间认知的知识与社会关系发生变化后，曾经兴旺的侨乡公共文化空间就演变成为人们在日常生活中所忽略或即将消失的呈现性空间。[①]下面我们将从呈现性空间的维度来描述冠南书报社与冠南华侨中学的变迁。

（一）被遗忘的空间：报社衰落

作为冠南曾经重要的公共文化空间，冠南书报社复办 20 余年后盛景已然不再。2008 年我们来到冠南书报社，看到其萧条的景象：读报的乡民三两稀落，书架上的图书老旧沾尘。书报社临时管理员陈先生也感慨道："这个书报社可能在海南是独一无二的……现在华侨捐得不多了，主要是靠政府的资助。"[②]

从调查中，我们发现冠南书报社的衰落无不与海外侨领、地方精英的过世以及侨资的减少有着密切关系。到了 20 世纪 90 年代末期，曾在冠南书报社中

---

① 参见林蔼云《漂泊的家：晋江—香港移民研究》，《社会学研究》2006 年第 2 期。
② 2010 年 2 月，笔者在冠南书报社对临时管理员陈先生的访谈。

发挥重要作用的地方精英林道海、王大旼以及海外侨领林猷昌等人相继病逝或行动不便，很难再参与到这些公共文化事业中。此外，随着侨乡本地经济的发展以及东南亚金融危机，东南亚国家与家乡之间的经济差距缩小。华侨的特殊身份与地位就在这种宏观背景下逐渐弱化。曾热情捐资冠南书报社与学校的马来西亚侨领王先生也无意中讲到这种变化：

> 到了文昌，市委书记、侨办主任、侨联的人，都去机场接我。那个阵势很大，有两个女孩举着一条横幅，上面写着"欢迎马来西亚侨领王某某先生省亲归里"。我回来以前都打电话给市侨办、市侨联，他们会派车去接我，然后送回家乡，现在就没有了。我以前也捐了很多钱啊……现在我叫冠南学校的校长来吃饭，他没有来，我就没有再捐钱了。[①]

在侨乡，海外移民往往以"华侨""华人"的身份自居，这种身份具有各种因素叠加而成的优越感，也进一步强化了其对光宗耀祖、乡绅传统、落叶归根等意识的感知。但从王先生的故事可以看出，侨乡所给予海外华侨华人的优越感在逐年下降，从"市委书记、侨办主任、侨联的人，都过去机场接我"的大阵势到"现在就没有了"，从"伸手要钱"到请校长吃饭人也不来的类似话语表述中，隐约可以感到王先生作为华侨其优越感丧失所伴随而来的失落。而侨乡人也渐渐不再有热情为华侨提供迎来送往服务，其中的原因是很直接的："现在华侨时代已经过去了。因为我们这边生活好了，甚至家里的人还有钱给他们在南洋的，不需要华侨的捐资了。"[②]

我们在书报社走访时遇到了临时管理员陈先生。陈先生现在管理书籍和报纸，并做清洁工作。他为我们介绍了一些书报社现在的状况：

> 这个书报社可能在海南是独一无二的，不知铺前镇是不是有一个。我是一个（20世纪）60年代退伍军人，老党员，没有结婚，已经在书报社管理两年了，可能迟点就不在这里做了。因为领导们拖欠工资，拖欠了许久。我的工资一个月只是一两百元。
>
> 他们发不出工资，我也知道。现在华侨捐得不多了，主要是靠政府的

---

① 2011年2月12日，笔者在文昌市中心侨办接待海外乡亲的活动对侨领王先生（此处匿名）的访谈。

② 2011年2月16日，笔者在文昌市会文镇对WR的访谈。

资助。文化局、省文化厅和会文镇委刚补助了一万五千元重新粉刷了墙面。当然也有一些当地的人捐钱，但不多，根本不够用。①

陈先生将情况告诉笔者时，还反复交代不要与领导说，我们采访的书报社管理小组领导成员也对书报社的情况讳莫如深。

我们在冠南调查期间，时刻感受到"华侨的光环"在逐渐褪去，曾经是侨乡地方社会焦点的华侨逐渐淡出了人们的视野。虽然冠南书报社里字迹模糊的芳名榜和已经泛黄的捐资者玉照偶尔还会让乡民们感念华侨曾经特殊的社会身份与辉煌荣誉，但在日常生活中，华侨的优越感与特殊意义已然衰退。曾经凝聚了地方文化记忆的书报社也在岁月的流逝中被人们所淡忘，这个公共空间与"侨"的联系也逐渐被隐匿。

（二）被消解的空间：侨校撤并

如果说冠南书报社还在勉强维持，那么与书报社相距不远的冠南华侨中学已经空无一人，两个在过去紧密关联的公共空间，形成对照，发人深省。随着20世纪80年代末冠南华侨中学的成立，各种基建项目随之而来。冠南地方精英以冠南华侨初级中学董事会的名义于1990年再次写了一封募捐信，希望能够动员更多海外华侨捐资筹办教学楼，所需款额为50万元。其正文内容与1985年的信几乎一样，但捐款奖励条例的标准发生了较为明显的变化。

捐款奖励条例

（1）凡乐捐达拾万元以上能建教学楼一层（二百四十平方米）者，除以该层楼命名及悬挂二十寸彩相留念外，照顾三名亲属子女三年免费入校读书。

（2）凡乐捐达伍万元以上能建教室两间者，除以教室命名及悬挂二十寸彩相留念外，照顾两名亲属子女三年免费入学读书。

（3）凡乐捐达两万元以上能建一间教室者，除以教室命名及悬挂十八寸彩相留念外，照顾一名亲属子女三年免费入学读书。

我们可以将上文与前面1985年的"动员信"做一些比较。首先，冠南华

---

① 上述材料来自2010年2月于冠南书报社对临时管理员陈先生的访谈，由中山大学陈杰、黎相宜整理。

侨初级中学董事会成员名单开始出现变化，一些年纪大的本地精英以及海外的侨领陆续辞世，一些新的成员补充进来。其次，以往信中只说需要支持，但并未直接言明所需款项如何，但此次动员信中却特别地指出所需款项为"伍拾万元"。可见，地方精英的一些动员话语已经发生了一些微妙变化。前几封动员书之所以并未言明具体款项，一是改革开放初期并不了解海外华侨的实际经济能力；二是即使略有了解，也不知道华侨是否愿意解囊。因此动员话语皆比较隐晦，只是希望能够得到华侨支持，不论多少。而此信是写于1990年，捐建教学楼的费用已远超过建冠南书报社，侨乡社会对于华侨的要求已经不仅仅只是当初的微薄资助，而是需要切实地解决燃眉之急。这种变化也表现在《捐款奖励条例》上，相比前几次动员书最高捐款额奖励为1万元，此信除了原来捐额1000元、5000元、1万元的奖励条例外，还多出了捐2万元、5万元、10万元的条例，这显然是希望通过提高捐赠标准以达到50万的筹款额，并且条例补充了"在一九八八年九月三十日以前所有已乐捐者按照原奖励条例办理"的说明，以此来增强华侨捐赠留名的意愿。从捐赠条例的细微变化我们可以看出，随着侨乡的发展，捐资同样项目的成本在与日俱增，这微妙地改变着移民与侨乡地方精英对于"侨"的意义、价值与传统的感知。但此次募捐并未能如筹募者所愿，只筹集到少数几位海外侨领的捐资。虽然动员华侨筹募结果不理想，但冠南华侨初级中学教学楼还是在多方努力下落成了，而冠南华侨初级中学校董事会也确实实现了诺言，将捐赠者名字镌刻在学校建筑上。

进入20世纪90年代，许多侨乡地方精英以及海外侨领相继去世。而冠南华侨中学由于人口外出、教学质量下降及华侨捐资减少等各种原因，也已于2004年被撤并。冠南地区的学生只能到邻近的中学就读。作为学校兴废的重要见证人，原校董事会成员之一的符和方老人对此也很无奈。

> 现在的捐钱工作很难做，让人感觉像去"讨钱"，和乞丐一样，而且南洋的老华侨过世后也确实没有什么人捐钱了。老一辈与华侨关系良好的校董成员也渐渐过世了，只剩我一个了，新的不熟悉情况。也没人愿意出来做华侨的工作。[1]

而伴随着受过中文教育、对家乡抱有强烈道义责任的老一代华人的退休或

---

[1] 2010年2月10日，笔者在文昌市会文镇对冠南乡老符和方的访谈。

离世，他们的子女开始成为家族企业的掌门人，掌握话语权与经济命脉。但这些新生代受移居国同化政策的影响，普遍接受英文教育，衣锦还乡、光宗耀祖等传统"侨"的价值体系并未在他们身上得到延续与传承。许多新生代在掌权后削减甚至停止父辈用于家乡侨校的费用。冠南华侨中学由于所能得到的资源日益减少，而逐渐演变成被消解的、消失中的呈现性空间。

而遗留下来的冠南华侨中学原校址在侨乡人的日常生活空间中是被隐藏或压抑起来的，衬托、映照、抗衡着有关"侨"的一切知识、价值、历史、传统，无论是乡绅传统、侨乡故事还是华侨光环，都被逐渐遗忘。尽管侨乡人与海外华侨不完全能解释其背后的文化意涵，却能感知它的变化。

五　结论与讨论

人类学对于空间的研究，侧重于研究人类文化的空间组合，即研究文化的地域系统及其形成和深化规律的学科。[1] 本文以海南冠南侨乡的书报社及侨校为微观个案，从空间呈现、空间实践以及呈现性空间这三个维度来讨论海南乡土文化与海外华侨、乡民在流动的、开放的、兼具"居"与"游"传统的侨乡公共文化空间中的互动、实践及其变迁。

改革开放初期，政府对于乡村公共事业的财政投入有限，侨乡的地方权力格局乃至公共文化空间都面临重构。在这样的时代背景下，冠南侨乡的地方精英与海外乡亲开始重新利用有关乡绅传统、衣锦还乡、光宗耀祖、落叶归根、爱国爱乡、血浓于水等乡土世界的要素与知识呈现了一个传统侨乡的应然文化图景。上述关于空间的认知与意识为侨乡人与移民的空间实践提供了框架。冠南人尝试在各种文化传统与资源基础上，拉近与海外乡亲之间的情感联系与社会关联，希望从中获得推动侨乡发展的动力与支持。而冠南移民怀抱着中断近30年而无法抒发的家乡情怀，纷纷回乡捐资学校和书报社、修缮宗祠，弥补了地方财政不足导致的乡村公共文化物品的缺乏，为侨乡公共文化空间的复兴、繁荣与发展注入了活力。

然而，随着国际政治经济格局的变化、华侨华人在移居地的融入以及侨乡经济的发展，侨乡公共文化空间不可避免地发生了一系列变化：首先是空间呈现，即原先支撑侨乡公共文化空间复兴背后的一整套有关"侨"的知识体系、价值观念与社会关系趋于弱化；其次是移民与侨乡人在各种空间活动的联结日

---

[1]　麻国庆：《走进他者的世界》，学苑出版社，2001，第 214 页。

益减少；最终由于人、物及隐藏背后的社会关系都趋于弱化，曾经被人们日常感知的空间也逐渐被遗忘甚至消解。作为侨乡公共文化空间复兴标志的书报社从复办到衰落，彰显着空间的繁荣与发展的侨校从兴建到撤并，我们从中可以看出，以往依靠海外移民的文化馈赠支撑侨乡公共文化空间的侨乡范式逐渐式微。

此消彼长，侨乡公共文化空间如若要继续发展，就需要更多依赖地方财政的支持，比如乡村学校、图书馆等。但来自官方的资源也不完全能够满足民间的需求，比如像民间庙宇、宗祠就难以得到来自官方的正式支持。在这些公共文化空间中，部分由改革开放而发展起来的乡村新富开始逐渐取代海外华侨，成为乡村社会公共事业的重要力量。当然，动员其资源的方式在某种程度上还依然遵循着原先的侨乡传统，如试图通过道义约束鼓励这些新富阶层的捐赠。

由此，我们不禁需要思考：侨乡作为一种特殊的村落共同体是否会步入历史的范畴？侨乡公共文化空间的衰落是受到"侨"因素的影响，但这正是许多乡村正面临的困境。所以讨论侨乡范式的式微不能离开乡村没落、城市化兴起的宏观历史背景。李培林曾经在《村落的终结——羊城村的故事》一书中试图通过建立具有普遍解释力的村落终结类型，讨论改革开放后村落非农化、工业化、城市化的进程。[①] 一方面，侨乡作为特殊的乡村类型，其公共文化空间的发展也面临与其他乡村同样的挑战；另一方面，由亲缘、地缘、宗族、民间信仰、乡规民约等构成的生活传统和社会关系网络还呈现延续的状态。因此，传统的侨乡范式虽在式微，但我们并不能立马做出"侨乡范式"终结的判断。比如冠南出现了一些嫁往海外的新娘，这些女性新移民成为支撑侨乡公共文化空间发展的重要主体之一；又比如近年来新型的侨区发展模式在兴起，各级侨办利用侨资源与侨传统，积极推进"侨之家——全国社区侨务工作示范点"创建活动，动员社会力量在社区内部构建为侨服务网络及公共文化空间。可见"侨乡范式"作为侨乡研究的重要命题，值得在以后的研究中不断反思。

---

① 李培林：《村落的终结——羊城村的故事》，商务印书馆，2010。

家与国：归侨饶美莲的
风雨人生[*]

马潇骁^{**}

一 归家

第二次世界大战后，东南亚出现了历史上罕见的大规模排华运动，印度尼西亚（以下简称"印尼"）的排华事件更是接连不断。1960 年，印尼再次爆发大规模的排华运动，大批华侨遭遇迫害，那时才 10 岁的饶美莲经历了这一切。饶美莲生于长于印尼棉兰，是第三代华侨，家里在当地经营着一家不小的杂货铺。在那场灾难中，她的家和杂货铺遭到了暴徒的洗劫和焚烧，原本衣食无忧的生活瞬间化为幻影。饶美莲还不太明白发生的这一切意味着什么，也不太明白为什么暴徒会无端袭击她的家，她只能和爸爸、妈妈、弟弟、妹妹带着从家里抢出来的少数行李，流落在街头，躲躲藏藏。

针对此情况，中华人民共和国国务院立即做出了关于做好接待和安置归侨的工作指示，决定成立"中华人民共和国接待和安置归侨华侨委员会"，负责统筹有关工作，发布了《关于接待和安置归国华侨的指示》，安排船只接回华侨，并在广州、汕头、湛江、海口等归侨入境的港口，设立接待机构，负责接待归侨的工作。无依无靠的饶美莲和家人总算找到了依靠，父母决定将奶奶留给打算继续留在印尼的叔叔，放弃了在印尼的房屋和店铺，带上所剩无几的家当，登上了撤侨的船只，告别印尼，前往中国。

由于印尼归侨大规模返回中国，其中很多人生于侨居国，无原籍可循，造

---

* 访谈地点为海南省琼海市彬村山华侨农场，时间为 2013 年 7 月至 8 月，文中人物已做匿名处理。

** 马潇骁，中央民族大学经济学院讲师。

成了安置的困难。因此，国家提出"集中为主，分散为辅"的方针，妥善安置归国华侨。1960年后，政府在广东、福建、广西、云南新建和扩建了30个国营华侨农场，大多数归侨便在农场集中安家落户，由政府统一安排他们的生活、住宿、子女教育等问题。载着饶美莲和家人的船只经过数日的航行，最终停靠在海口的码头，饶美莲一家第一次踏上了祖国的土地——这个虽然陌生，但被爸爸妈妈称为"家"的地方。他们受到了当地民众热烈的欢迎，有献花的、载歌载舞的，一路将他们迎去了海口的招待所。饶美莲家人和一同回国的华侨们很感动，终于回到了祖国温暖的怀抱。

地方国营农场的前身是地方国营琼东县农业示范农场（1953～1957年），于1958～1960年改为地方国营彬村山农场。1960年5月起，先后接待安置印尼归侨1200余人。1961年7月29日经广东省委批准正式成立国营彬村山华侨农场。但1960年归侨到达海南时，农场还尚处于建设初期，仍有大面积土地可修建房屋和种植作物。接待处工作人员向归侨们介绍了海南和彬村山农场的地理、气候等情况，号召归侨到海南琼海开发华侨农场。虽然不熟悉彬村山农场，但大家听到那里的气候与南洋相似，也适合种植热带作物时，都纷纷报名要到彬村山华侨农场去，建设自己的家园。在招待所休息数日后，在政府的统一安排下，饶美莲和家人及其他印尼归侨乘车来到了位于琼海的地方国营彬村山华侨农场。

二　建家

饶美莲和家人是第一批到彬村山的归侨。刚下车，饶美莲便一脚踩在了坑坑洼洼的地上，被扬起的土弄脏了衣服。街道两旁有几间低矮的茅草房，房屋破旧不堪，尚不能遮风挡雨。房屋周围杂草丛生，因干旱更是蔓延萧条、混乱不堪。这便是饶美莲一行人暂时的落脚之处了。

刚到的那天晚上，一行人只能挤在几间低矮的茅草房里，父母睡在地上，年幼的孩子睡在床上，蚊虫飞舞，炎热难耐，久久无法入睡。饶美莲的妹妹那时才四五岁，在印尼的时候家境殷实，从没有过过这样的苦日子，哇哇大哭起来，弟弟也跟着哭起来，小孩的哭声连绵不断，饶美莲也一直悄悄抹眼泪。爸爸妈妈也被孩子们的哭声扰得心烦意乱，妈妈有点后悔，觉得不应该到彬村山来，其他归侨也唉声叹气。小孩的哭声、大人叹气声此起彼伏，再加上破败的房屋、飞舞的蚊虫、炎热的空气，让饶美莲又难受又害怕。爸爸突然不耐烦地大声说："你们有谁愿意回印尼流浪吗？这里的茅草屋再破败也是自己的家，我们还可以把家建得更好！"

听到这句话时，懵懵懂懂的饶美莲突然明白了很多，也仿佛看到了未来的希望。于是，第二天起床，饶美莲便担负起照看年幼的弟弟妹妹和做家务的责任，在有需要时还帮助爸爸妈妈做一些力所能及的体力活。这些活都是从小有女佣照顾的她从来没有做过的，但她每每想到正和爸爸妈妈在一起建设自己的家，就感到无比坚定。

爸爸妈妈和其他人一起，一边建房，一边垦荒。没有砖，他们便砍竹子、伐木料、割茅草，动手盖房子，建起了两排集体宿舍，有了安身之处。在泥地里打上木桩，用竹条编成床位，用带回的木箱、藤箱、皮箱放在床位两侧做隔墙，政府又给大家发了蚊帐、棉被等日用品，各家各户就有了自己的小家。

安置好后，大家组成了生产队领导小组，小组统一组织大家开荒造田，进行生产自救，减轻国家的负担。大家开始动手清除杂草、砍伐树木、平整土地等，这些活做完了才能开始种植水稻、番薯、木薯等农作物填饱肚子。对于在海外以经商或割胶为主业的归侨来说，开荒种田既艰难又陌生，水草腐烂后的气味令人恶心，更不要提还有成阵的蚊子、横行的水蛇、成群的蚂蟥了。别说年纪尚小的饶美莲常常吓得惊慌失措，就是爸爸妈妈和其他长辈也常常被咬得愁眉苦脸。但大家都相互鼓励，逐渐熟悉了农业生产和当地的自然条件。

这时，彬村山华侨农场尚在建设中，作物尚未播种，政府每日为农场送来粮食，农场以作业区（队）为单位办起职工食堂，饶美莲和爸爸、妈妈、弟弟、妹妹都到食堂吃饭。其实大家都知道，困难时期，海南乃至全国的粮食都十分紧张，但他们一直受到党和国家的关照，没有断过一天粮，每月还能领到一些副食品，如饼干、糖果、牛奶、面粉等。饶美莲和家人每天在食堂吃饭领餐时，也觉得日子虽然苦，但是有希望。

归侨历来重视教育，即使在办学条件艰难的异国他乡，他们也依靠自己的力量集资办学，坚持让子女接受中文教育。回国后，重视教育的传统更是得到了党和国家的支持。1960 年，当归侨们解决了衣、食、住、行的最基本需求后，便开始考虑教育问题，着手筹建场职工子弟学校，简陋的条件也没有能阻拦归侨们办学求学的激情。子弟学校内设小学部和初中部，并成立了良玖分校。第一次招生，小学部便招有 9 个班（校本部 5 个班，良玖分校 4 个班），初中部 2 个班，共有学生 270 多人，教师 12 人。饶美莲便成为用茅草棚搭起的子弟学校第一批学生。

茅草棚搭起的房屋在墙上留出了门和窗户，但没有门扇和窗扇，手臂粗的圆木桩做腿，高的木桩上钉一块宽木板就是课桌，矮的木桩上钉一块窄木板就是课椅，两人一桌，前面一块黑板，就成了课室。虽说不上遮风挡雨，但饶美莲和同学们在这里度过了愉快的求学时光。风和日丽的时候，凉风徐徐，课室里透进斑驳的阳光，一点也不觉得闷热，十分惬意。但下雨的时候，风就会将雨水从窗户带进课室，靠墙坐的饶美莲就赶紧收拾书包和书本，跑到课室中间和好朋友挤在一张课桌上。如果遇上暴雨天，泥水冲进教室，大家就赶紧缩起双脚，继续学习。

学校实行半工半读，教学管理十分严格。饶美莲早上去学校上课，学习语文、数学、地理等课程，下午便回家帮助父母劳动和做家务。饶美莲调皮好动，一开始上课时不太听话，有一天与几位好朋友一起逃了课，相约到海边捉鱼，玩到放学才回家。那天晚上，班主任老师便到饶美莲和另外几位逃学的学生家中家访，了解他们白天没去上学的原因。爸爸妈妈得知情况后，严厉地批评饶美莲，老师也苦口婆心地教导了她，告诉她学校背后有党和政府的支持，也有长辈们的付出，只有知识才可以让他们立足社会，才可以回报祖国的关爱和父母的养育。她很感激老师不辞辛劳，在白天忙碌的工作结束后，晚上还步行几公里到家中关心和教导她。从那以后，她再也不敢逃课了。小孩子们之间嬉嬉闹闹，让这段艰苦的求学生活也变得生动活泼起来。

三　成长

自 1960 年饶美莲等第一批归侨归国来到国营彬村山华侨农场起，更多来自印尼、越南等国的归侨陆陆续续被安置到这里，农场的规模日益扩大。在党和国家的照顾下，在归侨们的共同努力下，农场初具规模，生产生活方面也得到了改善。随着农场队伍的壮大和经济的好转，各个生产队建造起瓦房和花岗岩石板房，饶美莲家庭的居住条件也得到了改善，她和爸爸妈妈与弟弟妹妹一同搬进了新家。初中毕业后，她以职工子女的身份应聘成为和父母一样的农场职工，加入农场的建设。1973 年，23 岁的饶美莲与另一位农场职工，也是印尼归侨结婚，并生养了两个儿子，有了自己的小家。她的弟弟妹妹也先后结婚成立了自己的家庭。伴随着华侨农场建设的推进，饶美莲也在农场中逐渐成长。

农场刚创办时，生产方针是"以粮为纲，油棕为主，多种经营"，但经营状况并不理想。后来，农场决定以橡胶、胡椒为主业，发展多种经营模式，1966 年，农场便有了盈利，后来又不断调整，尝试发展茶叶种植、水稻业、养殖业等多种经济。归侨应聘成为农场职工，按照国家规定标准调整和发放职工工资，并参加社会保险。饶美莲的职业是胡椒工人，农活不太忙时，早上五点刚过，她便和工友一同前往胡椒地除草、修枝、采收，赶在早上十点太阳暴晒前结束上午的劳动。下午四五点，阳光变弱，他们又赶到田里劳动一阵子。在读书期间就积累了经验的饶美莲和朋友干起农活已不再陌生，加上老一辈的耕作基础，他们的劳动也没有那么辛苦了。一天的劳作后，饶美莲便可在工作队计 10 分，可以获得酬劳 1.2 元。1984 年，农场全面推行家庭联产承包责任制，工资与产品挂钩，每月预借工资，年终以产品完成情况结算。饶美莲与丈夫一同承包了一片胡椒地和一片橡胶地，起早贪黑地辛勤耕作。那几年，胡椒和橡胶的价格不错，他们的干劲更足了。

但农业生产也常常面临自然灾害的威胁，风灾、病虫灾、旱灾、兽灾等都曾对农场的生产和生活造成巨大的威胁。1972 年 11 月 8 日第 20 号台风袭来时，天气预报和通信设备都还不够普及，因而大家也没有引起足够的重视，没做好充分的准备。当强台风袭击农场时，饶美莲来不及去地里加固胡椒柱，赶紧跑回家和父母、弟弟妹妹一起加固家里的房顶。但是面对 12 级的强台风，简陋的措施似乎也没有什么用。不一会，房顶的一些瓦片便被吹飞，雨水透过漏洞疯狂往屋里灌，可以说"屋外下着暴雨，屋里下着大雨"，大家赶紧把屋里的雨水往屋外舀，又把重要的东西放到高处。可没过一会，整个屋顶便被大风吹起掀翻，瓢泼的大雨瞬间倾倒在房间里，所有的东西都泡在了水里，屋里的水也逐渐上升没过了腿肚，盖在东西上的塑料膜布也没有了用处。等台风过去，饶美莲赶紧跑到胡椒地里，由于地理位置较高，胡椒损失并不算惨重。后来农场公布了损失统计，她发现自己已是幸运儿，农场有 12 处房屋倒塌，揭顶的房屋就更多了。胡椒损失了总株数的 1/3，有 4000 多条石头或钢筋水泥制成的胡椒柱都被台风打断。灾后，党和政府给予了支持和关怀，农场也积极组织职工重建家园。饶美莲和大家一样，也在面对自然灾害的过程中不断吸取经验和教训，提升抗风救灾的能力。

四　生根

建成至今，彬村山华侨农场已有 60 余年，饶美莲一家回到中国也有 60 余年了。在 60 余年间，农场经历了隶属关系、体制等方面的变迁。从隶属兵团到农垦、侨联、国资委，再到琼海市政府，生产制度由"三包一奖"到"大包干""总承包"，再到家庭联产承包责任制，几经变革。华侨农场的归侨也已有了第四代子孙。饶美莲还能想起儿时在印尼家中的生活，但相对于印尼这一故乡，彬村山早已成为她的家乡，她早已在这里落地生根了。

饶美莲的孩子们一天天长大，在农场子弟学校读小学、初中、高中。1993年，中学撤销高中部后，孩子们又被安排至长坡镇的长坡中学就读，饶美莲很少操心。老师、同学家长都是农场职工，相互也算认识，农场为孩子们提供了一个安全长大的良好环境，饶美莲也就不担心孩子们放学后在哪里玩、和谁玩的问题。孩子们也很懂事，放学回家也常常帮助家里做些家务和农活。孩子们的成绩虽然不算拔尖，也不算差，小儿子还考取了四川成都的一所大学。毕业后，孩子们又都回到了农场，结婚生子，在农场有了自己的小家庭。随着孩子们逐渐长大，饶美莲也逐渐老去。

1994年，农场不再进行计划性农业投资，而是让职工根据市场的需求，自筹资金发展多种经济作物。于是，职工开始种植荔枝、龙眼等水果作物，也种植玉兰笋等经济作物，并且一直在根据农场发展需求，对产业结构进行调整。饶美莲的大儿子从农场承包了一片土地。1992年开始，胡椒价格回升并持续上涨，于是他用一部分地种胡椒，另一部分地种荔枝。他引进了一些新的技术，收成也还不错。大儿子的经济收入因此提高了不少。2005年，农场遭遇强台风后，胡椒损失惨重。于是大儿子淘汰了被台风摧毁的胡椒，又新种了不少荔枝。小儿子大学毕业回到农场后，则到了农场场部工作，做起了驻村干部。同时，他和妻子也承包了一片地种植荔枝。饶美莲的两个儿子还积极寻找值得投资的生意机会，近几年，从周围农村承包了鱼塘养起了罗非鱼。饶美莲年纪越来越大，儿子和儿媳承担起她承包的胡椒地里的劳务，除了农忙时，饶美莲很少再去地里干活。不过她有了新的重要工作，就是在家照顾孙子孙女，四个孩子让她忙得不亦乐乎。

农场的生活条件也在逐步提高。早期建造的瓦房和石板房经过三四十年的风吹雨打，已出现了各式问题。于是，2001年，农场制定了《彬村山华侨农场归难侨危房改造补助实施方案》，开始陆续进行拆旧重建，饶美莲的家也属于改造对象。2007年，她作为第一代归侨职工，从农场领取每户15000元的补助，她的两个儿子是归侨子女，也从农场获得每户5000元的补助，他们又拿出自己的部分积蓄，在农场的统一规划下建起了联排的两层楼房。从正门进入，前面是客厅，后面是餐厅、厨房、卫生间等，楼后还有一个小院落，从餐厅上楼便是二楼的卧室。饶美莲忙活了大半辈子，也终于住进了崭新的小洋楼。她在楼前楼后种上了鲜花，楼后还种了一棵释迦树。

饶美莲到了享福的时候，不太需要常去地里忙活了。她的孩子们都成家立业育子，孙子孙女们也慢慢长大。两个孩子都住在农场，随时可以照应。可是她仍然闲不住，想了很久，她决定到农场的市场去卖她最拿手的印尼糕点，家里的小孩子们都爱吃。这也是以前和妹妹一起跟着妈妈学的，也是她剩余不多的有关印尼的回忆。

于是，她每天早上六七点便带上背篓去农场的市场。背篓里面装着前一天做好的糕点，有时是蕉叶糯米条，有时是九层糕，每天都换个花样。她的生意不错，八九点就一售而空，农场的人要是来晚了没有买到，也只能第二天再来。随后，她再在市场买一些做糕点的原料，带回家中。每当到了寒假和暑假时，二儿媳就会把年纪尚小的孙女佳佳送到她这里，饶美莲在做糕点的同时也照看佳佳，督促她写作业，有时也带着她做糕点。佳佳是个活泼调皮的小女孩，很惹人喜爱，饶美莲看着她用小手拿着勺子认真刮椰肉的样子，总觉得看到了自己小时候和妹妹跟着妈妈做糕点的模样。

那时，家里刚建了瓦房，有了厨房，饶美莲便跟着妈妈学习做饭做菜，和妈妈、妹妹一起做饭是她最喜欢做的事情之一。每当到了春节等重要的节日，饶美莲和妈妈、妹妹便早早在厨房忙起来做各式印尼糕点，她最爱的便是蕉叶糯米条。她和妹妹在妈妈的指挥下打下手，摘芭蕉叶洗净剪成四边形、摘椰子制作椰丝椰奶、蒸糯米、准备肉馅的调料等，妈妈则负责拌肉馅、炒肉馅，然后大家一起把肉馅包进糯米团做成糯米条，最后用芭蕉叶和绳子把糯米条包起来，放在炭火上烤一阵子，就制作完成了。饶美莲和妹妹、弟弟早就守在炭火旁，烤好后便迫不及待地打开芭蕉叶，一边吹气一边吃起来，爸爸妈妈则在一旁看着他们笑，就像很多年后的此刻，饶美莲看着孙女佳佳笑的模样。

图书在版编目（CIP）数据

　　海陆相宜：田野中的海南岛／麻国庆主编．－－北
京：社会科学文献出版社，2024.6（2025.1重印）
　　（民族与社会丛书）
　　ISBN 978-7-5228-3040-7

　　Ⅰ.①海… Ⅱ.①麻… Ⅲ.①民族文化-研究-海南
Ⅳ.①K280.66

　　中国国家版本馆 CIP 数据核字（2024）第 019211 号

·民族与社会丛书·

海陆相宜：田野中的海南岛

主　　编／麻国庆

出 版 人／冀祥德
责任编辑／黄金平
文稿编辑／林含笑
责任印制／王京美

出　　版／社会科学文献出版社·文化传媒分社（010）59367004
　　　　　　地址：北京市北三环中路甲 29 号院华龙大厦　邮编：100029
　　　　　　网址：www.ssap.com.cn
发　　行／社会科学文献出版社（010）59367028
印　　装／唐山玺诚印务有限公司

规　　格／开　本：787mm×1092mm　1/16
　　　　　　印　张：14.25　字　数：254 千字
版　　次／2024 年 6 月第 1 版　2025 年 1 月第 2 次印刷
书　　号／ISBN 978-7-5228-3040-7
定　　价／89.00 元

读者服务电话：4008918866